Zukunft Lernwelt Hochschule

Lernwelten

Herausgegeben von
Richard Stang

Zukunft Lernwelt Hochschule

Perspektiven und Optionen für eine Neuausrichtung

Herausgegeben von
Richard Stang und Alexandra Becker

DE GRUYTER
SAUR

Editorial Board
Prof. Dr. Karin Dollhausen (Deutsches Institut für Erwachsenenbildung, Bonn); Olaf Eigenbrodt (Staats- und Universitätsbibliothek Hamburg Carl von Ossietzky); Dr. Volker Klotz (Amt für Bibliotheken und Lesen, Bozen); Prof. Dr. Katrin Kraus (Pädagogische Hochschule Fachhochschule Nordwestschweiz, Basel); Prof. Dr. Bernd Schmid-Ruhe (Hochschule der Medien Stuttgart); Dr. André Schüller-Zwierlein (Universitätsbibliothek Regensburg); Prof. Dr. Frank Thissen (Hochschule der Medien Stuttgart)

ISBN 978-3-11-064946-8
e-ISBN (PDF) 978-3-11-065366-3
e-ISBN (EPUB) 978-3-11-064967-3
ISSN 2366-6374

This work is licensed under the Creative Commons Attribution-NonCommercial-NoDerivatives 4.0 License. For details go to http://creativecommons.org/licenses/by-nc-nd/4.0/.

Library of Congress Control Number: 2020931600

Bibliografische Information der Deutschen Nationalbibliothek
Die Deutsche Nationalbibliothek verzeichnet diese Publikation in der Deutschen Nationalbibliografie; detaillierte bibliografische Daten sind im Internet über http://dnb.dnb.de abrufbar.

© 2020 Walter de Gruyter GmbH, Berlin/Boston
Satz: bsix information exchange GmbH, Braunschweig
Druck und Bindung: CPI books GmbH, Leck

www.degruyter.com

Richard Stang
Vorwort zur Reihe

Bildung ist zum zentralen Thema des 21. Jahrhunderts geworden und dies sowohl aus gesellschaftlicher als auch ökonomischer Perspektive. Unter anderem die technologischen Veränderungen und die damit verbundene Digitalisierung aller Lebensbereiche führen zu vielfältigen Herausforderungen, für die ein Bewältigungsinstrumentarium erst entwickelt werden muss. Lebenslanges Lernen ist dabei der Imperativ biographischer Gestaltungsoptionen. Das traditionelle Bildungssystem stößt weltweit an seine Grenzen, wenn es darum geht, die entsprechenden Kompetenzen zur Bewältigung des Wandels zu vermitteln. Deshalb erstaunt es nicht, dass derzeit in allen Bildungsbereichen Suchbewegungen stattfinden, um Konzepte zu entwickeln, die diesen Herausforderungen Rechnung tragen.

Die Reihe *Lernwelten* nimmt sich diesen Veränderungsprozessen an und reflektiert die Wandlungsprozesse. Dabei geht es vor allem darum, die Diskurse aus Wissenschaft und Praxis zu bündeln sowie eine interdisziplinäre Perspektive einzunehmen. Die verschiedenen Bildungsbereiche wie Hochschulen, Erwachsenenbildung/Weiterbildung, Bibliotheken etc. sollen so vermessen werden, dass für die jeweils anderen Bildungsbereiche die spezifischen Begrifflichkeiten, Logiken, Kulturen und Strukturen nachvollziehbar werden. Es handelt sich bei der Reihe auf diesen verschiedenen Ebenen um ein interdisziplinäres Projekt.

Immer mehr Bildungs- und Kultureinrichtungen haben sich auf den Weg gemacht, Lernangebote konzeptionell und auch räumlich neu zu präsentieren, sowohl im physischen als auch im digitalen Kontext von Schulen über Hochschulen bis hin zu Erwachsenenbildungs-/Weiterbildungseinrichtungen. Doch auch von Bibliotheken und Museen werden neue Lernangebote und -umgebungen konzipiert. Basis dafür ist auch ein Perspektivenwechsel vom Lehren zum Lernen. Die Lernenden rücken immer stärker in den Fokus, was zu einer erhöhten Sensibilität gegenüber der Gestaltung von Lernarrangements führt. Dabei geht es nicht nur um veränderte didaktisch-methodische Settings, sondern im verstärkten Maße auch um die organisatorische, konkret bauliche und digitale Gestaltung von Lernwelten. Vor diesem Hintergrund wird in der Reihe versucht, einen ganzheitlichen Blick auf die verschiedenen Aspekte von Lernen und Lehren sowie Wissensgenerierung und Kompetenzentwicklung zu richten.

∂ Open Access. © 2020 Richard Stang, published by De Gruyter. This work is licensed under the Creative Commons Attribution-NonCommercial-NoDerivatives 4.0 License.
https://doi.org/10.1515/9783110653663-202

Thematische Aspekte der Reihe sind:
- didaktisch-methodische Lehr-Lern-Settings
- Angebotskonzepte
- organisatorische Gestaltungskonzepte
- Gestaltung von physischen Lernumgebungen
- Gestaltung digitaler Lernumgebungen
- Optionen hybrider Lernumgebungen
- Veränderung von Professionsprofilen.

Die Reihe richtet sich an Wissenschaft und Praxis vornehmlich in folgenden Bereichen:
- Bibliotheken: Hier kommt der Gestaltung von Lernoptionen und Lernräumen sowohl im öffentlichen als auch im wissenschaftlichen Bereich eine immer größere Bedeutung zu.
- Erwachsenenbildung/Weiterbildung: Die veränderten Bildungsinteressen und -zugänge der Bevölkerung erfordern konzeptionelle, organisatorische und nicht zuletzt räumliche Veränderungen.
- Hochschulen: Es kündigt sich ein radikaler Wandel von der Lehr- zur Lernorientierung in Hochschulen an. Hier werden immer mehr Konzepte entwickelt, die allerdings einer konzeptionellen Rahmung bedürfen.

Unter der Perspektive des Lebenslangen Lernens kann die Reihe auch für andere Bildungsbereiche von Relevanz sein, da die Schnittstellen im Bildungssystem in Zukunft fluider und die Übergänge neu gestaltet werden.

Danksagung

Die Veränderungen im Rahmen des Bologna-Prozesses haben gravierende Auswirkungen auf die Hochschulen. Auf der Basis des Forschungsprojektes *Lernwelt Hochschule* wurde unter anderem die Frage bearbeitet, wie Hochschulen auf die gesellschaftlichen Herausforderungen in Bezug auf die Gestaltung der Lernwelt Hochschule konzeptionell reagieren. Das Projekt rückte den *Shift from Teaching to Learning* und eine studierendenorientierte Perspektive der Weiterentwicklung der Hochschulen in den Fokus der Analysen. Um erste Ergebnisse mit Akteurinnen und Akteuren aus der Hochschullandschaft zu diskutieren, wurde Ende März 2019 die Konferenz „Zukunft Lernwelt Hochschule" als Plattform zur Verfügung gestellt. Dort wurden die zentralen Themenbereiche Hochschulorganisation, Hochschuldidaktik, digitale Strukturen sowie physische Lehr- und Lernräume diskutiert. Als wissenschaftlicher Leiter des Gesamtprojekts möchte ich nicht versäumen, mich bei allen Beteiligten, die für das Gelingen der Konferenz und die hier vorliegende Publikation verantwortlich waren, zu bedanken.

Zu allererst möchte ich mich bei der Dieter Schwarz Stiftung und hier besonders bei Prof. Reinhold R. Geilsdörfer und Manfred Weigler bedanken. Durch die Förderung der Stiftung wurden die Arbeit im Projekt und die Durchführung der Konferenz erst ermöglicht. Dabei ist besonders der geschaffene Freiraum für eine intensive Auseinandersetzung mit der Zukunft der Lernwelt Hochschule hervorzuheben.

Als kompetente Partnerinnen und Partner für die Diskussionen auf der Konferenz haben sich das Centrum für Hochschulentwicklung (CHE), das HIS-Institut für Hochschulentwicklung, das Hochschulforum Digitalisierung sowie der Stifterverband für die Deutsche Wissenschaft beteiligt. Für die Unterstützung der Konferenz gilt daher mein Dank Oliver Janoschka (Hochschulforum Digitalisierung), Bettina Jorzik (Stifterverband für die Deutsche Wissenschaft), Dr. Bernd Vogel (HIS-Institut für Hochschulentwicklung) und Prof. Dr. Frank Ziegele (CHE – Centrum für Hochschulentwicklung). Dirk Meinunger vom Bundesministerium für Bildung und Forschung (BMBF) sei für seine Perspektiven auf der Konferenz gedankt.

Ein besonderer Dank gilt den Studierenden aus der Gruppe #DigitalChangeMaker des Hochschulforums Digitalisierung, Alexa Böckel, Marcus Lamprecht, Sophie Rink und Zaim Sari, die durch ihre Perspektiven, die Konferenz außerordentlich bereichert haben.

Die Präsentation von Good Practice hat der Konferenz spannende Einblicke in die Hochschulpraxis ermöglicht. Dafür möchte ich mich bedanken bei: Thomas Bieker (Hochschule Ruhr West), Dr. Andrea Brose (Technische Universität Hamburg), Dipl. Ing. Bernd Heimer (Technische Hochschule Wildau), Bianca Höfler-Hoang (Universität Trier), Dr. Karin Ilg (Fachhochschule Bielefeld), Univ.-Prof. Dr. Stephan Jolie (Johannes Gutenberg-Universität Mainz), Annamaria Köster (Hochschule Ruhr West), Prof. Dr. Stefan Kubica (Technische Hochschule Wildau), Prof. Dr. Katja Ninnemann (SRH Higher Education GmbH), Henning Rickelt (Hochschule Heilbronn), Prof. Dr. Julia Rózsa (SRH Hochschule Heidelberg), Prof. Dr. Carolin Sutter (SRH Hochschule Heidelberg) und Prof. Arnold van Zyl (Duale Hochschule Baden-Württemberg).

Eine spannende Perspektivenerweiterung eröffnete Dr. Sybille Reichert (Reichert Consulting) mit ihrem Blick auf internationale Entwicklungen. Katharina Fuß hat als Journalistin die Podiumsdiskussion gut fokussiert. Auch ihnen mein Dank dafür.

Den Projektpartnerinnen und -partnern sei für ihre Unterstützung als Vortragende und Moderierende gedankt: Prof. Christine Gläser und Laura Kobsch von der Hochschule für angewandte Wissenschaften Hamburg, Florian Aschinger und Dr. Fabian Franke von der Otto-Friedrich-Universität Bamberg, Bert Zulauf von der Heinrich-Heine-Universität Düsseldorf sowie Dr. Anke Petschenka und Hans-Dieter Weckmann von der Deutschen Initiative für Netzwerkinformation e. V. (DINI).

Ohne das Team der Hochschule der Medien Stuttgart wäre die Konferenz nicht realisierbar gewesen. Hier geht mein besonderer Dank an Alexandra Becker, ohne deren Engagement der unproblematische Ablauf nicht zu bewältigen gewesen wäre, und Silke Dutz, die für die Konferenzorganisation verantwortlich war. Ebenfalls möchte ich Hannes Weichert sowie den studentischen Hilfskräften Blanka Goßner, Lisa Heizmann und Ellen Schröders herzlich für ihre Beiträge und ihr Engagement danken.

Dass in einer Publikation, die sich auf eine Konferenz bezieht, alle Akteurinnen und Akteure mit einem Beitrag vertreten sein sollten, ist ein schwieriges Unterfangen. Leider fanden einige Akteurinnen und Akteure nicht die Zeit, ihre Überlegungen für den hier vorliegenden Band in einem Beitrag zu bündeln. Deshalb möchte ich mich bei allen, die kurzfristig für die Beitragserstellung eingesprungen sind, herzlich bedanken. Diese sind: Christiane Arndt (Technische Universität Hamburg), Alexandra Becker (Hochschule der Medien Stuttgart), Prof. Dr. Michael Burmester (Hochschule der Medien Stuttgart), Kerstin Dingfeld (Universität Hamburg), Dr. Florian Ertz (Universität Trier), Lara Fricke (Universität Hamburg), Judit Klein-Wiele (Duale Hochschule Baden-Württemberg), Prof. Dr. Marc Kuhn (Duale Hochschule Baden-Württemberg), Dr. Tina Ladwig

(Technische Universität Hamburg), Prof. Dr. Udo Mildenberger (Hochschule der Medien Stuttgart), Prof. Dr. Doris Nitsche-Ruhland (Duale Hochschule Baden-Württemberg), Florian Rampelt (Hochschulforum Digitalisierung), Daniel Röder (Universität Trier), Prof. Dr. Tobias Seidl (Hochschule der Medien Stuttgart), Prof. Dr.-Ing. Susanne Staude (Hochschule Ruhr West), Franz Vergöhl (Universität Hamburg), Prof. Cornelia Vonhof (Hochschule der Medien Stuttgart) und Barbara Wagner (Hochschulforum Digitalisierung). Ohne dieses Engagement hätten einige Perspektiven im Band gefehlt. Dafür mein herzlicher Dank.

Stuttgart, im März 2020   Richard Stang

Inhalt

Richard Stang
Lernwelten
Vorwort zur Reihe —— **V**

Danksagung —— **VII**

Alexandra Becker, Silke Dutz und Richard Stang
Einleitung —— 1

Teil I: Hochschulorganisation

Alexandra Becker und Richard Stang
Zukunftsfähige Organisationsstrukturen gestalten
Optionen für Hochschulen —— **15**

Udo Mildenberger und Cornelia Vonhof
Neues Studienmodell und organisatorische Herausforderungen
Wege zu einer transformativen Fakultät —— **26**

Bianca Höfler-Hoang, Daniel Röder und Florian Ertz
Digitalisierung als Teil der Universitätsentwicklung
Strukturen, Angebote und Ziele der Universität Trier —— **35**

Henning Rickelt
Vier Hochschulen – eine Bibliothek
Von der Idee zur Realisierung —— **44**

Sophie Rink
Organisation von Hochschule mitgestalten
Studierendenpartizipation als zentrale Perspektive —— **57**

Teil II: Hochschuldidaktik

Tobias Seidl und Richard Stang
Lehr- und Lernwelten der Zukunft
Anforderungen an Hochschulen —— 67

Marc Kuhn, Doris Nitsche-Ruhland und Judit Klein-Wiele
Neue Lernwelten etablieren
Lehrintegrierte Forschung an der DHBW —— 77

Michael Burmester und Tobias Seidl
Lehr-Lernkontexte in einer transformativen Fakultät
Konzeptionelle Perspektiven —— 86

Marcus Lamprecht
Lehre und Lernen mitbestimmen
Perspektiven für Studierende —— 96

Teil III: Digitale Strukturen

Florian Rampelt und Barbara Wagner
Digitalisierung in Studium und Lehre als strategische Chance für Hochschulen
Strategie-, Struktur- und Kulturentwicklung gestalten —— 105

Tina Ladwig und Christiane Arndt
Digitale Strukturen im sozio-technischen Experimentierfeld
Perspektiven der Technischen Universität Hamburg —— 121

Annamaria Köster, Susanne Staude und Thomas Bieker
Digitalisierung als gelebte Praxis
Umsetzung an der Hochschule Ruhr West —— 132

Alexa Böckel
Studentische Perspektiven auf die digitale Transformation der Hochschulen
Strukturen, Vernetzung und Partizipation —— 140

Teil IV: **Physische Lehr- und Lernräume**

Bernd Vogel
Das Selbststudium von Studierenden
Ergebnisse einer Befragung zur zeitlichen und räumlichen Organisation des Lernens —— 149

Karin Ilg
Zentrale Lernflächen für die Fachhochschule Bielefeld
Strategie, Umsetzung und Erfahrungen —— 165

Katja Ninnemann, Julia Rózsa und Carolin Sutter
Zur Relevanz der Verknüpfung von Lernen, Raum und Organisation
Paradigmenwechsel vom Lehren zum Lernen an der SRH Hochschule Heidelberg —— 176

Kerstin Dingfeld, Lara Fricke und Franz Vergöhl
Lehr- und Lernräume für Studierende gestalten
Anforderungen und Perspektiven —— 188

Teil V: **Internationale Perspektiven**

Sybille Reichert
Innovation als Transformation
Neues Innovationsverständnis an Hochschulen in Europa —— 197

Teil VI: **Baukasten Lernwelt Hochschule**

Anke Petschenka, Richard Stang, Alexandra Becker, Fabian Franke, Christine Gläser, Hans-Dieter Weckmann und Bert Zulauf
Die Zukunft der Lernwelt Hochschule gestalten
Ein Baukasten für Veränderungsprozesse —— 213

Autorinnen, Autoren, Herausgeberin und Herausgeber —— 257

Register —— 267

Alexandra Becker, Silke Dutz und Richard Stang
Einleitung

Die Zukunft der Hochschulen zu gestalten stellt eine Herausforderung in verschiedenen Handlungsfeldern dar. Die steigende Fragilität von tradierten Strukturen und die steigende Dynamik und Ungewissheit führen aktuell zu einer großen Suchbewegung in der *Lernwelt Hochschule*. Die Herausforderung, die Zukunft zu gestalten, ist nicht nur ein hochschulinternes Querschnittsthema, sondern kann nur als gesellschaftliche Aufgabe bewältigt werden, denn die Zukunft der Lernwelt Hochschule wirkt sich auf die Gesamtgesellschaft und die Wirtschaft aus.

Im Rahmen des Projektes *Lernwelt Hochschule* wurde über drei Jahre an der Frage gearbeitet, wie sich die Lernwelt Hochschule gestaltet. Dabei wurde der State-of-the-Art herausgearbeitet (Becker/Stang 2020a). Doch wie sieht die *Lernwelt Hochschule* in Zukunft aus, das war das Thema der Konferenz *Zukunft Lernwelt Hochschule*, die am 27./28. März 2019 in Heilbronn stattfand und deren Perspektiven und Diskussionen die inhaltliche Basis des vorliegenden Bandes bilden. Wer sich mit Zukunft beschäftigt, muss auch immer die gesellschaftlichen Kontexte in den Blick nehmen. Die Zukunftsforschung[1] nimmt aktuell vor allem sieben Megatrends in den Blick, die auch für die *Lernwelt Hochschule* von Relevanz sind.

Megatrend 1: New Work

New Work beschreibt den strukturellen Wandel in der Arbeitswelt, der sich an der Digitalisierung und den Bedarfen der Generation der *Digital Natives* orientiert. Konzepte und Ideen wie zum Beispiel individuelle Potentialentfaltung der Mitarbeitenden, *Work-Life-Balance*, örtliche und zeitliche Flexibilisierung der Arbeit sowie der aktive Einbezug aller Beteiligten in die Entscheidungsbildungsprozesse gehören hierzu. Maßnahmen, die hierfür ergriffen werden, sind die Nutzung von mobilen Technologien, offene und flexible Raumkonzepte, die Etablierung von flachen Hierarchien und eine verstärkte Demokratisierung (Haufe Akademie o. J.). Die Herausforderungen für die Mitarbeitenden – und auch für die Studierenden – liegen auf der Hand: die gegenseitige Durchdrin-

---

1 Siehe hierzu: https://www.zukunftsinstitut.de/dossier/megatrends/; https://www.izt.de/; https://netzwerk-zukunftsforschung.de/.

Open Access. © 2020 Alexandra Becker, Silke Dutz und Richard Stang, published by De Gruyter. This work is licensed under the Creative Commons Attribution-NonCommercial-NoDerivatives 4.0 License.
https://doi.org/10.1515/9783110653663-001

gung von Arbeit/Studium und Leben wird dadurch unterstützt und so kann eine bessere Vereinbarkeit von beidem gelingen. Gleichzeitig wächst aber auch die Gefahr, dass Arbeit zum zentralen Modus des Lebens wird.

Ein weiterer Punkt ist das Aufblühen von Start-Ups. Dieser Trend ist bereits in der Mitte der Gesellschaft angekommen. Das Neue an den Unternehmensgründungen ist, dass sie nicht mehr primär monetäre Interessen als Motivator haben, sondern sich als Problemlöser für soziale und/oder ökologische Themen begreifen. Diese Menschen sind oft intrinsisch motiviert und nehmen Scheitern als einen Teil des Prozesses wahr. Sie arbeiten in *Co-Working-Spaces*, um sich interdisziplinär auszutauschen. Zum einen werden Produkte und Dienstleistungen nicht selten als Beta-Versionen verstanden und zum anderen steigt die *Gig Economy* (De Stefano 2016), also schnelle, kurzfristige Jobs, die aus aktuellen Bedarfen heraus entstehen. Darauf müssen die Studierenden vorbereitet werden. Kompetenzen wie Flexibilität, Anpassungsfähigkeit und das Wissen darum, dass Scheitern zum Prozess gehört, müssen erworben werden. Hier sind Konzepte wie *Problembasierte Lehre* oder auch *Projektarbeiten* in Kooperation mit Unternehmen sicherlich ein Weg, um diese Kompetenzen erfahrbar zu machen.

Megatrend 2: Neo-Ökologie

Im Zentrum dieses Megatrends liegt die Hinwendung zur Sinnhaftigkeit, dem sozialen Mehrwert und der Nachhaltigkeit. Dieser Trend beruht auf der Auseinandersetzung mit der Entwicklung des Klimas (Gatterer 2012, 29), die zurzeit in der Fridays for Future-Bewegung gipfelt. Die Entscheidung, Dinge nicht mehr zu besitzen, sondern zu nutzen, Zero-Waste anzustreben und Produkte nachhaltig in den ökologischen Kreislauf einzufügen, verlangt von den Hochschulen, die Grundvoraussetzungen hierfür auszubauen und Innovationprozesse anzustoßen, welche die Nutzung von Ressourcen optimiert.

Auch wird dieser Trend seinen Niederschlag in den Leitbildern und in der Außendarstellung der Hochschulen finden (müssen), um die Glaubwürdigkeit und somit die Attraktivität für die Zielgruppe zu erhalten (Schmidt 2015). Für den Hochschulbau werden Faktoren wie sinnvolle Flächennutzung zum Beispiel für Urban Farming durch und mit Studierenden, die Begrünung von Dachflächen, das Überdenken von Parkplätzen und Grünflächen relevant. In den Räumen der Hochschule gilt es, nicht nur angesichts der steigenden Studierendenzahlen, Raumnutzungskonzepte dahingehend zu prüfen, ob eine größere und einfachere Zugänglichkeit die Erlebnisqualität des *Lebensraumes Hoch-*

schule erhöht. Im Zuge dieser Entwicklung rückt auch die *Digitalisierung* der Hochschule in den Fokus, denn dadurch können Ressourcen eingespart werden. Für den Bereich der Hochschullehre bedeutet dies, dass die digitale Lehre verstärkt wird, dies gefördert und unterstützt werden sollte und diese Themen auch inhaltlich in die Lehre einfließen müssen.

Megatrend 3: Mobilität

Trotz der Möglichkeiten, welche die Digitalisierung mit sich bringt, wie Tele-Arbeit, Video-Konferenzen und Instant-Messaging, wird zukünftig nicht nur der Mobilitätsbedarf, sondern auch die Vielfalt der Mobilitätsformen zunehmen, da diese durch die steigende *Individualisierung* und *Konnektivität,* aber auch durch den Trend der *Neo-Ökologie* geprägt werden. Auf nationaler oder globaler Ebene werden Aus- und Einwanderung zunehmen und auf regionaler und lokaler Ebene wird die Nutzung von individuellen PKWs zugunsten der Nutzung von Fahrrädern und des Carsharings abnehmen, und die nahtlose Mobilität wird durch digitale Konnektivität möglich. Gleichzeitig wird die Zahl der Studierenden und die *Heterogenität* dieser Gruppe steigen. In gleichem Maße wird auch die Heterogenität der Mitarbeitenden in der Hochschule zunehmen. Das Management der Incomes and Outgoings wird zu einer größeren Aufgabe, ebenso ist die *Interkulturalität* in der *Organisationskultur* der Hochschule zu gestalten. Für die Hochschullehre bedeutet dies, dass die Lehre verstärkt internationalisiert werden wird. Dies betrifft die Lehrenden in Bezug auf Veranstaltungen in englischer Sprache. Auch hier wird die Interkulturalität in der Gruppe der Studierenden eine größere Rolle spielen. Dies wird sich im Zuge der zunehmenden Projekt- und Kleingruppenarbeit noch verstärken. Diese Kompetenz gilt es in der Lehre ebenso zu vermitteln.

In einer Art Gegenbewegung zur Globalisierung findet ein gesellschaftlicher und wirtschaftlicher Shift statt. Der regionale Standort gewinnt an Bedeutung, da sich das *Nearshoring* (Piatanesi/Arauzo-Carod 2019) im Zusammenhang mit *Public Private Partnership* (Becker/Stang 2020b) auch in den Strukturen der Hochschulen wiederfinden wird. Die Verzahnung von ansässigen Unternehmen und Hochschulen wird steigen und damit müssen Hochschulen die lokalen und regionalen ökonomischen Gegebenheiten noch stärker beachten und positiv für sich zu nutzen wissen (Reichert 2020). Zudem wird der Einfluss der Wirtschaft auf die Hochschule in Fachbeiräten, Kuratorien, Hochschulbeiräten etc. deutlich zunehmen.

Megatrend 4: Konnektivität

Durch die Digitalisierung treten neue Kompetenzen wie *Digital Literacy* und *Identitätsmanagement* (Petrlic/Sorge 2017, 67–75) in den Vordergrund. *Big Data* ermöglichen die Generierung von neuen Erkenntnissen, ebenso wie *Crowd Sourcing* nicht nur zur Sammlung von Geldern, sondern auch zur Ideengenerierung und Problemlösung genutzt wird. Die neu entstehende Generation der *Digital Creatives*, die aus der Förderung von Kreativität und der selbstverständlichen Nutzung der digitalen Möglichkeiten heraus entstehen, sehen die Möglichkeit immer und überall (online) vernetzt zu sein und die digitalen Möglichkeiten immer und überall nutzen zu können als selbstverständlich an. Sie sind damit Treiberinnen und Treiber für das *Internet of Things*. Damit einhergehend treten Werte wie *digitale Reputation* und der bewusste Umgang mit On- und Offline-Gelegenheiten und -Zeiten in den Fokus. Für den Bereich der Hochschulen wird das Thema *Learning Analytics* von Relevanz.

Die steigende Menge digitaler Lehr- und Lernangebote ermöglicht es, Lernverläufe zu erfassen und digital unterstützt auszuwerten, um die Lernenden zu unterstützen. Dieses Nebenprodukt der Nutzung von Online-Kursen, *Tutorensystemen*, den *Lern-Plattformen* oder auch von *Lernspielen* kann unter Einsatz von hochentwickelten Analysetechniken und -tools die Leistung und den Lernerfolg verbessern und gezielte Unterstützung anbieten (van Barneveld et al. 2012). Die Herausforderungen für die Hochschulen liegen hierbei darin, dass die Systeme, welche dafür genutzt werden, nicht nur mit der ganzen Organisation, sondern insbesondere mit der Studierendenschaft abgestimmt werden müssen, da hier das *Datenmanagement* und die *ethischen Rahmenbedingung* sensibel sind.

Megatrend 5: Individualisierung

Dieser Megatrend verändert die Gesellschaft, das Wertesystem und das Verhalten. Die Freiheit der Wahl zu haben, bringt Komplexitäten, aber auch neue Zwänge mit sich. Die erhöhte *Diversität* birgt die Chance einer stärkeren Resilienz und Innovationsfähigkeit mit sich – eben aufgrund der vielfältigen Betrachtung einer Thematik. In Zusammenhang mit der steigenden Ein- und Auswanderung und der Öffnung der Bildungswege in vertikaler und horizontaler Richtung bedeutet dies auch, dass sich mehr Multigraphien ergeben werden – Berufe werden gegebenenfalls mehrfach gewechselt, und ständig werden neue Kompetenzen erworben werden müssen, um die Beschäftigungsfähigkeit des

Einzelnen zu sichern. Entwicklungen wie die *Mass-Customization* (Pham/Jaaron 2018) werfen ihre Schatten auch für die Hochschulen voraus. Das hat zur Folge, dass Hochschulen das Studium dahingehend flexibilisieren müssen, dass ein individueller, breit aufgestellter Studienweg oder ein lebenslanger Lernweg über Weiterbildung, Schools und anrechenbare Kurse möglich ist. Somit sind Zielgruppen für die Hochschulen neu zu überdenken und die Außendarstellung sowie das Programm neu zu gestalten.

Megatrend 6: Wissenskultur

Die Entwicklung zur *Wissensgesellschaft* vollzieht sich mit steigender Dynamik. Der Bildungsmarkt wächst und durch die horizontale und vertikale Verschränkung der Bildungszugänge wird Wissen immer mehr zum Allgemeingut. Die Forderung nach mehr *Open Knowledge* unterstützt diese Entwicklung. Die Aneignung von Wissen verschiebt sich von der einmaligen Ausbildung und dem einen Beruf, den man ausübt, hin zum lebenslangen Lernen, mit wechselnden Berufsbildern. Hinzu kommen die steigende Bedeutung von Methodenwissen und fachlich übergreifenden Fähigkeiten und Kompetenzen. Begleitende Faktoren sind Digitalisierung in Form von *Augmented Reality* und *Edutainment*, verstärkte Kollaborationen und Co-Working zur Wissensaneignung. Hinzu kommen Entwicklungen, die mit der verschärften Knappheit von Fachkräften auf dem Arbeitsmarkt zu begründen sind: *Talentismus* bezeichnet die Suche nach Personen, deren Portfolio mehr als nur gute Abschlüsse aufweist – gefragt sind multiple kreative Talente, die in vielen, auch stark differierenden Bereichen Problemlösungen anbieten können. Dies spielt auch in die individuelle *Beschäftigungsfähigkeit* hinein – denn es erfordert ständige Weiterentwicklung seitens der Arbeitnehmerinnen und Arbeitnehmer. Eine Lösungsmöglichkeit wird darin gesehen, den spielerischen Umgang mit Herausforderungen zu stärken. Diese *Playfullness* (Bateson 2015) ermöglicht es Scheitern als Teil des (Lern-)Prozesses einzuordnen und ergebnisoffenes Forschen und Entdecken als Lernstrategie zu etablieren.

Digitales und reales *Co-Working* in Lehrveranstaltungen, (Forschungs-)Projekten mit der Wirtschaft und anderen Hochschulen und Bildungsträgern muss nicht nur über die Raumnutzungsarten, sondern auch durch Betreuung unterstützt werden; hier bieten Mentoren-Programme (formell, aber auch informell) sicherlich gute Wege an. *Edutainment*, auch in Form von TV-Formaten und *Lernspielen* (Gamification von Wissen und Kompetenzen), werden verstärkt in der Hochschullehre zu berücksichtigen und einzubinden sein.

Für die Hochschullehre ist *Open Knowledge* wichtig, denn dadurch kann die Hochschullehre inhaltlich und somit auch das Wissen der Studierenden aktuell und zukunftssicher vermittelt werden. Hier sind Hochschulbibliotheken gefragt, geeignete und passgenaue *Lizensierungsmodelle* mit den Verlagen auszuhandeln. Weiterhin, im Bereich der Forschung, wird die Veröffentlichung von Forschungsdaten/Patenten/Software etc. sich verstärken. Hierfür müssen sowohl Strukturen wie auch Prozesse seitens der Hochschulverwaltung bereitgestellt werden. Absolventinnen und Absolventen müssen in Zukunft breiter aufgestellt sein – sowohl in ihrem Wissen als auch in ihren überfachlichen Kompetenzen. Ein Weg, dem zu begegnen, ist es, die Hochschullehre in sich horizontal zu öffnen und Übergänge zwischen den einzelnen Fachbereichen zu ermöglichen (Mildenberger/Vonhof 2020).

Megatrend 7: Globalisierung

Viele der oben genannten Trends verstärken die Dynamik der Globalisierung. Die Versuche, globale Probleme in ihren regionalen und lokalen Ursachen zu lösen (Zukunftsinstitut 2019), die kulturelle Diversität, die aus der steigenden Mobilität resultiert, als Chance zu begreifen, haben auch zur Folge, dass die regionalen und lokalen Besonderheiten an Bedeutung gewinnen – ähnlich wie im Zuge der Digitalisierung auch der physische Raum an Bedeutung zunimmt (Stang 2017). Hochschulen können ein Teil der lokalen Problemlösungen sein und die Problemlöserinnen und Problemlöser der Zukunft ausbilden. Doch dies kann nur gelingen, wenn sowohl der Raum Hochschule wie auch der *Mindset* und die *Organisationskultur* der Hochschule das *kreative Denken* und die *sozialen Kompetenzen* lebt und demzufolge fördert, und wenn die Rahmenbedingungen dafür geschaffen werden. So entwickelt sich in der Didaktik der Ansatz des globalen Lernens (DEAB 2013; Rieckmann 2007), der sich sowohl auf *formelles* wie auch auf *informelles Lernen* bezieht. Dies könnte ein weiterer Baustein zur Bewältigung der kommenden Herausforderungen sein.

Die hier nur skizzierten Aspekte bilden den Rahmen für die Beschreibung der Zukunft der *Lernwelt Hochschule*. Um eine bessere Übersichtlichkeit zu gewährleisten wird der vorliegende Band in sechs Bereiche gegliedert, die in diesem Kontext eine besondere Rolle spielen: *Hochschulorganisation, Hochschuldidaktik, digitale Strukturen, physische Lehr- und Lernräume, internationale Perspektiven* und *Baukasten*.

Hochschulorganisation

Alexandra Becker und Richard Stang beschreiben in ihrem Beitrag *Zukunftsfähige Organisationsstrukturen gestalten* Optionen für organisatorische Ausrichtung von Hochschulen im Kontext des *Shift from Teaching to Learning*. Im Zentrum ihrer Überlegungen steht die Studierendenorientierung.

In dem Beitrag *Neues Studienmodell und organisatorische Herausforderungen* zeigen Udo Mildenberger und Cornelia Vonhof Wege zu einer *transformativen Fakultät* auf. Am Beispiel des Veränderungsprozesses der Fakultät Information und Kommunikation der Hochschule der Medien Stuttgart beschreiben sie die Herausforderungen, die sich aus einer stringenten interdisziplinären Orientierung ergeben.

Bianca Höfler-Hoang, Daniel Röder und Florian Ertz beleuchten in ihrem Beitrag *Digitalisierung als Teil der Universitätsentwicklung* Strukturen, Angebote und Ziele für die strategische Ausrichtung der Universität Trier. Dabei wird deutlich, wie die Digitalisierung als Türöffnerin für weitergehende Strukturveränderungen genutzt werden kann.

Am Bildungscampus Heilbronn haben vier Hochschulen eine gemeinsame Bibliothek entwickelt. Henning Rickelt reflektiert in seinem Beitrag *Vier Hochschulen – eine Bibliothek* unter anderem die rechtlich-organisatorischen Herausforderungen und Potenziale eines solchen Gemeinschaftsprojekts.

Sophie Rink nimmt in ihrem Beitrag *Organisation von Hochschule mitgestalten* die Studierendenperspektive ein. Dabei zeigt sie auf, wie Studierendenpartizipation besonders in Kontext der Hochschulorganisation realisiert werden könnte.

Hochschuldidaktik

Tobias Seidl und Richard Stang vermessen in ihrem Beitrag *Lehr- und Lernwelten der Zukunft* die Anforderungen an Hochschulen im Kontext des *Shift from Teaching to Learning*. Sie machen deutlich, dass sich Hochschulen zu *atmenden Organisationen* entwickeln müssen, um zukünftigen Anforderungen gerecht zu werden.

Wie *forschungsintegrierte Lehre* aussehen kann, zeigen Marc Kuhn, Doris Nitsche-Ruhland und Judit Klein-Wiele am Beispiel der Dualen Hochschule Baden-Württemberg in ihrem Beitrag *Neue Lernwelten etablieren*.

Michael Burmester und Tobias Seidl beschreiben in ihrem Beitrag *Lehr-Lernkontexte in einer transformativen Fakultät* konzeptionelle Perspektiven von

Lehren und Lernen im Modus der *Interdisziplinarität* beziehungsweise *Transdisziplinarität*. Zentrale Fokusse sind dabei wissenschaftliche Grundlagen, Schlüsselkompetenzen und projektbasiertes Lernen.

Marcus Lamprecht nimmt in seinem Beitrag *Lehre und Lernen mitbestimmen* in den Blick, wie Studierende lernen wollen. Wichtig ist für ihn, dass Studierende in die Gestaltung von Lehre einbezogen werden und Lehre in einem Umfeld ohne Druck stattfindet.

Digitale Strukturen

In dem Beitrag *Digitalisierung in Studium und Lehre als strategische Chance für Hochschulen* nehmen Florian Rampelt und Barbara Wagner die Frage in den Blick, wie sich Strategie-, Struktur- und Kulturentwicklung an Hochschulen im Zeichen der *Digitalisierung* gestalten lassen. Sie stellen 14 strategische Handlungsfelder vor.

Tina Ladwig und Christiane Arndt zeigen in ihrem Beitrag *Digitale Strukturen im sozio-technischen Experimentierfeld* auf, wie Ermöglichungsstrukturen für digitale Lehre geschaffen werden können. Am Beispiel der Hamburg Open Online University und der Technischen Universität Hamburg werden Konzepte einer integrierten Strategie vorgestellt.

Die Umsetzung digitaler Strukturen an der Hochschule Ruhr West beleuchten Annamaria Köster, Susanne Staude und Thomas Bieker in ihrem Beitrag *Digitalisierung als gelebte Praxis*. Sie gehen dabei besonders auf die Grundlage und den Weg zu einer hochschulweiten Strategie für das digitale Lehren und Lernen ein.

Den studentischen Blickwinkel fokussiert Alexa Böckel in ihrem Beitrag *Studentische Perspektiven auf die digitale Transformation der Hochschulen*. Dabei geht sie auf digitale Strukturen, Möglichkeiten der Vernetzung und Anforderungen an studentische Partizipation ein.

Physische Lehr- und Lernräume

Das Selbststudium von Studierenden rückt Bernd Vogel in seinem Beitrag in den Fokus. Er stellt die Ergebnisse einer Befragung zur zeitlichen und räumlichen Organisation des Lernens im Hinblick auf Orte des Selbststudiums vor und zeigt Unterschiede zwischen einzelnen Fachrichtungen auf.

Strategie und Umsetzung der Gestaltung von Lernarealen stellt Karin Ilg in ihrem Beitrag *Zentrale Lernflächen für die Fachhochschule Bielefeld* vor. Sie beschreibt am Beispiel der Fachhochschule Bielefeld wie Gebäude-, Raum- und auch neue *Servicekonzepte* gestaltet werden können.

Katja Ninnemann, Julia Rózsa und Carolin Sutter beschreiben in ihrem Beitrag *Zur Relevanz der Verknüpfung von Lernen, Raum und Organisation* die Lessons Learned beim hochschulweiten Paradigmenwechsel vom Lehren zum Lernen an der SRH Hochschule Heidelberg. Sie stellen das *CORE-Prinzip* (Comptence Oriented Research and Education) vor, das als Grundlage für die strategische Lehr-Lernraumgestaltung diente.

Die Perspektive der Studierenden nehmen Kerstin Dingfeld, Lara Fricke und Franz Vergöhl in ihrem Beitrag *Lehr- und Lernräume für Studierende gestalten* in den Blick. Sie formulieren Anforderungen und Perspektiven vor dem Hintergrund des Bedarfs an studentischer Partizipation.

Internationale Perspektiven

Sybille Reichert wirft in ihrem Beitrag *Innovation als Transformation* einen Blick auf ein neues Innovationsverständnis an Hochschulen in Europa. In ihrer Vergleichsstudie *The Role of Universities in Regional Innovation Ecosystems* hat sie neun verschiedenen Regionen der Europäischen Union (EU) und die Rolle, die Hochschulen dort spielen, untersucht. Sie kommt zu dem Ergebnis, dass es in Deutschland noch viel zu tun gibt, will man den Anschluss nicht verpassen.

Baukasten Lernwelt Hochschule

Anke Petschenka, Richard Stang, Alexandra Becker, Fabian Franke, Christine Gläser, Hans-Dieter Weckmann und Bert Zulauf bündeln in ihrem Beitrag *Die Zukunft der Lernwelt Hochschule gestalten* Antworten auf die Herausforderungen, mit denen sich Hochschulen auseinandersetzen müssen, wenn sie eine studierendenorientierte *Lernwelt Hochschule* gestalten wollen. Sie zeigen Optionen und Grundlagen für Veränderungsprozesse auf und stellen Good Practice vor, ohne den Anspruch zu erheben, alle innovativen Vorhaben in Deutschland abbilden zu können.

Die *Zukunft der Lernwelt Hochschule* gestaltet sich multidimensional. Dies wird in den Beiträgen dieses Bandes deutlich. Die entscheidende Frage lautet nun, wie viel Veränderungswillen sich in Zukunft zeigen wird. Jede Hochschule wird hier ihren eigenen Weg finden müssen. Allerdings ist Abwarten keine Option mehr. Wir hoffen, dass wir mit dem Band einige Orientierungshilfen liefern können. Die Chancen für Veränderungen waren für Hochschulen selten so gut wie heute, da die gesellschaftlichen Herausforderungen vor allem auch die Wissenschaft als Problemlöserinnen braucht – und junge Menschen, die Gesellschaft mitgestalten wollen. Sich an ihnen zu orientieren, ist nicht die schlechteste Option für die Hochschulen.

Literatur

Bateson, P. (2015): Playfullness und creativity. *Current Biology* 25/1, 12–16. https://reader.elsevier.com/reader/sd/pii/S0960982214011245?token=5229C16483D2A578398A4F8F-BE2D87AB52941D59E923CE987E1C07A6B026B57BAE0C18466FB4-DE745917A6019F12D767.
Becker, A.; Stang, R. (Hrsg.) (2020a): *Lernwelt Hochschule. Dimensionen eines Bildungsbereichs im Umbruch.* Berlin; Boston: De Gruyter Saur.
Becker, A.; Stang, R. (2020b): Zentrale Ergebnisse einer Befragung. In: A. Becker; R. Stang, (Hrsg.): *Lernwelt Hochschule. Dimensionen eines Bildungsbereichs im Umbruch.* Berlin; Boston: De Gruyter Saur, 71–122.
Bouncken, R.; Gast, J.; Kraus, S.; Bogers, M. (2015): Coopetition: A Systemativ Review, Synthesis, and Future Research Directions. *Review of Managerial Science* 9/3, 577–601.
De Stefano, V. (2016): The Rise of the ‚Just-in-time-Work'. On-Demand Work, Ceowd Work and Labor Protection in the ‚Gig-Economy'. *Comparative Labor Law and Policy Journal* 37/3, 471–503.
Djellal, F.; Gallouj, F. (2015): Service innovation for sustainability: paths for greening through serviceinnovation. In: M. Toivonen (Hrsg.): *Service Innovation. Translational Systems Sciences.* Tokyo: Springer, 187–215. https://halshs.archives-ouvertes.fr/halshs-01188530/document.
Gatterer H. (2012): Megatrends bezeugen den Wandel. In: P. Granig; E. Hartlieb (Hrsg.): *Die Kunst der Innovation.* Wiesbaden: Gabler.
DEAB (2013): *Globales Lernen in Baden-Württemberg.* https://www.deab.de/fileadmin/user_upload/downloads/publikationen/deab_2013_globales_lernen.pdf.
Haufe Akademie (o. J.): *Whitepaper. New Work. Zahlen. Daten. Fakten.* http://images.aktuell.haufe.com/Web/HaufeLexwareGmbHCoKG/%7Ba69e2869-6cdd-47c2-ba85-fe1e93378632%7D_WP_New_Work.pdf.
Mildenberger, U.; Vonhof, C. (2020): Neues Studienmodell und organisatorische Herausforderungen. Wege zu einer transformativen Fakultät. In: R. Stang; A. Becker (Hrsg.): *Zukunft Lernwelt Hochschule. Perspektiven und Optionen für eine Neuausrichtung.* Berlin; Boston: De Gruyter Saur, 26–34.
Petrlic R.; Sorge C. (2017): *Datenschutz. Einführung in technischen Datenschutz, Datenschutzrecht und angewandte Kryptographie.* Wiesbaden: Springer.

Piatanesi, B.; Arauzo-Carod, J.-M. (2019): Backshoring and nearshoring. An overview. *Growth and Change. A Journal of Urban and Regional Policy* 50/3, 806–823.

Pham, D. T.; Jaaron, A. A. M. (2018): Design for Mass Customisation in Higher Education. A Systems-Thinking Approach. *Systemic Practice an Action Research* 31/3, 293–310.

Reichert, S. (2020): Innovation als Transformation. Neues Innovationsverständnis an Hochschulen in Europa. In: R. Stang; A. Becker (Hrsg.): *Zukunft Lernwelt Hochschule. Perspektiven und Optionen für eine Neuausrichtung.* Berlin; Boston: De Gruyter Saur, 199–214.

Rieckmann, M. (2007): Globales Lernen in informelles Settings an Hochschulen. *ZEP: Zeitschrift für internationale Bildungsforschung und Entwicklungspädagogik* 30/1, 7–10. https://www.pedocs.de/volltexte/2013/6070/pdf/ZEP_1_2007_Rieckmann_Globales_-Lernen_Hochschulen.pdf.

Schmidt H. J. (2015): *Markenführung. Studienwissen kompakt.* Wiesbaden: Springer Gabler.

Stang, R. (2017): Analoger Körper im digitalen Raum. Lernen im Zeichen einer ambivalenten Kontextualisierung. In: F. Thissen (Hrsg.): *Lernen in virtuellen Räumen. Perspektiven des mobilen Lernens.* De Gruyter Saur, 28–38.

Stang, R.; Becker, A. (Hrsg.) (2020): *Zukunft Lernwelt Hochschule. Perspektiven und Optionen für eine Neuausrichtung.* Berlin; Boston: De Gruyter Saur.

van Barneveld, A.; Arnold, K. E.; Campbell, J. P. (2012): Analytics in higher education: establishing a common language. *EDUCAUSE Learning Initiative* 1, 1–11.

Zukunftsinstitut (2019): https://www.zukunftsinstitut.de/artikel/mtglossar/globalisierung-glossar/.

Teil I: **Hochschulorganisation**

Alexandra Becker und Richard Stang
Zukunftsfähige Organisationsstrukturen gestalten
Optionen für Hochschulen

Einleitung

Hochschulen als Organisation zu beschreiben, stellt an sich schon eine Herausforderung dar. Hochschulen sind anders als gewinnorientierte Unternehmen und unterscheiden sich ebenfalls von der öffentlichen Verwaltung. Derzeitige Anforderungen an Hochschulen lassen sich inhaltlich mit Studium und Lehre, Forschung und Wissenschaftlichkeit beschreiben. Weitere Anforderungen sind Rechtmäßigkeit im staatlichen Sinne und im Zuge der Reformen Effektivität und Effizienz, Transparenz, Partizipation, verstärkte Demokratisierung, *Output-Orientierung* und ein Wandel des Führungsstils (Becker/Stang 2020).

Blickt man auf die *Hochschulentwicklung* nun aus der Perspektive des Lernens, so spielen weitere Faktoren wie der *Shift from Teaching to Learning* (Barr/Tagg 1995) eine große Rolle im Kontext von Veränderungsanforderungen. Im Zusammenhang der leistungsbezogenen Mittelzuweisung gilt es auch zu bedenken, dass alle Aufgaben der Hochschule (Forschung, Lehre, Third Mission, etc.) von gleicher Relevanz sind. Dies stellt eine Anforderung an die Hochschulen in ihren Verhandlungen mit den Ländern dar, da die leistungsbezogenen Mittel oft aus den Erfolgen in der Forschung resultieren. Das Projekt *Lernwelt Hochschule* zeigt, dass die Bedarfe der Studierenden eine wichtige Rolle spielen und daher deren Beteiligung eine hohe Bedeutung bei der Gestaltung von Hochschulentwicklung zukommt. Hinzu kommt, dass die Hochschulen die Qualität ihrer Lehre über *Schulungen* der Lehrenden und das Qualitätsmanagement selbst steuern können. Auf der Ebene der Organisation bedeutet dies, die strukturellen und kulturellen Rahmenbedingungen zu schaffen (Brahm et al. 2016), welche eine studierendenorientierte Hochschulentwicklung fördern. Eine der Herausforderungen dabei ist, dass bislang kaum Hochschulstrategien vorhanden sind, die das Lernen fokussieren. Als Good Practice lassen sich hier das TOM-Modell der

Universität Twente[1] und das Qualitätsmanagement der Universität des Saarlands[2] nennen (Ziegele 2019).

Öffnung der Hochschulen

Unter der Perspektive der *Studierendenorientierung* sieht Ziegele (2019) eine Möglichkeit, diese zu unterstützen, darin, dass das Studienangebot ausdifferenziert wird und damit *individuelle Lernwege* möglich werden. Durch den Erwerb von *Mikrozertifikaten* kann die Durchlässigkeit zwischen beruflicher und akademischer Bildung erhöht werden. In diesem Bereich sind erste Ansätze wie zum Beispiel Kontaktstudien zu verzeichnen. Jedoch wird die Individualisierung durch Reglementierung, wie zum Beispiel die Regelstudienzeit, erschwert. Als Good Practice ist das *Studium Individuale* der Leuphana Universität[3] für die Studierenden zu sehen. Good Practice im Bereich der Verbindung der Bildungsbereiche ist das Angebot der Hochschule Osnabrück[4] mit der grundsätzlichen Möglichkeit, Abschlüsse in Teilzeit oder berufsbegleitend zu erlangen. Um dies organisatorisch in die Lehre zu integrieren, bedarf eines *Lehrmanagements*, welches ebenfalls mit den Organisationsstrukturen in Passung gebracht werden muss. Dazu müssen nicht nur administrative Strukturen rund um die Zulassung und Anerkennung dieser Angebote geschaffen werden[5], sondern den aus dem erhöhten Angebot resultierenden steigenden Bedarfen an Lehrenden, Räumen und Unterstützungs- und Beratungsstrukturen wie zum Beispiel Didaktikzentren, IT-Help-Desks etc. muss begegnet werden. Zudem müssen die Prozesse und Strukturen dazu geschaffen, etabliert und sinnvoll miteinander verbunden werden.

Neben den Veränderungen des *New Public Managements* mit der Anforderung nach stärkerer *Dezentralisierung*, wirkt sich diese *vertikale und horizontale Öffnung* der Hochschule dahingehend aus, dass die „Organisationsstrukturen innerhalb und zwischen den Hochschulen flexibler" (Tarazon/Brückner 2016, 78) und unterschiedlichste Kooperationsformen erprobt werden (Becker/Stang

---

1 https://www.utwente.nl/en/tom/.
2 https://www.uni-saarland.de/studieren/qms-lus/start/qualifikationsziele.html.
3 https://www.leuphana.de/college/bachelor/studium-individuale.html.
4 https://www.hs-osnabrueck.de/de/learningcenter/; https://www.hs-osnabrueck.de/de/studium/studienangebot/berufsbegleitend-oder-berufsintegrierend-studieren/.
5 Dies wird auf Länder- und Bundesebene gefördert: https://www.bmbf.de/de/aufstieg-durch-bildung-1240.html; https://www.wettbewerb-offene-hochschulen-bmbf.de/.

2020) sowie die „Partizipationsbereitschaft für kollektive Belange" (Heinrich/ Kussau 2016) gestärkt wird.

Flexibilisierung der individuellen Studienwege

Aus der Perspektive der *Studierendenorientierung* ist es von Vorteil, die Hochschule auch nach innen zu öffnen. Das führt dazu, dass „es gilt von der Organisation der Hochschule in Fakultäten Abschied zu nehmen und neben der fachlichen Heimat auch flexible Querstrukturen zu schaffen" (Ziegele et al. 2019). Ebenso wichtig ist es ebenfalls, angesichts der *Heterogenität* der Gruppe der Studierenden, *individuelle Lernwege* mit *individuellen Lerntempi* und *Lerninhalten* zu gestalten. Dies gilt insbesondere für die Studieneingangsphase. Als Good Practice für diese Phase ist das Projekt *mytrack – individuelles Lernen in der Studieneingangsphase*[6] der Technischen Universität Hamburg zu nennen, welches zusammen mit der Technischen Hochschule Mittelhessen und der Hochschule Fulda durchgeführt wird. Explizite Ziele sind hierbei, eine angepasste Lerngeschwindigkeit für die Lernenden anzubieten und die Heterogenität im Blick zu haben.

Der Bedarf an *Individualisierung* des Studiums verändert die Aufgabe der Lehrenden grundlegend. Hier stehen als Folge die Kleingruppenarbeit und eine Hinwendung zur individuellen *Lernbetreuung* der einzelnen Studierenden im Fokus der Aktivitäten. Dies hat für die *Organisation Hochschule* zur Folge, dass die Lehrenden auch in den Bereichen Supervision und Beratung geschult und dass Raum und Zeit für diese Kleingruppenarbeit geschaffen werden müssen. Auch diese Ziele können durch an den Herausforderungen orientierte Organisationsstrukturen und durch geeignete Handlungskoordination gestützt und gefördert werden, wie zum Beispiel durch den Aufbau von *fach- und kompetenzorientierten Studienstrukturen*, die den internen und externen Kontext der Hochschule berücksichtigen. Hierzu zählen auch, Infrastrukturen bereitzustellen, Anreize zu schaffen und eine entsprechende Finanzierung zur Verfügung zu stellen. Im nächsten Schritt gilt es, diese Strukturen zu institutionalisieren und damit in der Organisationskultur zu verankern.

Ein weiterer Schlüssel, um eine geeignete Organisationsstruktur zu entwickeln, ist die Dezentralisierung von Kompetenzen. So ist die Schaffung der Funktion der Studiendekane oder von Studiengangsbeauftragten ein Schritt in diese Richtung. Parallel dazu ist es sinnvoll, Querschnittsbereiche und -struktu-

---

6 https://mytrack-tuhh.de.

ren zu schaffen, die zum Beispiel fachlich übergreifende Themen interdisziplinär verankern. Als ein Good Practice Beispiel ist das Unterstützungsangebot der Universität Konstanz[7] zu bewerten. Dieses Angebot spricht Lehrende an und unterstützt alle digitalen Prozesse rund um die Lehre.

Anreizstrukturen für gute Lehre schaffen

Eine Herausforderung hierbei ist die Schaffung von *Anreizstrukturen*, denn hier sind den Hochschulen enge Grenzen gesetzt und vielfach kommen diese Anreize von außen, durch Programme des Bundesministeriums für Bildung und Forschung (BMBF) oder Vereinbarungen von Bund und Bundesländern wie beim *Qualitätspakt Lehre*[8] oder dem *Hochschulpakt*[9]. Hinzu kommt, dass die Möglichkeiten der Hochschulen, auf Professorinnen und Professoren und damit auf deren verfügbares reputative, ökonomische und sowie formal-mikropolitische Kapital durch die vorhandenen Steuerungsmöglichkeiten Einfluss zu nehmen, nur sehr gering ist (Hüther 2010). Zwar gibt es Preise für gute Lehre (Becker/Stang 2010, 77), aber durch Maßnahmen wie die *Exzellenzinitiative* und die leistungsbezogene Mittelvergabe auf der Basis von Forschungsleistungen sind die Anreize für die Lehre geringer ausgeprägt.

Um mehr als nur besonders motivierte Lehrende zur Gestaltung guter Lehre zu motivieren, kann es hilfreich sein, den Willen zur Gestaltung dieses Prozesses anzusprechen, denn die Lehre verändert sich in den Inhalten und auch in ihren Methoden. Hier eigene Vorstellungen – wenn auch in begrenztem Umfang – realisieren zu können, stellt eine Motivation dar. So berichtet Kleinmann in seiner Studie *Universitätsorganisation und präsidiale Leitung* von einem Interviewteilnehmer, der einen weiteren Anreiz so beschreibt, dass „‚großes Lob von dem Präsidenten' (14 L1 118) neben der leistungsorientierten Mittelverteilung einen wichtigen Leistungsanreiz darstellt" (Kleimann 2015, 658). So ist Feedback neben Zielvorgaben (Absolventinnen-/Absolventen- und Abbrecherinnen-/Abbrecherquoten) und die Möglichkeit zur Einflussnahme eine weitere Möglichkeit, Anreize zu schaffen. Weitere Maßnahmen könnten (hochschulinterne) Förderschwerpunkte oder auch monetäre Anreize für gut gestaltete Lehre sein. Aus strategischer Perspektive heraus fehlen Finanztöpfe zur Qualitätsförderung der Lehre und es liegen nur wenige Indikatoren, wie zum Beispiel die Abbrecher-/

---

7 https://www.uni-konstanz.de/lehren/beratung-hilfsmittel-service/digital-unterstuetzte-lehre/.
8 https://www.bmbf.de/de/qualitaetspakt-lehre-524.html.
9 https://www.bmbf.de/de/hochschulpakt-2020-506.html.

Abbrecherinnequote, vor. Als Good Practice gibt Niedersachsen in seinem Hochschulgesetz (Abschnitt 4, §14b (1)) vor, dass die Studienqualitätsmittel vorrangig dafür verwendet werden sollen,

> das Betreuungsverhältnis zwischen Studierenden und Lehrenden zu verbessern, zusätzliche Tutorien anzubieten und die Ausstattung der Bibliotheken sowie der Lehr- und Laborräume zu verbessern. Soweit aus den Studienqualitätsmitteln zusätzliches Lehrpersonal finanziert wird, darf es nur zu solchen Lehraufgaben verpflichtet werden, die das für die Studiengänge erforderliche Lehrangebot ergänzen oder vertiefen (NHG 2007).

Zudem gibt es in einigen Hochschulen hochschulinterne Wettbewerbe, die besonders gelungene Konzeptionen, Projekte oder Ideen belohnen. Als ein Good Practice-Beispiel ist die Ruhr Universität Bochum zu nennen, die unter anderen mit dem Projekt *5*5000* jedes Semester innovative und lernförderliche E-Learning-Projekte unterstützt[10].

Ein weiterer, hochschulübergreifender Ansatz könnte ebenfalls sein, ein Lehr-Pendant zur Deutschen Forschungsgemeinschaft (DFG) zu etablieren. Eine solche *Selbstverwaltungsorganisation der Hochschullehre* in Deutschland könnte neben den Hochschulen ebenfalls außeruniversitären Einrichtungen, Verbänden und Marktbegleiter aus der Wirtschaft vereinen. Hierbei könnten Mittel von EU, Bund, Ländern und privaten Zuwendungen gebündelt werden. Jedoch ist es im Bereich der Lehre von Bedeutung, dass die Entwicklung von guter Lehre nie „abgeschlossen" sein kann, anders als ein Forschungsprojekt, das ein Endergebnis „produziert". Mit einem solchen Verbund könnte gegebenenfalls auch der zeitlichen Begrenzung von Fördermaßnahmen durch die Programmstrukturen der Ministerien begegnet werden. Zugleich würde dadurch der Transfer von Erkenntnissen und Lösungen im Bereich der Hochschullehre erheblich befördert werden – und die zurzeit individuelle Erprobung von vielen Ideen und die Erfahrungen könnten damit gebündelt für alle Hochschulen bereitgestellt werden.

Neue Aufgaben und Stellen entstehen

Eine Aufgabe, die im Wandel der Organisationsstrukturen entstehen wird, sind die veränderten Personalstrukturen. Der Wandel zur kompetenzorientierten Lehre, die stärke *Heterogenität* der Studierenden und der Wechsel vom Instruktions-Paradigma zum Lern-Paradigma (Stang et al. 2020a) wird einen Wandel

---

[10] https://www.rubel.rub.de/5x5000.

der Professionalisierung zur Folge haben. Nicht nur, dass Lehrende ihr Rollenverständnis ändern müssen – es werden veränderte professionelle Schwerpunkte entstehen, die sich vor allem auf *Unterstützungsstrukturen* beziehen. Hierzu zählen insbesondere die didaktische Gestaltung von Lehr-Lernprozessen, die Entwicklung und Gestaltung von Lehrmitteln oder die Konzeptionierung und Realisierung von *Akkreditierungs-* und *Qualitätsmanagementprozessen* in Bezug auf die Lehre. Weiterhin werden Lern-Coaches, aber auch Team-Coaches und Online-Coaches (Dehnbostel/Lindemann 2016, 143) benötigt werden, die soziale Kompetenzen und einen sicheren Umgang (Identitätsmanagement, Datenschutz etc. mit dem Internet vermitteln. Diese neuen *Dienstleistungsstrukturen* sind fachübergreifend anzusiedeln und bilden damit eine weitere horizontale Struktur in der Organisationsstruktur, die eng vernetzt mit der Bibliothek, beziehungsweise dem Medienzentrum, der IT-Abteilung und auch der Infrastrukturabteilung zusammenarbeiten muss.

Möglichkeit der Learning Analytics

Eine weitere Möglichkeit die Entwicklung zur studierendenorientierte Hochschule zu fördern ist es, ein *Studienerfolgsmanagement* als Teil des Qualitätsmanagements zu etablieren. Bisher ist ein digitales *Learning-Analytics-System* nur punktuell in der Hochschulwelt verbreitet. Ein Beispiel hierfür bietet die Hochschule der Medien[11], welche mit LAPS (Learning Analytics für Prüfungsleistungen und Studienerfolge) Maßnahmen entwickelt, um die Studierenden, insbesondere in der Studieneingangsphase, individuell zu unterstützen. *Learning Analytics* adressieren, im Gegensatz zu *Education Data Mining* (EDM), welches die strategisch-operative und hochschulpolitische sowie ökonomische Faktoren (Erhöhung der Absolventinnen-/Absolventenquote) fokussiert, die individuelle Perspektive der Lernenden und Lehrenden und stellt die individuellen Lernprozesse in den Vordergrund (Keber 2019). Diese Analysen erlauben es den Hochschulen, typische *Studienverlaufsmuster* zu erfassen und die Curricula passend dazu zu entwickeln und Studierende bei der Planung ihres Studiums gezielt zu beraten. Ein weiteres Good Practice-Beispiel stellt die Technische Hochschule Köln dar, die im Rahmen ihres Qualitätsmanagements ein hochschulinternes Studienerfolgsmonitoring entwickelt hat und damit eine summative externe Effizienzbewertung erhält, die für das Auslesen von Trends und Effekten, aber

---

[11] https://www.hdm-stuttgart.de/laps.

auch zur Kosten-Nutzen-Abwägung herangezogen werden kann (Teaching-Learning.EU 2013). Für die Organisation Hochschule bedeutet dies, die pädagogischen, technischen und administrativen Strukturen unter Berücksichtigung der spezifischen Situation der Hochschule in den Blick zu nehmen und die Prozesse zur Konzeption, Implementation eines nachhaltigen Betriebs aufzubauen. Auch hierbei handelt es sich um eine horizontale Ebene innerhalb der Organisationsstruktur, die alle Fachbereiche überspannt. Von großer Bedeutung ist es jedoch, Transparenz und Datenschutz zu beachten und die Teilnahme an diesen Programmen der Freiwilligkeit zu überlassen und verantwortungsvoll mit dem Thema Big Data umzugehen.

Studierende in Entscheidungen einbinden

Der Einbezug von Studierenden in strategische *Entscheidungsbildungsprozesse* in Gremien ist bei 60% der Hochschulen verbreitet (Becker/Stang 2020, 94). Dennoch erreichen die bisherigen Partizipationsmöglichkeiten die Studierenden nicht in vollem Umfang (Aschinger 2020), sodass über neue Konzepte nachgedacht wird. Als Good Practice-Beispiel ist hier die Universität Lüneburg[12] zu nennen, die Studierende in Qualitätszirkeln einbindet, oder auch die Fachhochschule Potsdam[13], die Studierende in die Hochschulleitung integriert. Die Hochschule Potsdam hat im Präsidium die Mitgliedschaft einer studentischen Vertreterin/eines studentischen Vertreters fest etabliert. Diese Vizepräsidentschaft ist

> als Kommunikator*in und Vermittler*in zwischen Hochschulleitung und Studierendenschaft [konzipiert und] fördert die Berücksichtigung studentischer Interessen bei zentralen Entscheidungen und in Entwicklungsprozessen an der Fachhochschule (FH Potsdam 2019).

Eine weitere Möglichkeit nutzt die Universität Hildesheim[14]. Hier lebt die Vizepräsidentin für Lehre und Studium das Prinzip der offenen Bürotür. Ihre Sprechzeiten lauten: „bei offener Dienstzimmertür". Des Weiteren wird zum Beispiel bei der Universität des Saarlands[15] den Studierenden ermöglicht, über ein Vorschlagsformular die Verwendung der Studiengebührenkompensations-

---

12 https://www.leuphana.de/lehre/feedback-zu-lehre-und-studium/qualitaetszirkel.html.
13 https://www.fh-potsdam.de/informieren/organisation/hochschulleitung/.
14 https://www.uni-hildesheim.de/organe-und-gremien/praesidium/.
15 https://www.uni-saarland.de/fachrichtung/systems-engineering/studium/kompensationsmittel.html.

mittel mitzubestimmen. Dies sind gute Möglichkeiten, die Partizipation der Studierenden zu erhöhen. Dies hat mehrere Vorteile für die Organisation Hochschule: mit vielfältige Formen der Partizipationsmöglichkeiten werden mehr und damit unterschiedliche Studierende erreicht, die Leitungsebene erhält wertvolle Impulse für die strategische Entwicklung und dadurch, dass es studentische Inputs sind, wird die Beteiligung und die Akzeptanz dieser Gruppe höher sein, als wenn Entscheidungen „von oben" auferlegt erscheinen. Für die Organisationsstrukturen bedeutet dies, Kommunikationshürden abzubauen, weniger Hierarchie zu leben und kommunikative Zugänglichkeit/Offenheit zu zeigen, um diesen Bottom-up-Prozess zu stärken.

Infrastruktur- und IT-Abteilungen als horizontale Struktur in der Organisation Hochschule

Eine weitere Organisationsstruktur, welche die Entwicklung zur studierendenorientierten Hochschule unterstützt, ist die Infrastrukturabteilung, da sie die physischen Räume bereitstellt. 55 Prozent der Hochschulen haben Anschaffungen für die Ausstattungen zur *Flexibilisierung* der Lehr- und Lernräume bereits getätigt (Becker/Stang 2020, 102–103). Doch es fehlt an Gesamtkonzepten zur räumlichen Nutzung der Hochschule und es mangelt an systematisierten Überblicken über die räumliche Nutzungssituation (Stang et al. 2020b) und an einer durchgängigen *Evaluation* der Nutzung der Lehr- und Lernräume. Diese Maßnahmen würden die Auslastung und Passung zwischen den Lehr-Lernsettings und den zugeordneten Räumen verbessern und damit zum einen die angespannte Raumsituation entlasten und zum anderen die Lehr- und Lernziele unterstützen. Als Good Practice-Beispiel zeigt die SRH Hochschule Heidelberg[16] mit dem *CORE-Prinzip* die Ausrichtung der (Innen-)Architektur an didaktische Konzepte (Ninnemann et al. 2020).

Im Zuge der *Digitalisierung* gilt es hierbei zu beachten, dass einerseits der physische Raum an Bedeutung gewinnt und andererseits auch die digitale Ausstattung der Räume aufgrund der kürzer werdenden technischen Innovationszyklen und den dementsprechenden Erneuerungszyklen sowie die steigende Komplexität der Medientechnik bedacht werden muss. Auch im Bereich der IT-Abteilung ist eine kontinuierliche Evaluation sinnvoll. Hinzu kommen Faktoren wie die kontinuierliche *Weiterbildung* des technischen Personals sowie die Schulung der Nutzenden (Lehrende und Studierende) der Technik (Pirr 2017).

---

16 https://www.hochschule-heidelberg.de/de/core-prinzip/lernraum-campus/.

Dies bedeutet auch, dass IT- und Infrastrukturabteilungen eng miteinander verbunden werden müssen, um eine gute Ausnutzung und Passung der Möglichkeiten zu erreichen.

Fazit: Agile Strukturen als Lösung

Betrachtet man die Themen der Hochschulentwicklung unter dem Aspekt der Organisationsstrukturen so wird klar, dass hier Anpassungen von Nöten sind. Im Bereich des Lehrmanagements bedarf es einer inneren Öffnung der Hochschulen im Sinne der curricularen Entwicklung zur *Flexibilisierung* und *Individualisierung* der Studienwege. Um die *Lehrqualität* zu verbessern werden *Schulungen* der Lehrenden in fachübergreifenden Kompetenzen wie Supervision und anderen Beratungskompetenzen erforderlich werden. Parallel dazu müssen neue Anreize geschaffen werden, welche die Lehrenden motivieren, ihre eigene Lehre weiterzuentwickeln.

Hinzu kommt die Verbesserung der *Partizipationsmöglichkeiten* der Studierenden in den Entscheidungsprozessen, denn sie bilden die größte Gruppe der Hochschulangehörigen und eine zu geringe Beteiligung (Unterrepräsentation) kann zu *Legitimationsproblemen* führen, zumal Studierende wertvolle Beiträge zur Entwicklung der *Lehrqualität*, Einrichtung und/oder Weiterentwicklung des *Studien- und Beratungsangebotes* sowie auch bei der *Ausstattung* der Hochschule einbringen können.

Weiterhin gilt es, interdisziplinäre Teams in der Organisation aufzubauen, die zum einen spezialisiert genug sind, ihre Kernaufgabe zu erfüllen, zum anderen auch generalisiert genug sind, um an den Schnittstellen mit anderen Abteilungen Themen erfassen und in ihre fachliche Perspektive transparent machen zu können. Dazu bedarf es der kontinuierlichen Aus- und Weiterbildung des technischen und wissenschaftlichen Personals. Eine weitere Möglichkeit dies zu fördern ist es, den *organisationsweiten Austausch* zu verbessern und damit einerseits unter anderem Parallelstrukturen, doppelte Aufwände etc. zu verringern und anderseits auch die Wissenschaftlichkeit und die Qualität der Lehre voranzutreiben.

Um die *Qualität der Lehre* weiterzuentwickeln könnten sich Wettbewerbe und weitere Anreizstrukturen als hilfreich erweisen, ebenso die Einführung von *Learning-Analytics-Systemen*, welche geeignet sind, die Effekte von Lehre nachzuverfolgen und Nachsteuerungen vorzunehmen können.

Insgesamt werden neue Querschnittsfunktionen als horizontale Verbindungen in der Organisationsstruktur entstehen. Diese werden überfachlich in den

Bereichen der *Beratungs- und Unterstützungsstrukturen* angesiedelt sein, sollten allerdings ebenfalls eng an die Entscheidungs- und Entwicklungspositionen der Hochschule gekoppelt sein, da sie fachübergreifend tätig sind und somit eine starke Möglichkeit haben, Informationen in die Organisation zu tragen. Dies ist ein Schritt in Richtung *Dezentralisierung*, der dazu beiträgt *agile und flexible Organisationsstrukturen* zu entwickeln, die zukunftssicher und schnell Anpassungen an kommende Herausforderungen ermöglichen.

Die daraus entstehende *hybride Organisation* mit durchlässigen Abteilungsgrenzen kann situativ auf Besonderheiten reagieren und Effektivitätsvorteile nutzen. Es kann eine innovative Struktur mit flachen und anpassungsfähigen Hierarchien entstehen, welche – wenn strategisch gut geplant – die Komplexität verringert. Ein weiterer Vorteil ist darin zu sehen, dass die *Interessenorganisationen* (Lengfeld 2013) Lehre und Forschung mit der *Arbeitsorganisation* Verwaltung besser verzahnt agieren und somit ein effektiveres und effizienteres System entsteht. Um das zu erreichen, ist es jedoch notwendig, der Unsicherheit, welche Veränderungsprozesse begleitet, zu begegnen. Nachdem die strategische und organisationale Ausrichtung festgelegt ist, gilt es, die bisherigen Verhaltensmuster zu erkennen und zu analysieren, die zugrundeliegenden Werte, Normen, Standards der *Institution Hochschule* als Wertgefüge mit zum Beispiel Modi der *Handlungskoordination* zu verändern, um eine *Innovationskultur* nachhaltig zu verankern.

Literatur

Aschinger, F. (2020): Konzeption und Management der Lernwelt Hochschule. In: A. Becker; R. Stang (Hrsg.): *Lernwelt Hochschule. Dimensionen eines Bildungsbereichs im Umbruch.* Berlin; Boston: De Gruyter Saur, 123–150.

Barr, R.; Tagg, J. (1995): From Teaching to Learning. A New Paradigm for Undergraduate Education. *Change* 27/6, 12–26.

Becker, A.; Stang, R. (Hrsg.) (2020): Lernwelt Hochschule im Aufbruch. Zentrale Ergebnisse einer Befragung. In: A. Becker; R. Stang (Hrsg.): *Lernwelt Hochschule. Dimensionen eines Bildungsbereichs im Umbruch.* Berlin; Boston: De Gruyter Saur, 71–122.

Brahm, T.; Jenert, T.; Euler, D. (2016): Pädagogische Hochschulentwicklung als Motor für die Qualitätsentwicklung von Studium und Lehre. In: T. Brahm; T. Jenert; D. Euler (Hrsg.): *Pädagogische Hochschulentwicklung. Von der Programmatik zur Implementierung.* Wiesbaden: Springer VS, 19–36.

Dehnbostl, P.; Lindemann, H. J. (2016): Internationalisierung der Berufsbildung. In: M. Schönebeck; A. Pellert (Hrsg.): *Von der Kutsche zur Cloud. Globale Bildung sucht neue Wege.* Wiesbaden: Springer VS, 125–150.

FH Potsdam (2019): Hochschulleitung. https://www.fh-potsdam.de/informieren/organisation/hochschulleitung/.

Heinrich M.; Kussau, J. (2016): Finanzierungsformen, Zielvereinbarung, New Public Management und Globalbudgets. In: H. Altrichter; K. Maag Merki (Hrsg.): *Handbuch Neue Steuerung im Schulsystem. Educational Governance.* Wiesbaden: Springer VS, 183–207.

Hüther, O. (2010): *Von der Kollegialität zur Hierarchie? Eine Analyse des New Managerialism in den Landeshochschulgesetzen.* Wiesbaden: VS Verlag.

Keber, T. O. (2019): *Learning Analytics. Datenschutzrechtliche und ethische Überlegungen zu studienleistungsbezogenen Datenanalysen an Hochschulen.* JurPC-Web-Dok. 0097/2019. https://www.jurpc.de/jurpc/show?id=20190097#fn0.

Kleimann, B. (2015): *Universitätsorganisation und präsidiale Leitung. Führungspraktiken in einer multiplen Hybridorganisation.* Wiesbaden: Springer.

Lengfeld H. (2013): Interessenorganisation. In: S. Mau; N. Schöneck (Hrsg.): *Handwörterbuch zur Gesellschaft Deutschlands.* Wiesbaden: Springer VS, 422–435.

Mintzberg, H. (1983): *Structures in Fives. Designing Effective Organizations.* Englewood Cliff: Prentice Hall.

NHG (2007): Niedersächsisches Hochschulgesetz (NHG) in der Fassung vom 26. Februar 2007 (Nds.GVBl. Nr.5/2007, 69). http://www.schure.de/22210/nhg.htm.

Ninnemann, K.; Rózsa, J.; Sutter, C. (2020): Zur Relevanz der Verknüpfung von Lernen, Raum und Organisation. Lessons Learned beim hochschulweiten Paradigmenwechsel vom Lehren zum Lernen an der SRH Hochschule Heidelberg. In: R. Stang; A. Becker (Hrsg.): *Zukunft Lernwelt Hochschule. Perspektiven und Optionen für eine Neuausrichtung.* Berlin; Boston: De Gruyter Saur, 179–190.

Pirr, U. (2017): Die räumliche Komponente digitaler Lehre. Ein Erfahrungsbericht. *Die Hochschule. Journal für Wissenschaft und Bildung* 26/2, 51–58.

Stang, R., Gläser, C.; Weckmann, H.-D.; Franke, F. (2020a): Zur Situation der Lernwelt Hochschule. Grundlagen des Projektes Lernwelt Hochschule. In: A. Becker; R. Stang (Hrsg.): *Lernwelt Hochschule: Dimensionen eines Bildungsbereiches im Umbruch.* Berlin; Boston: De Gruyter Saur, 9–18.

Stang, R.; Becker, A.; Franke, F.; Gläser, C.; Petschenka,, A.; Weckmann, H.-D.; Zulauf, B. (2020b): Herausforderungen Lernwelt Hochschule. Perspektiven für eine zukünftige Gestaltung. In: A. Becker; R. Stang (Hrsg.): *Lernwelt Hochschule: Dimensionen eines Bildungsbereiches im Umbruch.* Berlin; Boston: De Gruyter Saur, 182–210.

Tarazona M.; Brückner Y. (2016): Finanzierungsformen, Zielvereinbarung, New Public Management und Globalbudgets. In: H. Altrichter; K. Maag Merki (Hrsg.): *Handbuch Neue Steuerung im Schulsystem. Educational Governance.* Wiesbaden: Springer VS, 75–105.

Teaching-Learning.EU (2013): *Innovationen für die Zukunft der Lehre in den Ingenieurswissenschaften.* https://www.th-koeln.de/mam/downloads/deutsch/hochschule/fakultaeten/informatik_und_ingenieurwissenschaften/mentoring/publikationen_2013_teaching.pdf.

Weick, K. E. (2009): Bildungsorganisationen als lose gekoppelte Systeme. In: S. Koch; M. Schemmann (Hrsg.): *Neo-Institutionalismus in der Erziehungswissenschaft.* Wiesbaden: VS Verlag für Sozialwissenschaften, 85–109.

Ziegele, F. (2019): *Studierendenzentrierung durch Hochschulentwicklung. Ansatzpunkte und Potenziale.* Vortrag auf der Konferenz „Zukunft Lernwelt Hochschule" vom 27.3-28.3.2019 in Heilbronn. http://zukunftlernwelthochschule.de/wp-content/uploads/ZLH-Pr%C3%A4sentation-Ziegele-1.pdf.

Ziegele, F.; Neubert, P.; Mordhorst, L. (2019): Die Hochschule der Zukunft. Fels in der Brandung? *Hochschulsport* 2, 20–22.

Udo Mildenberger und Cornelia Vonhof
Neues Studienmodell und organisatorische Herausforderungen

Wege zu einer transformativen Fakultät

Einleitung

Die Fakultät Information und Kommunikation der Hochschule der Medien Stuttgart (HdM) setzt sich seit 2010 in einem umfassenden Strategieprozess mit der Überarbeitung der Inhalte und *Lehr-Lernarrangements* in den Curricula der Fakultät auseinander. Auslöser war die Frage, wie ein zukunftsfähiges Hochschulstudium aussehen muss und wie die tiefgreifenden Veränderungen in Gesellschaft und Wirtschaft in einem neuen *Studienmodell* abgebildet werden können. Aus diesem Prozess entstand eine grundsätzliche Reform der Curricula der Studiengänge der Fakultät (Informationsdesign, Informationswissenschaften, Online-Medien-Management sowie Wirtschaftsinformatik und digitale Medien) mit insgesamt ca. 150 bis 180 Studienanfängerinnen und -anfängern pro Semester). Kernaspekte der Reform waren:
- Veränderung des Fokus der Lehre: Von Instrumentenwissen zu *Problemlösungs- und Methodenkompetenzen*,
- Verankerung *projektorientierter Studienformen* und Interdisziplinarität als Kernelemente der Lehre,
- Anreicherung der Lehre durch ein Studium „in der Welt" mit Reallaboren als zentraler Lehr-Lernform,
- Stärkung von *Schlüsselkompetenzen* als essenziellem Bestandteil des Studiums.

Die Umsetzung dieser Aspekte machte organisatorische und curricular-didaktische Veränderungen notwendig (Burmester/Seidl 2020). In diesem Beitrag werden die Eckpfeiler des Konzepts sowie die gelösten und ungelösten Herausforderungen beschrieben.

Rahmenbedingungen und Ziele des Veränderungsprozesses

Eine strategische Positionierung beziehungsweise Repositionierung einer Organisation oder Organisationseinheit ist ein multidimensionaler Prozess. Diese Aussage trifft insbesondere dann zu, wenn die betrachtete Organisationseinheit, wie im vorliegenden Fall, über Stakeholder mit völlig unterschiedlichen Vorstellungen und Erwartungen verfügt und der Prozess in einem Umfeld vonstattengeht, das einerseits durch ein großes organisationsinternes Beharrungsvermögen und andererseits durch massive externe Veränderungen geprägt ist.

Um die Herausforderungen des gesamten Veränderungsprozesses der Fakultät Information und Kommunikation einordnen zu können, ist es unabdingbar, zunächst die Rahmenbedingungen des Prozesses und der Fakultät in den Jahren 2009/2010 zu beleuchten:

- Fachhochschulen/Hochschulen für angewandte Wissenschaften (HAW) in Baden-Württemberg befinden sich in einer Sandwichposition zwischen forschungsorientierten Universitäten einerseits und der stark praxisorientierten Dualen Hochschule andererseits. Die früher klare Positionierung von HAWs als ‚DER anwendungsorientierte Hochschultyp' wird zwischenzeitlich von der Dualen Hochschule eingenommen. Aufgrund der politischen Rahmenbedingungen ist diese Positionierung der unterschiedlichen Hochschultypen in Baden-Württemberg auch nahezu unumkehrbar. Während diese Situation für alle HAWs und für alle Studiengänge an HAWs zutrifft, sind die Studiengänge der Fakultät Information und Kommunikation hiervon besonders betroffen. Wirtschaftsinformatik und (Online-)Medien-Management sind Anwendungsfelder, die traditionell von Universitäten und in den letzten Jahren auch mehr und mehr von der Dualen Hochschule besetzt werden. Da diese Studiengänge mehr als 50 Prozent der gesamten Studierenden und des gesamten Lehrpersonals der Fakultät Information und Kommunikation auf sich vereinen, bestand und besteht für die Fakultät besonderer Handlungszwang.

- Neben einer fachlichen Orientierung besteht das Ziel eines Studiums laut Hochschulrahmengesetz (HRG) darin, die Studierenden „zu verantwortlichem Handeln in einem freiheitlichen, demokratischen und sozialen Rechtsstaat zu befähigen" (§7, HRG). Dies wird jedoch nicht oder nur in eingeschränktem Maße erreicht, wenn die Lehre ausschließlich innerhalb der Hochschule stattfindet. Um dieses Ziel zu erreichen, müssen Hochschulen und die Lehrenden zusammen mit den Studierenden zu Akteurinnen und Akteuren des gesellschaftlichen Wandels und *akademischen Problemlöse-*

rinnen und Problemlösern werden. Zugleich lassen sich komplexe gesellschaftliche Herausforderungen nicht durch isolierte Fachdisziplinen bewältigen. Die Fähigkeit von Hochschulabsolventinnen und -absolventen inter- und transdisziplinär zu denken, zu arbeiten und zu handeln, wird daher auch explizit von der Gesellschaft und der Unternehmenspraxis gefordert.

Die Analyse dieser sich dynamisch entwickelnden internen und externen Rahmenbedingungen führte zur Überzeugung, dass diesen nicht mit ausschließlich traditionellen Formen der Hochschullehre begegnet werden kann. Stattdessen sind neue Formate, neue Strukturen und vor allem ein sich öffnen hin zur Gesellschaft erforderlich. Um diesen Herausforderungen zu begegnen, hat die Fakultät Information und Kommunikation ein neues Studienmodell sowie ein neues, für alle Studiengänge identisches Strukturmodell des Bachelorstudiums entwickelt (Abbildung 1) und im Wintersemester 2016/17 eingeführt.[1]

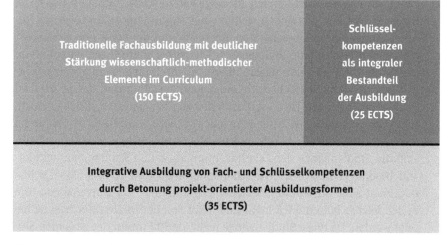

Abb. 1: Strukturmodell des neuen Studienkonzepts der Fakultät Information und Kommunikation (eigene Darstellung).

---

1 Zur inhaltlichen Ausgestaltung der Elemente dieses Strukturmodells siehe Burmester/Seidl 2020.

Zentrale Fragen und Herausforderungen bei der Umsetzung des Konzepts

Formale Problemdimensionen des Konzepts

Obwohl die Frage „Kann es gelingen, das Studienkonzept unter Berücksichtigung sämtlicher formaler Regeln (Bologna-Strukturvorgaben, Modularisierungsvorgaben der Hochschule, Prüfungsrecht usw.) abzubilden?" zu Beginn der Planungsphase als zentral angesehen wurde, stellte sich schnell heraus, dass dies problemlos möglich ist. Lediglich zwei Themenkreise waren und sind zum Teil noch heute problematisch:

- Die Bologna-Vorgaben und die Modularisierungsvorgaben der Hochschule sehen im Regelfall lediglich eine Prüfungsleistung je Modul vor, die zudem noch bewertet sein sollte. Vor allem bei den Schlüsselkompetenzmodulen erschien und erscheint diese Regel jedoch wenig sinnvoll. Durch die Einführung der Prüfungsform *Kumulative mehrdimensionale Prüfung* (benotete oder lediglich bewertete Prüfungsform, die sich kumulativ aus völlig unterschiedlichen Prüfungsbestandteilen zusammensetzt) ließ sich dieses Problem jedoch lösen.
- Deutlich schwieriger gestaltet sich der zweite Problemkreis. Durch die starke Projektorientierung des Studiums und die explizite Betonung von *sozialen Kompetenzen* in den Projektmodulen (Teamfähigkeit, Konfliktlösungsfähigkeit usw.) eröffnen sich allein durch das Prüfungsrecht die Spannungsfelder Ergebnis- oder Prozessbewertung sowie *Einzel- oder Gruppenbewertung*. Während das erste Spannungsfeld mit didaktischen Mitteln gelöst werden kann, prallen beim zweiten Spannungsfeld didaktische und prüfungsrechtliche Fragen aufeinander. Das deutsche Prüfungsrecht sieht grundsätzlich eine Einzelbewertung vor. Eine Gruppenbewertung ist zwar möglich, die Voraussetzung ist jedoch, dass der individuelle Beitrag jeder/s einzelnen Studierenden exakt abgrenzbar und isoliert bewertbar ist. Die didaktisch oftmals sinnvollere und dem Arbeitsprozess adäquatere Variante der Gruppenbewertung ist in ihrer Reinform daher nicht umsetzbar. Abhängig vom projektbetreuenden Lehrenden haben sich bei der Umsetzung des Konzepts zum Teil stark unterschiedliche Mischformen von Einzel- und Gruppenbewertungsmodellen etabliert.

Ressourcensituation der Fakultät

Bei der Beurteilung der Passfähigkeit des Studienkonzepts mit der Ressourcensituation der Fakultät muss zwischen personellen, finanziellen und räumlichen Ressourcen differenziert werden.

In der Konzeptionsphase war das Thema *Personalressourcen* zentral. Obwohl die Fakultät zu diesem Zeitpunkt über 35 Vollzeitprofessuren verfügte, war unmittelbar offensichtlich, dass der neue, in allen Studiengängen identische Studienbereich *Schlüsselkompetenzen* sowohl in quantitativer als auch in qualitativer Hinsicht nur zum Teil durch das vorhandene Lehrpersonal würde abgedeckt werden können. Es war daher notwendig, zwei Stellen explizit zu Schlüsselkompetenz-Professuren umzuwidmen. Der hohe Anteil *projektorientierter Module* (mind. 15% des Curriculums aller Studiengänge) und die verpflichtenden *inter- und transdisziplinären Projektmodule*, machten es mit Blick auf die Ressourcen unumgänglich, den Kapazitätsbedarf aller Module aller Studiengänge kritisch zu hinterfragen und zum Teil neu zu justieren. Heute lässt sich konstatieren, dass die personellen Ressourcen für das neue Studienkonzept ausreichen; allerdings nur dann, wenn es nicht zu einem starken Anstieg der Studierendenzahlen in der Fakultät und/oder zu einer Verschiebung der Studierendenzahlen zwischen den Studiengängen der Fakultät kommt.

Deutlich problematischer und auch heute noch eine Herausforderung, ist die qualitative Ebene der *Personalressourcensituation*. Obwohl das neue Studienkonzept einstimmig von den Mitgliedern der Fakultät verabschiedet wurde, zeigen sich bis heute Bedenken und Widerstände gegen einzelne Konzeptbestandteile. Dass der Ausbau der Methoden- und Schlüsselkompetenzelemente (insgesamt 25 ECTS) nur durch eine Reduktion von Bestandteilen des Fachstudiums funktionieren kann, war allen Beteiligten einsichtig. Bis sich jedoch mehrheitlich die Überzeugung durchgesetzt hat, dass die notwendige Anpassung nicht durch eine Verdichtung, sondern nur durch eine Entschlackung des *Fachstudiums* funktionieren kann, dauerte es länger. Der Prozess ist selbst heute noch nicht abgeschlossen und zieht mehr oder weniger große Änderungen der *Studien- und Prüfungsordnungen* der Studiengänge nach sich. Die inter- und transdisziplinären Projekte werden aktuell von etwa einem Drittel der Lehrenden getragen. Diese Zurückhaltung, sich als Projektbetreuerin oder Projektbetreuer nicht nur in fachspezifische, sondern gerade auch in inter- und transdisziplinäre Projekte einzubringen, führt jedoch zum einen zu einer Schieflage der Kapazitätssituation zwischen den Lehrenden der Fakultät und zum anderen zu einer Eingrenzung des inhaltlichen Spektrums der angebotenen Projekte.

Die finanziellen *Ressourcenengpässe* bei der Einführung des neuen *Studienkonzepts* sind zwischenzeitlich gelöst. Begründet waren die *Ressourcenengpässe* in erster Linie durch die Notwendigkeit, zunächst nahezu den gesamten Schlüsselkompetenzbereich durch externe Lehrende abzudecken. Mit der Berufung der beiden Schlüsselkompetenz-Professuren sowie der steigenden Zahl der Lehrenden, die sich aktiv in den Schlüsselkompetenzbereich einbringen, hat sich die Situation grundlegend geändert. Externe werden nur noch zur Abrundung des Angebots oder bei ungeplanten Kapazitätsengpässen durch Ausfälle von Professorinnen und Professoren eingesetzt.

Das für die Fakultät und aufgrund organisatorischer Regeln auch für die gesamte Hochschule immer noch prekäre Problem sind die räumlichen Ressourcen. Die Rahmenbedingungen der Ressource Raum sehen wie folgt aus:
- *Raumressourcen* werden grundsätzlich zentral gemanagt.
- Bis auf wenige hochspezialisierte Labore verfügt die Fakultät nicht über eigene Lehr- und Veranstaltungsräume.
- Das neue Studienkonzept bringt Anforderungen an den Raumbedarf mit sich, die sich zum Teil grundlegend von den Raumanforderungen klassischer Lehrformate unterscheiden.

Obwohl die Hochschule der Medien in der Vergangenheit bereits etliche Schritte in Richtung einer modernen Raumausstattung unternommen hat (wie beispielsweise die Einrichtung einer *Lernwelt* (Prill 2019, 10–13) fehlen Räume für eine effektive Projektarbeit. Weder ist die Einrichtung entsprechend variabel, noch können die Räume aufgrund einer festen Stundentaktung für semesterbezogene und semesterübergreifende Projekte über längere Zeitslots genutzt werden. Zusammenfassend lässt sich konstatieren, dass die Situation im Hinblick auf die Ressource Lehr- und Veranstaltungsräume nicht optimal ist und hohe Anforderungen im Hinblick auf Geduld und Kreativität der Lehrenden und Lernenden stellt.

Arbeitssituation der Lehrenden

Dass ein radikales Neudenken von Hochschule unmittelbar Auswirkungen auf die Gestaltung von Lernräumen haben musste, war allen Beteiligten und Verantwortlichen in der Fakultät von Anfang an klar. Spätestens als sich nach einer langen Planungsphase abzeichnete, dass sich die Fakultät nicht nur inhaltlich-konzeptionell, sondern durch einen Neubau auch räumlich neu aufstellen würde, standen diese Räume im Mittelpunkt der Überlegungen und Diskussionen: Welche Anforderungen sind an Lehrveranstaltungsräume, an die Flächen für

Lernmöglichkeiten für Studierende, aber zum Beispiel auch an moderne Bibliotheksflächen zu stellen?

Was nicht im Fokus stand, war die Arbeitssituation der Professorinnen und Professoren sowie der Mitarbeitenden. Die ersten Pläne der Architekten, die die zukünftige Büroflächengestaltung zeigte, haben dies gründlich verändert. Ausgehend von den Mindestanforderungen der „Technischen Regeln für Arbeitsstätten" für Büroarbeitsplätze (Gewerbeaufsicht Baden-Württemberg o. J.), planten die Architekten klassische Zellenbüros als Zweier- und Dreierbüros mit je 18–20 qm: Platz für Schreibtisch, Stuhl und ein kleines Regal oder Schränkchen. Besprechungsmöglichkeiten waren nicht vorgesehen und für diese war auch kein Platz.

Schnell war klar, dass diese Lösung keine war, die dem Anspruch, der mit dem neuen Studienkonzept formuliert war, gerecht wurde. *Kollaboratives Lehren und Lernen* und *21st Century Skills* zur Leitlinie – für die Studierenden – zu machen und zugleich mit dem Arbeitssetting der Professorinnen und Professoren im 19. Jahrhundert stecken zu bleiben, das passte nicht. Diese Erkenntnis war der erste Impuls zu einem weiteren Entwicklungsprozess. Die unmittelbare Erfahrung, dass an einer Hochschule – wie in allen anderen Betrieben – die Frage nach der Gestaltung des eigenen Arbeitsplatzes eine ist, die die Betroffenen stark umtreibt und die sehr emotional diskutiert wird, war ein zweiter Impuls.

In emotionsgeladenen Situationen hilft ein Blick von außen und ein Blick nach außen. Die Fakultät nutzte die Nähe des neuen Campus in Vaihingen zum Fraunhofer Institut für Arbeitswissenschaft und Organisation für den Blick nach außen. Dort konnte besichtigt werden, wie die Forschenden im Workspace Innovation Lab Bürolandschaften gestalten (Frauenhofer IAO o. J.). Es wurde sichtbar und erlebbar, wie Arbeitsräume heute gestaltet werden können. Der Blick von außen erfolgte in Form von moderierten Workshops, in denen Tätigkeitsprofile erarbeitet und Kommunikationsbeziehungen dokumentiert wurden. Damit war eine Grundlage für die weitere Planung und für klare Vorgaben an die Architekten gelegt. Folgende Kernpunkte prägen die Arbeitssituation an der Fakultät heute:

- *Bürokonzept*: Gemeinschaftsbüros für Studiengangteams mit offener Raumstruktur und Kommunikationselementen, ergänzt um Zweier- und Dreierbüros für spezifische Arbeitsanforderungen.
- *Besprechungssituationen und informelle Kommunikation*: Multifunktionale Nutzung unterschiedlicher Typen von Besprechungsräumen und eines teamübergreifenden Pausenraums.
- *Strukturierung*: Klare Trennung zwischen Büroflächen und öffentlicher Zone mit Besprechungsräumen, die unterschiedliche Besprechungssituationen abdecken.

Die neue Bürolandschaft (Abbildung 2) bietet ein großes Potenzial flexibler Nutzungsmöglichkeiten, die etwa durch *Desksharing*-Ansätze oder den Ausbau von *Kreativzonen* weiterentwickelt werden können.

Nach fünf Jahren Praxiserfahrung lässt sich sagen: Es funktioniert. Die Bürolandschaft ist ein moderner *Wissens-, Lern- und Arbeitsort*. Sie ist zugleich in völlig anderem Maße als die klassische Bürosituation ein *Begegnungs- und Kommunikationsraum*. Die neue Form der Zusammenarbeit erfordert von allen viel Rücksichtnahme und Disziplin sowie das eine oder andere Mal auch ein gehöriges Maß an Toleranz und Kompromissbereitschaft. Aber das schadet bekanntlich keinem Team und ist nicht zuletzt etwas, dass auch den Studierenden vermittelt werden soll.

Abb. 2: Teambüro an der Fakultät Information und Kommunikation (Foto: Hochschule der Medien).

Fazit

Da das Studienkonzept zum Wintersemester 2016/2017 erstmalig umgesetzt wurde, werden jetzt die ersten Absolventinnen und Absolventen auf den Arbeitsmarkt entlassen. Aus diesem Grund ist eine abschließende Beurteilung des Erfolgs beziehungsweise des Zielerreichungsgrads des gesamten Studienkonzepts derzeit noch nicht möglich. Die überwiegend gute Evaluation der einzelnen Strukturelemente lässt jedoch hoffen, dass sich die mit dem Konzept intendierten Ziele mit wenig Nachjustierungen erreichen lassen. Besonders bemerkenswert ist dies vor allem deshalb, da das Konzept mit zahlreichen liebgewordenen Traditionen im *Hochschulalltag* bricht und daher eine hohe Veränderungs- und Entwicklungsfähigkeit und einen ausgeprägten Willen zum Verändern und Experimentieren von Studierenden und Lehrenden erfordert hat und immer noch erfordert. Als Zwischenfazit lässt sich daher feststellen, dass sich der durch die hohe Anzahl fach- und studiengangübergreifender Veranstaltungsformate immens gestiegene Planungs- und Koordinationsaufwand sowie der hohe Kommunikationsbedarf zur Erzeugung von Commitment bei allen Stakeholdern bisher eindeutig gelohnt hat. Nach Überzeugung der Fakultät sind die Studiengänge heute deutlich besser aufgestellt als zu Beginn der Diskussion vor rund zehn Jahren. Die Curricula sind moderner und bieten den Studierenden ein zeitgemäßes und zukunftsorientiertes Studium.

Literatur

Burmester, M.; Seidl, T. (2020): Lehr-Lernkontexte in einer transformativen Fakultät. Konzeptionelle Perspektiven. In: R. Stang; A. Becker (Hrsg.): *Zukunft Lennwelt Hochschule. Perspektiven und Optionen für eine Neuausrichtung.* Berlin; Boston: De Gruyter Saur, 86–95.

Fraunhofer IAO (o. J.): *Workspace Innovation Lab.* https://www.iao.fraunhofer.de/lang-de/labors-austattung/unternehmensentwicklung-und-arbeitsgestaltung/979-workspace-innovation-lab.html.

Gewerbeaufsicht Baden-Württemberg (o. J.): *Arbeitsstättenrecht (ArbStätt).* http://www.gewerbeaufsicht.baden-wuerttemberg.de/servlet/is/16486/.

Prill, A. (2019): *Lernräume der Zukunft. Vier Praxisbeispiele zu Lernraumgestaltung im digitalen Wandel.* Arbeitspapier Nr. 45. Berlin: Hochschulforum Digitalisierung. https://hochschulforumdigitalisierung.de/sites/default/files/dateien/HFD_AP_45-Lernraeume_der_Zukunft_Praxisbeispiele_Web.pdf.

Seidl, T.; Vonhof, C. (2017): Agile Prinzipien. Was kann die Studiengangsentwicklung davon lernen? *Synergie. Digitalisierung in der Lehre* 3, 22–25.

Verband für nachhaltige Wissenschaft (2013): *Was ist eine „transformative Wissenschaft"?* http://nachhaltigewissenschaft.de/2013/04/08/transformative-wissenschaft-15731128/.

Bianca Höfler-Hoang, Daniel Röder und Florian Ertz
Digitalisierung als Teil der Universitätsentwicklung

Strukturen, Angebote und Ziele der Universität Trier

Einleitung

An der Universität Trier studieren aktuell 12 150 Studierende[1]. Die Universität weist dabei ein breites Spektrum wissenschaftlicher Disziplinen auf: Bildungs- und Verhaltenswissenschaften, Geisteswissenschaften, Wirtschafts- und Sozialwissenschaften, Mathematik und Informatikwissenschaften, Rechtswissenschaften sowie Raum- und Umweltwissenschaften. Das daraus resultierende und umfangreiche Fächerspektrum ist die Grundlage für singulär und interdisziplinär orientierte Forschungsaktivitäten, die wichtige Ideen und Impulse für Politik, Wirtschaft und Verwaltung in der Großregion Saar-Lor-Lux und darüber hinaus geben. Neben einer geisteswissenschaftlichen Prägung zeichnet sich die Universität Trier durch leistungsstarke Methodeneinheiten in Forschung und Lehre aus. Als *brick university*, die von der Anwesenheit aller ihrer Mitglieder lebt, findet Lehren, Lernen und Forschen in einer besonderen Atmosphäre statt (z. B. *Familienfreundliche Hochschule*, prämierter *Grüner Campus*). In einer zunehmend digitalisierten Gesellschaft gilt es zudem, die Möglichkeiten einer modernen *Informationsinfrastruktur* in Lehre und Forschung zu etablieren und zukunftsgerecht auszurichten. Am Trierer Campus stellen *digitale Lehr-Lernformen* in Forschung und Lehre seit Beginn der 2000er Jahre ein zentrales Entwicklungsfeld dar. Seither konnten ein Projektteam sowie vielfältige Vorhaben entlang einer Gesamtstrategie umgesetzt werden. Nachstehend werden wichtige Stationen dieses Wegs vorgestellt.

Zwischen *brick & click* – Rückblick und erste Schritte

Startpunkt bildeten zwischen 2001 und 2004 insgesamt sieben Projekte im Bereich des digitalen Lehrens und Lernens (erste Förderphase des *Bundesministe-*

---
[1] Stand: Oktober 2019 für das Wintersemester 2019/2020.

Open Access. © 2020 Bianca Höfler-Hoang, Daniel Röder und Florian Ertz, published by De Gruyter. This work is licensed under the Creative Commons Attribution-NonCommercial-NoDerivatives 4.0 License.
https://doi.org/10.1515/9783110653663-004

riums für Bildung und Forschung). Dabei wurde deutlich, dass innovative Ideen in einer Projektphase zwar vorangetrieben werden können, eine Verstetigung dagegen oftmals an fehlenden Ressourcen scheitert. Um dieser Problematik entgegenzuwirken, wurden verschiedene Ziele und Maßnahmen definiert und in einem Strategiekonzept zusammengefasst.

Angestrebt wird der Aufbau eines miteinander lernenden und wachsenden Netzwerks. Dieses soll eine auf digitalen Innovationen aufbauende *Lehr-Lernkultur* weiterentwickeln und nachhaltig beeinflussen. So soll das Netzwerk den digitalen Umbruch in Gesellschaft, Arbeitswelt und Bildungswesen mit seinen Chancen und Herausforderungen in Forschung und Lehre reflektierend begleiten und konstruktiv mitgestalten. Voraussetzungen dafür sind neben der Fokussierung relevanter Zielgruppen sowie der Entwicklung und Etablierung zentraler (infrastruktureller) Bausteine und deren Zusammenspiel untereinander auch die Skalierbarkeit des Netzwerks und der eingesetzten Lösungen. Diesen Voraussetzungen folgend kann Spielraum für (Weiter-)Entwicklungen geschaffen werden, um den Innovationscharakter von digitalen Medien zu nutzen sowie Hochschullehre mitsamt Lernorten bedarfsgerecht, flexibel und attraktiv zu gestalten.

Basierend auf dieser Vorstellung starteten im Jahr 2005 zwei miteinander verzahnte Vorhaben zur breiten Etablierung einer für alle Zielgruppen nutzbaren Infrastruktur. Das Vorhaben *Digitale Lernumgebung Universität Trier*[2] diente der Entwicklung und Implementierung eines *E-Learning-Organisationsmodells*. Dabei stand die Umsetzung von Strukturmaßnahmen zur Etablierung einer digital organisierten Seminarverwaltung und eines E-Learning-Basisdienstes im Mittelpunkt. Als Ergebnis einer Evaluation wurde das *Learning-Management-System* (LMS) Stud.IP (Studienbegleitender Internetsupport von Präsenzlehre) campusweit eingeführt. Stud.IP ermöglicht durch ein komfortables und flexibles Schnittstellenmanagement bedarfsgerechte Anpassungen und Weiterentwicklungen in der Lernplattformnutzung. So wurde Stud.IP an das *Campus-Management-System* (CMS) LSF und seit 2016 an dessen Nachfolger PORTA[3] angebunden. Als skalierbare und telemediale Unterstützung der Lehrveranstaltungen verbessert Stud.IP die Kommunikation zwischen Lehrenden und Lernenden und fördert die Medienkompetenz der Zielgruppen. Dies geschieht zum einen durch Kommunikations- und Kollaborationstools, virtuelle Seminarräume, digital aufbereitete Lehrmaterialien und zum anderen mittels Schnittstellen zu Self-Assess-

---

2 Dieses Projekt wurde vom *Bundesministerium für Bildung und Forschung* über eine Laufzeit von drei Jahren gefördert.
3 PORTA ist das integrierte Campus-Management-System an der Universität Trier. Es basiert auf dem von HIS eG entwickelten Softwareprodukt HISinONE und verwaltet alle derzeit genutzten Campus-Management-Module in einem System.

ment-Angeboten, Videomanagementsoftware, Plagiatserkennungssoftware, virtuellen Seminarräumen, Audience-Response-Diensten sowie elektronischen Semesterapparaten[4] in der Bibliothek. In Kooperation mit dem *Zentrum für Informations-, Medien- und Kommunikationstechnologie* (ZIMK) wurde zudem eine Infrastruktur zur Langzeitarchivierung der beschriebenen Umgebung an der Universität Trier aufgebaut.

Präsidium der Universität Trier		
IT-Steuerkreis	**Koordinationsstelle E-Learning (KEL)** – Beratung des Präsidiums – Administration der Lehr- und Lerninfrastruktur – E-Assessment – Unterstützung der Qualitätsentwicklung in der Lehre – Themenspezifische Informations- & Weiterbildungsveranstaltungen für Studierende und Lehrende	ZIMK
Qualitätssicherung		Medien & Elektronik
Forschungsförderung		Verwaltung
Fachbereiche, Professuren, Institute & Studierende		

Abb. 1: Die KEL an der Universität Trier (eigene Darstellung).

Durch das ebenfalls 2005 gestartete Projekt *Digitale Lehre an der Universität Trier (TRIGITAL 2010)*[5] erfolgte die Institutionalisierung der *Koordinationsstelle E-Learning* (kurz: KEL[6]). Mit der KEL wurde in der Stabsstelle des Präsidenten eine zentrale Anlaufstelle für alle Mitglieder der Universität Trier rund um die Konzeption, Umsetzung sowie den Einsatz von digitalen Medien in Lehre, Studium und Weiterbildung geschaffen. Die KEL fungiert als Schnittstelle zwischen technischem Angebot und Anwendung im *Hochschulalltag*. Das stetig wachsende Aufgabengebiet umfasst neben der Bereitstellung und Administration der nötigen technischen Infrastruktur zudem die Integration von Bildungstechnologien in Lehre und Studium (Abbildung 1). Durch gezielten Support sowie Qualifizierungs- und Schulungsangebote für Dozierende wurden seit 2005 vielfältige Konzepte und Lösungen zur Erstellung von digitalen Lehr-Lernformaten entwickelt. Die KEL arbeitet hierzu eng mit dem ZIMK, der Abteilung *Qualitätssiche-*

---
4 Es handelt sich um eine Schnittstelle innerhalb aller Stud.IP-Kursräume, durch die der einfache Zugriff auf elektronisch hinterlegte Volltext-Dokumente ermöglicht wird.
5 Dieses Projekt wurde im Rahmen der *Multimediainitiative RP Hochschulen im Programm Wissen schafft Zukunft* über eine Laufzeit von fünf Jahren gefördert.
6 Zur Vereinfachung wird im weiteren Verlauf des Artikels die Abkürzung KEL verwendet.

rung, der *Universitäts-Videoabteilung* (UVA), dem Bereich Medien und Elektronik sowie den Fachbereichen und außerhalb der Universität Trier mit dem *Virtuellen Campus Rheinland-Pfalz* (VCRP)[7] zusammen.

Ausdifferenzierung und Meilensteine

In den vergangenen Jahren konnten zahlreiche Projekte und Maßnahmen an die implementierte Grundstruktur anknüpfen. Anhand ausgewählter Meilensteine, die auf TRIGITAL 2020, als logische Weiterentwicklung von TRIGITAL 2010, zurückzuführen sind, wird nachstehend die dynamische Ausdifferenzierung des KEL-Angebotsportfolios im Sinne der standorteigenen Digitalisierungsstrategie konkretisiert. Die dargestellten Meilensteine weisen wechselseitige Verbindungen auf, die ein abgestimmtes, synergetisches und auf nachhaltige Breitenwirkung ausgerichtetes Netzwerk fokussieren. Dies leistet einen wichtigen Beitrag zur Realisation der Gesamtstrategie.

Seit dem Wintersemester 2011/2012 stellt der Bereich *E-Assessment* für die KEL ein wichtiges Tätigkeitsfeld dar. Unter dem Namen eLITE (*eLearning Infrastructure and Teaching Environment*)[8] steht den Lehrenden und Lernenden ein vollumfängliches *E-Assessment-Angebot* mit angebundener Serviceeinheit (Kooperation zwischen KEL, ZIMK und Fächern) zur Verfügung. eLITE wird in zwei Komponenten gedacht und beinhaltet die rechtssichere Durchführung von onlinegestützten Prüfungen (= diagnostisches- und summatives E-Assessment) und weiterhin vorlesungsbegleitende Selbstlern-Szenarien (= formatives E-Assessment in Form von *E-Tutorien* und *Lernvideos* im Sinne des *Blended Learning*). Insbesondere die dauerhaft verfügbaren *E-Tutorien* ermöglichen den Lernenden eine orts- und zeitunabhängige Nutzung der Inhalte unter Berücksichtigung des individuellen Lerntempos.

Die dazu von der KEL eingesetzten Lösungen stellen ein wichtiges Instrument zur *Lernfortschrittskontrolle* dar, das auch entlang von hoch frequentierten Lehrveranstaltungen Anwendung findet und wertvolle Feedbackschnittstellen zwischen Lernenden und Lehrenden schafft.[9] Nach dem Auf- und Ausbau der notwendigen technischen Infrastruktur (beinhaltet auch die Entwicklung der

---

7 Link: https://www.vcrp.de/.
8 In diesem Projekt kooperierte die KEL mit der *Professur für Wirtschafts- und Sozialstatistik* von Herrn Prof. Dr. Ralf Münnich und dem ZIMK. Das Projekt wurde von der *Nikolaus Koch Stiftung* über eine Laufzeit von drei Jahren gefördert.
9 Diese Schlussfolgerungen stützen sich auf dem unmittelbaren Feedback sowie Daten zu Lernprozessen zwischen Dozierenden und Studierenden und zusätzlich aus zwei von der

On-Demand Archivierungslösung eLITE+DP[10]) und der Präzisierung pädagogischer Anforderungen, kommt eLITE in zahlreichen Fächern erfolgreich zur Anwendung. Elektronische Tutorien und Klausuren haben sich zu einem festen Bestandteil der *Lern- und Prüfungskultur* an der Universität Trier etabliert und werden überdies kontinuierlich weiterentwickelt. So konnten seit Einführung bereits mehr als 30 000 E-Klausur-Teilnahmen sowie 45 000 E-Tutorien-Teilnahmen[11] gezählt werden – Tendenz stark steigend. eLITE greift wesentliche Aspekte der Digitalisierungsstrategie der Universität Trier auf und konnte dank der vielfältigen Projekterfahrungen zu einem modular angelegten Baukasten ausgebaut werden, der eine flexible Erweiterung des beschriebenen Funktionsumfangs in Tätigkeits- und Themenfelder wie *Data Literacy Education* sowie ergänzende *Qualifizierungsangebote* für (nicht-)wissenschaftliches Personal (z. B. IT-Arbeitsplatzsicherheit) schafft.

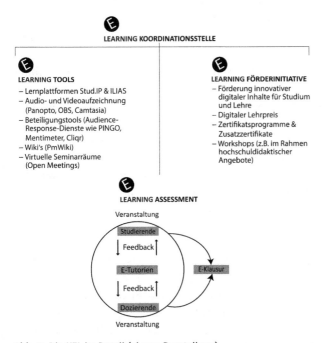

Abb. 2: Die KEL im Detail (eigene Darstellung).

KEL durchgeführten Online-Befragungen zum Thema „Internet und digitale Lerninhalte/-angebote im Studium" aus den Jahren 2017 (n = 489) und 2019 (n = 432).
10 Das Kürzel DP steht für *Digital Preservation*.
11 Die didaktische Ausgestaltung und Teilnahmevoraussetzungen zu den einzelnen E-Tutorien unterscheiden sich entlang der jeweiligen Fachdisziplinen, sodass in der ausgewiesenen Statistik nur die einmaligen Zugriffe und keine Mehrfachteilnahmen berücksichtigt wurden.

Die Konzeption, Umsetzung und Etablierung digitaler Lehr-Lernformate ist im ersten Schritt stets mit einem hohen Initialaufwand für die Lehrenden verbunden. Es ist wichtig, dies zu erkennen und die Lehrenden in dieser Phase zu unterstützen. (Monetäre) Anreize können Lehrenden diesen ersten Schritt erleichtern und einen positiven Beitrag zur Realisation der Vorhaben leisten. Die Förderinitiative *Innovative Lehre* stellt eine solche Maßnahme zur Entwicklungsförderung durch die KEL dar. Seit dem Wintersemester 2014/2015 werden die besten Ideen zur nachhaltigen Einbindung digitaler Elemente in Studium und Lehre in einem inneruniversitären Wettbewerb ausgewählt und finanziell gefördert. Die eingereichten Vorhabenskizzen werden im Peer-Review-Verfahren begutachtet. Gefördert werden die Vorhaben, die relevanten Anforderungen an eine digitale Lernwelt erfüllen und auf innovative sowie nachhaltige Weise einbinden. Durch diese Initiative konnten inzwischen zahlreiche Projekte realisiert und etabliert werden. Die Sichtbarkeit der geförderten Projekte zeigt in jüngster Vergangenheit einen signifikanten Multiplikatoreffekt, der stetig weitere Interessentinnen und Interessenten zur Umsetzung innovativer digitaler Konzepte animiert.

Eine weitere Maßnahme der Anreizschaffung steht seit 2017 mit der Etablierung des Lehrpreises *Digitale Lehre* zur Verfügung. Die Auszeichnung unterstreicht das Engagement der Lehrenden im beschriebenen Themenfeld und erhöht die Sichtbarkeit und Strahlkraft von erfolgreichen, digital gestützten Lehrveranstaltungen und liefert somit fächerübergreifende Impulse für die Entwicklung und Umsetzung neuer Ideen.

Aus dem Bestreben den Medieneinsatz zu einer strategischen Aufgabe der Hochschulentwicklung zu machen, leitet sich jedoch unmittelbar die Notwendigkeit des gezielten Aufbaus von *Medienkompetenz* als Schlüsselqualifikation von Lehrenden und Lernenden ab. Damit einhergehend erhöhen sich die Anforderungen im Umgang mit Informations- und Kommunikationstechnologien stetig, sodass entsprechende Kompetenzen (auch jenseits des akademischen Bereichs) zu einer zentralen Voraussetzung für den Berufseinstieg und Arbeitsalltag werden. In dieser Erkenntnis begründet sich das Angebot des Zertifikatsprogramms *E-Kompetenzen*, welches die KEL seit dem Wintersemester 2010/2011 als fächerübergreifende, kostenfreie *Zusatzqualifikation* anbietet. Das Zertifikatsprogramm stellt ein ergänzendes Weiterbildungsangebot im Bereich der Schlüsselqualifikationen für Studierende dar. Im Zentrum steht die Auseinandersetzung mit Web 2.0-Anwendungen, die in Verbindung zu Studium und persönlicher Arbeitsorganisation stehen. Das Angebot basiert auf einem Blended-Learning-Konzept, bestehend aus Online-Selbstlernphasen, Werkstatttagen, moderierter Forenarbeit, komplexen Gruppenaufgaben und schließt mit einem eigens konzipierten und produzierten E-Projekt der Studierenden ab. Somit konnte ein Beitrag für das erklärte Ziel nach *Employability* der Studierenden durch eine kompetenzorientierte Hochschulausbildung geschaffen werden, die über die ausschließlich fachorientierte Wissensvermittlung hinausgeht.

Der Lehrerinnen- und Lehrerbildung kommt die Universität Trier mit hohem Verantwortungsbewusstsein nach. So ist die Digitalisierung und die mit ihr einhergehenden Chancen und Herausforderungen, auch vor dem Hintergrund der Strategie der Kultusministerkonferenz (2016), ein bedeutender Arbeitsschwerpunkt für die Lehrerinnen- und Lehrerbildung. Lehramtsstudierende sollen als Schlüsselakteurinnen und -akteure für die digitale Transformation in ihrem künftigen Tätigkeitsfeld nicht nur *Know-how* über *digitale Bildungskonzepte* erwerben und reflektieren, sondern dieses als Multiplikatoren in die Schulen tragen und die *Digitale Schule* verantwortlich mitgestalten. Zum WiSe 2017/2018 startete als eine erste extracurriculare Maßnahme das Zusatzzertifikat *Lernen und Lehren in der digitalen Gesellschaft*. Mit den Schwerpunkten in den Bereichen Medienbildung, Mediendidaktik und -pädagogik bietet es den Studierenden die Möglichkeit, ihre Kompetenzen zu erweitern und zu vertiefen sowie sich mit Fragen der Digitalisierung im Umfeld Schule, Unterricht und Gesellschaft auseinanderzusetzen. Das Zertifikat wird als Kooperation zwischen KEL, der Professur für Didaktik der Gesellschaftswissenschaften sowie dem *Zentrum für Lehrerbildung* (ZfL) der Universität Trier angeboten. Eine besondere Konstellation ist dadurch gegeben, dass die Lehramtsausbildung in fünf von sechs Fachbereichen an der Universität Trier zur Anwendung kommt. Dadurch fungieren *digitale Lehr-Lernformate* in der Lehramtsausbildung zugleich als Impulsgeberinnen und Multiplikatorinnen für weitere Aktivitäten in den Studiengängen der verschiedenen Fachbereiche.

Kooperationen und effiziente Netzwerkstrukturen unterstützen die Implementierung der Digitalisierungsstrategie an der Universität Trier. Sie sind ein Katalysator für den Wissenstransfer und die Identifizierung sowie die Nutzung von Synergien, um Ressourcen zu bündeln, Risiken zu verteilen und zu mindern. Die KEL kann auf zahlreiche Kooperation zu innneruniversitären Einheiten zurückgreifen, die sich positiv auf die Umsetzung der Digitalisierungsstrategie auswirken. Darüber hinaus ist der *Virtuelle Campus Rheinland-Pfalz* (VCRP) ein wichtiger externer Kooperationspartner der Universität Trier und der KEL.

Der VCRP wurde im Jahr 2000 durch die Landeshochschulpräsidentenkonferenz (LHPK) als hochschulübergreifende, wissenschaftliche Einrichtung des Landes gegründet. Mit Sitz an der TU Kaiserslautern bietet der VCRP eine zentrale, technische und inhaltliche Plattform [...], mit der die bereits vorhandenen netzfähigen, multimedialen Angebote der beteiligten Hochschulen des Landes verfügbar gemacht und gemeinsam systematisch ausgebaut werden können (Virtueller Campus Rheinland-Pfalz 2003, 1).

Zusätzliche *Beratungsangebote* für Lehrende zu mediendidaktischen und medientechnischen Fragestellungen sollen überdies eine Attraktivitätssteigerung und Ergänzung von digitaler Lehre leisten. Die regelmäßigen Netzwerktreffen mit den Mitgliedern aus Rheinland-Pfalz schaffen Raum sich auszutauschen und Entwicklungen im Verbund voranzutreiben. Der VCRP bietet darüber hinaus durch Services zur dauerhaften Speicherung von videobasierten Lerninhalten mit dem landesweiten Medien-Archivserver (in Zusammenarbeit mit der Johannes-Gutenberg-Universität Mainz) für alle Hochschulen eine wichtige Antwort auf drängende praktische Fragen (u. a. Erstellung, Verwaltung, langfristige Speicherung und Zugänglichmachung von Lernvideos). Diese Services unterstützen die KEL dabei, Berührungsängste bei Lehrenden hinsichtlich der Erstellung und Verwaltung videobasierter Lehr-Lerninhalte abzubauen und die Bandbreite digitaler Elemente in ihrer Lehre zu erweitern.

Ausblick

Man muss nicht jeden überzeugen, aber die Wirkung guter Beispiele einsetzen. Zweck und Mittel müssen im Auge behalten werden. Eine moderne Universität ohne digitale Elemente in Lehre, Studium, Campus-Organisation und Forschung ist ein Phantom. (Jäckel 2018, 2)

Michael Jäckel, Präsident der Universität Trier, beschreibt eine klare Philosophie, die Bestandteil des Tätigkeitsbereichs der KEL ist. Dieser Philosophie folgend wird mit den zuvor vorgestellten Strukturen, Maßnahmen und Angeboten der KEL der Zielsetzung nach einer effektiven Verzahnung von *brick & click* am Trierer Campus entsprochen.

Mit Blick auf die eingangs erläuterten Anforderungen und Zielsetzungen der Gesamtstrategie wird deutlich, dass mit dem aufgebauten Netzwerk Schnittstellen zur Bewältigung neuer und sich abzeichnender Herausforderungen geschaffen wurden. Wie das Positionspapier des Präsidenten zeigt, liegt ein besonderer Fokus zukünftiger Aktivitäten der Universität Trier und damit auch der KEL, in der Auseinandersetzung mit der *Data Literacy Education (DLE)*[12] (Jä-

---

[12] Zunehmend wird die Kompetenz, Daten methodisch versiert auswerten und dann zielführend und verantwortungsvoll nutzen zu können (mithin die Data Literacy), nicht mehr nur in

ckel 2018, 2–3). Die Relevanz dieses Themenfelds spiegelt sich beispielsweise im Engagement der Universität Trier in dem vom Stifterverband für die Deutsche Wissenschaft e. V. und der DATEV-Stiftung Zukunft geförderten bundesweiten *Data Literacy Education Netzwerks* wider.

Aktuelle und zukünftige Entwicklungen im Bereich digitaler Lernwelten für den Hochschulbereich erfordern aufgrund der gegebenen Dynamik eine flexible, zugleich aber auch selbstbewusste und vor allem standortspezifische Auseinandersetzung. Hierzu zählt aus unserer Perspektive die Berücksichtigung fachkultureller Unterschiede bei Lehrenden und Lernenden sowie darauf abgestimmte Beratungs- und Serviceangebote, wie sie die KEL in Kooperation mit den verschiedenen Partnern anbietet. Die praktizierte Verzahnung der KEL mit allen Beteiligten schafft ein gemeinsames Bewusstsein für das kontinuierliche Weiterdenken von Digitalisierung als Teil der Hochschulentwicklung an der Universität Trier.

Literatur

Jäckel, M. (2018): *Digitalisierung als Teil der Universitätsentwicklung – Strukturen, Angebote, Ziele.* https://www.uni-trier.de/fileadmin/organisation/Presse/Bilder_2018/12_Dezember/digital_unitrier.pdf.

Sekretariat der Kultusministerkonferenz (2016): *Bildung in der digitalen Welt: Strategie der Kultusministerkonferenz.* https://www.kmk.org/fileadmin/Dateien/pdf/PresseUndAktuelles/2018/Digitalstrategie_2017_mit_Weiterbildung.pdf.

Virtueller Campus Rheinland-Pfalz (2003): *Organisationssatzung für die wissenschaftliche Einrichtung Virtueller Campus Rheinland-Pfalz (VCRP).* https://www.vcrp.de/wp-content/uploads/Organisationssatzung-VCRP.pdf.

Fächern gefordert, die traditionell eine Nähe zu quantitativen Daten aufweisen, sondern vielmehr als allgemeine Schlüsselqualifikation für die Zukunft gesehen.

Henning Rickelt
Vier Hochschulen – eine Bibliothek
Von der Idee zur Realisierung

Einleitung

Am 1. Oktober 2019 öffnete eine Einrichtung unter großer medialer Anteilnahme und Beachtung durch die wissenschaftliche Community ihre Pforten: „LIV – lernen. informieren. vernetzen.", die gemeinsame Bibliothek der vier am Bildungscampus in Heilbronn vertretenen Hochschulen. Der Eröffnung vorausgegangen war eine über sechsjährige intensive Projektarbeit unter Beteiligung der vier Hochschulen (Hochschule Heilbronn (HHN), Duale Hochschule Baden-Württemberg (DHBW), German Graduate School of Management and Law gGmbH (GGS) und Technische Universität München (TUM)) sowie der Dieter Schwarz Stiftung, die für LIV ein neues, modernes Zentralgebäude am Bildungscampus errichtet und finanziert hat.

Der vorliegende Beitrag beleuchtet die rechtlich-organisatorische Dimension der Zusammenarbeit der beteiligten Partnerinnen, zum einen während der Projektlaufzeit, zum anderen in der neu geschaffenen Einrichtung selbst. Dabei wird beschrieben, welche Strukturen und Mechanismen zur erfolgreichen Zusammenarbeit der vier Hochschulen beigetragen haben und wie das Zusammenwirken in der künftigen gemeinsamen Einrichtung geregelt ist.

Der Hintergrund: Vier Hochschulen an einem Campus

Seit 2011 stellt die Dieter Schwarz Stiftung auf dem *Bildungscampus* in Heilbronn Bildungseinrichtungen unterschiedlicher Art großzügige und modern ausgestattete Räumlichkeiten zur Verfügung. Was zunächst mit Gebäuden für zwei Hochschulen und eine Weiterbildungsakademie begann, mündete bereits ab 2013 in eine rasche Erweiterungsdynamik mit mehreren zusätzlichen Bauabschnitten und der Aufnahme bzw. Gründung weiterer Einrichtungen. Im Jahr 2019 sind folgende Einrichtungen am Bildungscampus präsent (Abbildung 1):

- Wissenschaftliche Hochschulen:
  - *Hochschule Heilbronn (HHN)* mit zwei betriebswirtschaftlichen Fakultäten sowie dem Rektorat und Teilen der Verwaltung,
  - *Duale Hochschule Baden-Württemberg (DHBW)* mit ihrem Standort Heilbronn (DHBW Heilbronn) und dem Center for Advanced Studies (DHBW CAS),
  - *German Graduate School of Management and Law gGmbH (GGS)* – private Hochschule mit staatlicher Anerkennung,
  - *Technische Universität München (TUM)*, School of Management, mit (zunächst) zwei Masterstudiengängen sowie der TUM Campus Heilbronn gGmbH als Dienstleistungsgesellschaft.
- Weitere Einrichtungen, die zum Bildungscampus gehören sind:
  - Akademie für Innovative Bildung und Management (aim),
  - Erzieherakademie Heilbronn,
  - Forschungs- und Innovationszentrum für Kognitive Dienstleistungssysteme (KODIS) des Fraunhofer IAO,
  - Campus Founders gGmbH – Gründerzentrum für hochschulnahe Gründungsförderung und Wachstumsbegleitung,
  - Experimenta gGmbH – Science Center.

Gemeinschaftlich nutzbare Gebäude wie ein Veranstaltungs- und Kongresszentrum („Aula") sowie eine neue Mensa (Eröffnung im Frühjahr 2020) ergänzen die Raumangebote am Bildungscampus.

Abb. 1: Bildungscampus der Dieter Schwarz Stiftung in Heilbronn – Übersichtsplan (Dieter Schwarz Stiftung).

Die räumliche Konzentration und die hochwertige, durch die Dieter Schwarz Stiftung finanzierte Ausstattung bieten den Einrichtungen eine hervorragende Plattform für vielfältige Formen der Zusammenarbeit. Im Jahr 2013 wurde entschieden, dieses Potenzial aufzugreifen und durch eine weitere Einrichtung gezielt zu erschließen: eine gemeinsame wissenschaftliche Bibliothek der am Bildungscampus vertretenen Hochschulen.

Das Projekt: Wer nicht wagt, der nicht gewinnt

Am Anfang stand eine kühne Vision der Hochschulleitungen von HHN, DHBW und GGS[1]: Warum soll jede Hochschule, so die Überlegung, eine eigene (Teil-) Bibliothek für ihre Einrichtungen am Bildungscampus schaffen? Ließen sich nicht durch eine „Zusammenlegung" Synergien in der Medienbewirtschaftung und darüber hinaus ganz neue Potenziale der Zusammenarbeit erschließen? Schnell entstand in den Köpfen das Bild eines innovativen Medien- und Informationszentrums als hochschulübergreifendem Lern-, Arbeits- und Vernetzungsraum, für das sich auch die Dieter Schwarz Stiftung begeistern ließ. Sie sagte die Finanzierung und den Bau eines gemeinsamen Bibliotheksgebäudes am Bildungscampus zu, welches erstklassige Maßstäbe im Hinblick auf Raumangebot und Ausstattung setzen sollte.

Die Errichtung einer „Gemeinsamen Bibliothek" beinhaltete also von Anfang an zwei Dimensionen:
1. die rechtlich-organisatorische Schaffung einer gemeinsamen Einrichtung unter (teilweiser) Zusammenführung bisheriger Einzelbibliotheken der beteiligten Hochschulen, sowie
2. den Bau eines neuen gemeinsamen Bibliotheksgebäudes am Bildungscampus.

Beide Dimensionen waren eng aufeinander abzustimmen, sprich: das neue *Gebäude* sollte die räumlichen Möglichkeiten dafür schaffen, die inhaltlichen und mediendidaktischen Ziele der neuen *Organisation* „Gemeinsame Bibliothek" zu verwirklichen.

---

[1] Im Jahr 2013 bezogen die damaligen Planungen zur Erweiterung des Bildungscampus zunächst diese drei Hochschulen ein. Die TUM kam als weitere Hochschulpartnerin erst 2018 an den Bildungscampus.

Herausforderungen

Dabei war – und ist – vor allem die rechtlich-organisatorische Dimension der Errichtung der „Gemeinsamen Bibliothek" mit bedeutsamen Herausforderungen verbunden. Diese ergeben sich vor allem aus der Heterogenität der beteiligten Hochschulen und haben somit im Jahr 2018, als die TUM als vierte Partnerin zum Projekt „Gemeinsamen Bibliothek" hinzustieß, nochmals an Komplexität gewonnen:

- Bei den vier beteiligten Hochschulen (TUM, HHN, DHBW, GGS) handelt es sich um Partnerinnen ganz unterschiedlicher Größe und inhaltlicher Ausrichtung.
- Sie repräsentieren zugleich vier verschiedene Hochschul*arten* (Universität, Hochschule für Angewandte Wissenschaften, Duale Hochschule, private Hochschule) mit ihren jeweiligen Studienzielen und -modellen, Qualitätsansprüchen und Kulturen.
- Die Hochschulen entstammen verschiedenen Bundesländern (Baden-Württemberg, Bayern) und unterliegen damit unterschiedlichen Landesgesetzgebungen.
- Die Hochschulen wünschen eine unterschiedlich weitgehende Beteiligung an der „Gemeinsamen Bibliothek", so zum Beispiel
  - die HHN mit allen ihren bisherigen Teilbibliotheken an insgesamt vier Hochschulstandorten in der Region Heilbronn-Franken,
  - die DHBW ausschließlich mit ihren beiden Heilbronner Einrichtungen, der DHBW Heilbronn und dem DHBW CAS,
  - die TUM über die TUM Campus Heilbronn gGmbH, in der die Universität zentrale Dienstleistungsangebote für Ihre Heilbronner Hochschulangehörigen bündelt.

Aus den zuvor genannten Punkten erwachsen unterschiedliche Anforderungen der Partnerinnen an das Leistungsportfolio der „Gemeinsamen Bibliothek" sowie dessen Inanspruchnahme, zum Beispiel mit Blick auf

- Umfang, inhaltliche Ausrichtung und Zusammensetzung des Medienbestands (auch: Printmedien vs. elektronische Medien),
- Anzahl und Art von Nutzendenarbeitsplätzen,
- Spezialdienstleistungen wie die Bereitstellung eines eigenen E-Medienlabors.

Eine unterschiedliche Inanspruchnahme von Leistungen wiederum muss bei der Gestaltung der *Steuerungsmechanismen und -prozesse* der „Gemeinsamen Bibliothek" Berücksichtigung finden, also zum Beispiel bei Fragen der künftigen Finanzierung oder Personalausstattung.

Den *Hochschulleitungen* war das Wagnis bewusst, welches sie mit dem Projekt zum Aufbau einer „Gemeinsamen Bibliothek" eingingen. Zwei Faktoren waren für den Erfolg des Vorhabens entscheidend: ein konsequentes Projektmanagement und das Commitment der beteiligten Akteurinnen und Akteure.

Projektmanagement

Der rechtlich-organisatorische Aufbau der „Gemeinsamen Bibliothek" sollte zeitgleich mit dem Bau des neuen Bibliotheksgebäudes zum Abschluss kommen, also zum Zeitpunkt der Fertigstellung des Bildungscampus Nord im Oktober 2019. Damit stand, gerechnet ab der Grundsatzentscheidung im Spätsommer 2013, ein Projektzeitraum von etwas mehr als sechs Jahren zur Verfügung.

Ab Ende 2013 bereitete eine Arbeitsgruppe aus Leitungskräften (Kanzlerinnen und Kanzler, Verwaltungsdirektorinnen und -direktoren, Geschäftsführerinnen und Geschäftsführer) und Bibliothekarinnen und Bibliothekaren der HHN, DHBW und GGS erste Überlegungen zur künftigen Ausgestaltung der „Gemeinsamen Bibliothek" auf. Diese mündeten, nach Rückkopplung mit den jeweiligen Hochschulleitungen, Mitte 2015 in die Verabschiedung eines Konzeptpapiers mit grundsätzlichen Aussagen zum angestrebten inhaltlichen Profil, zur rechtlich-organisatorischen Ausgestaltung sowie zum *Ressourcenbedarf* der geplanten Einrichtung. Zur weiteren Ausarbeitung und Umsetzung der Planungen wurden verschiedene Unterarbeitsgruppen eingerichtet, die sich mit bibliothekarischen Kernfragen, Rechts-, Verwaltungs- und Ressourcenfragen sowie IT-Fragen beschäftigten. Parallel dazu wurde die Abstimmung mit dem Ministerium für Wissenschaft, Forschung und Kunst (MWK) des Landes Baden-Württemberg gesucht, unter anderem zur Genehmigung des veranschlagten Flächen-, sowie zur Beantragung eines zusätzlichen Personalbedarfs.

Nach einem Wechsel in der Projektleitung Mitte 2017 wurde das Projekt nochmals neu „aufgestellt" und zielstrebig auf die verbleibende Projektlaufzeit hin ausgerichtet. Hierzu wurde zunächst die *Projektorganisation* überarbeitet; einzelnen Gremien, Arbeits- und Expertengruppen wurden klar definierte Aufgabenbereiche zugeordnet:
- *Lenkungsausschuss*
    - Zehn Mitglieder der Leitungen der beteiligten Hochschulpartnerinnen sowie der Dieter Schwarz Stiftung,
    - Oberstes Entscheidungsgremium des Projekts,
    - Treffen alle drei Monate.

- *Projektleitung*
  - Ab Mitte 2017 wahrgenommen durch den Autor,
  - verantwortlich für die operative Projektumsetzung.
- *Arbeitsgruppe 1 „Bibliotheksleistungen und Architektur"*
  - Bibliothekarinnen und Bibliothekare der Hochschulen plus eine (externe) beratende Architektin,
  - Bearbeitung bibliothekarischer Fragen und Ableitung von Anforderungen an die Architektur bzw. den Bau des neuen Bibliotheksgebäudes,
  - Treffen alle zwei Wochen.
- *Arbeitsgruppe 2 „Rechtliche Grundlagen, Organisation, Finanzen, Personal"*
  - Kanzlerinnen und Kanzler bzw. Verwaltungsdirektorinnen und -direktoren der Hochschulen sowie Expertinnen und Experten aus den Bereichen Recht, Verwaltung, Finanzen, Personal,
  - Bearbeitung rechtlicher Grundsatzfragen sowie von Fragen zur Beteiligung von Hochschulgremien (z. B. Senate, Hochschulräte, Personalräte) und zur Finanz- und Personalausstattung der „Gemeinsamen Bibliothek",
  - Treffen alle vier Wochen.
- *Arbeitsgruppe 3 „IT"*
  - IT-Expertinnen und IT-Experten der Hochschulen und der Schwarz Gruppe,
  - Erstellung und Umsetzung eines IT-Konzepts für die „Gemeinsame Bibliothek",
  - Treffen nach Bedarf.

Alle Projektaufgaben wurden zur federführenden Bearbeitung einer der drei Arbeitsgruppen zugewiesen. Darüber hinaus kamen ad hoc gebildete *Expertinnen- und Expertengruppen* unter Hinzuziehung einschlägiger Fachleute aus den Hochschulen zum Einsatz, um bestimmte Spezialfragen oder -aspekte zu bearbeiten, zum Beispiel zu den Themen E-Learning, Marketing und Datenschutz.

In einer *Projektplanung* (Zeitplan) wurden die Projektaufgaben in Form von 18 Teilprojekten mit fest definierten Phasen und Meilensteinen beschrieben:
- TP Bauplanung (Federführung: AG 1)
- TP Umzugskonzept (Federführung: AG 1)
- TP Dienstleistungen und Prozesse (Federführung: AG 1)
- TP Schulungs- und Beratungsangebot (Federführung: AG 1)
- TP E-Learning / E-Science / Business Information (Federführung: AG 1)
- TP Bestands- und Erwerbungskonzept (Federführung: AG 1)
- TP RVK-Umstellung (Federführung: AG 1)

- TP Benutzungs-, Gebühren- und Schließfachordnungen (Federführung: AG 1)
- TP Bibliothekssystemmigrationen (Federführung: AG 1)
- TP RDS und Lizenzmanagement (Federführung: AG 1)
- TP Marketing- und Kommunikationskonzept (Federführung: AG 1)
- TP Teamentwicklung (Federführung: AG 1)
- TP Rechtliche Grundlagen und Fragestellungen (Federführung: AG 2)
- TP Gremienbeteiligungen (Federführung: AG 2)
- TP Finanzkonzept (Federführung: AG 2)
- TP Personalkonzept (Federführung: AG 2)
- TP IT-Konzept (Federführung: AG 3)
- TP Sonstiges (keine Zuordnung).

Projektorganisation und Projektplanung bildeten die Grundlagen der Aufgabenbearbeitung im Projekt und waren die beiden Hauptinstrumente des Projektleiters zur Steuerung und Überwachung des Projektfortschritts.

Insgesamt wirkten ca. 80 Personen im Projekt mit (ohne Gebäudebau). Mehr als 250 Arbeits- und Expertengruppentreffen dienten der Abstimmung von Konzepten und Lösungsansätzen, die – jeweils im Vorfeld – erarbeitet, hinterfragt und manches Mal verworfen wurden.

Commitment

Genauso bedeutsam für den Projekterfolg wie ein „hartes" Projektmanagement waren einige „weiche" Faktoren, die sich am ehesten mit dem Begriff *Commitment* umschreiben lassen.

Vorbildhaft haben hier vor allem die Hochschulleitungen gewirkt, die beständig das gemeinsame Ziel – den Aufbau der „Gemeinsamen Bibliothek" – im Auge behielten und verfolgten. Und dies trotz mannigfacher „Gelegenheiten" zum Ausstieg: Personelle Wechsel in den eigenen Reihen, das Hinzukommen der neuen Partnerin TUM im fortgeschrittenen Projektverlauf, zeitintensive Abstimmungsprozesse mit dem Ministerium oder Ressourcenengpässe. Zusammenarbeit „auf Augenhöhe" wurde zur geflügelten Umschreibung für eine bewusst erarbeitete, mehr und mehr realisierte und schließlich sorgsam gepflegte Vertrauenskultur unter den Hochschulleitungsmitgliedern – mit Strahlkraft für das gesamte Projekt.

Gute Teamarbeit konnte sich unter diesen Vorzeichen, trotz anfänglicher Berührungsängste, auch in den Reihen der Projektmitarbeitenden effektiv entwickeln. Wertschätzung für den Erfahrungshintergrund des jeweils anderen und der Verzicht auf ein Festhalten an eigenen liebgewonnenen Strukturen erwiesen sich als guter Nährboden für eine offene, lösungsorientierte Arbeitskultur. Voneinander Lernen trat an die Stelle der Durchsetzung eigener Hochschul- oder Bereichsegoismen. Die Suche nach besten Lösungsansätzen und die zunehmende Entwicklung eines Wir-Gefühls gingen so Hand in Hand.

Die Einbindung der Mitarbeitenden der Einzelbibliotheken erfolgte im Rahmen eines eigenen *Teamentwicklungsprozesses* mit regelmäßigen Informations- und Beteiligungsworkshops sowie Teamevents. Beständige Zielverfolgung, Vertrauen, Offenheit, Lösungsorientierung und Teamwork waren die Grundlage für so manche Überstunde und einen langen Atem, ohne die die „Gemeinsame Bibliothek" nicht entstanden wäre.

> Zusammenkunft ist ein Anfang. Zusammenhalt ist ein Fortschritt. Zusammenarbeit ist ein Erfolg. (Henry Ford)

Die Umsetzung: LIV – lernen. informieren. vernetzen.

Am 1. Oktober 2019 wurde die „Gemeinsame Bibliothek" formal gegründet. Der vormalige Arbeitstitel wurde durch die neue Organisationsbezeichnung „LIV – lernen. informieren. vernetzen." ersetzt. Der Name ist Programm. LIV vernetzt die Angehörigen der vier Partnerhochschulen sowie weitere externe Nutzende und bietet diesen eine einzigartige Informations-, Lern- und Arbeitsumgebung. Die neue Einrichtung umfasst dabei vier Standorte: Neben der Zentrale am Bildungscampus in Heilbronn werden Teilbibliotheken auch an den Hochschulstandorten der HHN in Heilbronn-Sontheim, Künzelsau und Schwäbisch Hall betrieben. Die Nutzenden können auf einen integrierten *Medienbestand* von ca. 140 000 Print- und 190 000 elektronischen Medien, mehr als 650 Nutzendenarbeitsplätze, eine flexibel möblierte Lernwelt, ein *E-Medienlabor*, ein eigenes Schulungs- und Beratungsprogramm sowie viele weitere attraktive Leistungen zurückgreifen. Ein 24/7-Bereich mit Medienausgabe- und Rückgabeautomat (am Standort Bildungscampus) bietet die Möglichkeit, rund um die Uhr vorbestellte Medien abzuholen und ausgeliehene Medien zurückzugeben.

Rechtlich-organisatorische Ausgestaltung

LIV ist eine gemeinsame Einrichtung der beiden baden-württembergischen staatlichen Hochschulen HHN und DHBW in der Form einer nicht-rechtsfähigen Anstalt des öffentlichen Rechts, an der sich die GGS gGmbH und die TUM Campus Heilbronn gGmbH im Wege der Kooperation beteiligen.

Grundlage der Errichtung von LIV ist § 6 Abs. 4 des baden-württembergischen Landeshochschulgesetzes (LHG). Nach dieser Vorschrift können Hochschulen

> zur Verbesserung ihrer Zusammenarbeit und zur gemeinsamen Erfüllung ihrer Aufgaben in Forschung, Kunst, Lehre, Studium und Weiterbildung [...] hochschulübergreifende wissenschaftliche oder künstlerische Einrichtungen [...] als gemeinsame Einrichtungen mehrerer Hochschulen errichten (§ 6 Abs. 4 LHG).

Gemäß § 6 Abs. 4 Satz 2 LHG haben die HHN und die DHBW hierzu eine öffentlich-rechtliche Vereinbarung (*Trägervereinbarung*) geschlossen, in der sie die organisatorischen Grundlagen, die Aufgabenwahrnehmung und die Grundzüge des *Ressourcenmanagements* (Medien- und Sachmittelausstattung, Finanzen, Personal) von LIV regeln. Die maßgeblichen Regelungen zur Finanzierung von LIV sind in einer eigenen *Finanzvereinbarung* der beiden Hochschulen enthalten. Zudem haben HHN und DHBW eine Vereinbarung über die gemeinsame Verarbeitung personenbezogener Daten nach Art. 26 Abs. 1 Satz 2 DS-GVO geschlossen (*Datenschutzvereinbarung*).

Die GGS gGmbH und die TUM Campus Heilbronn gGmbH können aufgrund ihrer privaten Rechtsform nicht Vertragspartnerinnen der öffentlich-rechtlichen Trägervereinbarung werden. Sie beteiligen sich daher im Wege der Kooperation an LIV. Die hierfür maßgeblichen Regelungen, insbesondere zur Nutzung der Bibliotheksleistungen, zur Kostentragung und -verrechnung sowie zur Beteiligung an Entscheidungsprozessen, sind in einer *Kooperationsvereinbarung* aller vier Partnerinnen enthalten.

Bei den vier Hochschulpartnerinnen von LIV muss also unterschieden werden zwischen den Trägerhochschulen HHN und DHBW einerseits sowie den Kooperationspartnerinnen GGS gGmbH und TUM Campus Heilbronn gGmbH andererseits. Die Unterscheidung spiegelt sich auch im praktischen Alltag von LIV wieder: HHN und DHBW „tragen" den Betrieb von LIV in der Weise, dass sie den überwiegenden Teil des Medienbestands, die wesentlichen finanziellen Ressourcen sowie das Personal bereitstellen. Die Kooperationspartnerinnen treten demgegenüber in ein Nutzungsverhältnis zu LIV und entrichten hierfür ein

Entgelt, wobei etwaige eingebrachte Vermögenswerte (z. B. Medienbestände) gegengerechnet werden.

LIV selbst hat keine eigene Rechtspersönlichkeit und kann daher auch nicht selbst am Rechtsverkehr teilnehmen oder sich rechtsgeschäftlich (z. B. durch die Trägerhochschulen) vertreten lassen. Im Rahmen des Betriebs von LIV handeln die beteiligten Hochschulen – insbesondere die Trägerhochschulen HHN und DHBW – juristisch gesehen stets im eigenen Namen.

Elementar ist in diesem Zusammenhang auch, dass § 6 Abs. 4 Satz 2 LHG die „fortbestehende Leitungsverantwortung" der beiden Trägerhochschulen vorschreibt. Dies bedeutet, dass alle maßgeblichen Entscheidungen zur rechtlich-organisatorischen Gestaltung, zur inhaltlichen Ausrichtung, zur Ressourcenausstattung sowie zu sonstigen Leitungs- und Steuerungsfragen von LIV den Trägerhochschulen HHN und DHBW vorbehalten bleiben (müssen), wobei diese Vorgabe auch vertraglich – zum Beispiel durch eine Kooperationsvereinbarung – nicht abbedungen werden kann. Zur Sicherstellung der fortbestehenden Leitungsverantwortung der Trägerhochschulen, aber auch zur angemessenen Beteiligung der Kooperationspartnerinnen, insbesondere in fachlich-inhaltlichen Fragen des Betriebs von LIV (z. B. Medienauswahl), sehen die Vertragstexte die Einrichtung verschiedener Gremien vor.

Gremienstruktur

Zur Wahrung der fortbestehenden Leitungsverantwortung von HHN und DHBW wird eine *Trägerversammlung* etabliert, bestehend aus jeweils zwei stimmberechtigten, von den Leitungen der beiden Hochschulen entsandten Mitgliedern. Die Bibliotheksleiterin beziehungsweise der Bibliotheksleiter nimmt beratend an den Sitzungen der Trägerversammlung teil. Die Kooperationspartnerinnen GGS gGmbH und TUM Campus Heilbronn gGmbH sind jeweils durch ein nicht stimmberechtigtes Mitglied vertreten, dem ein Rederecht zusteht. Die Trägerversammlung ist das zentrale strategische Entscheidungsgremium für alle strukturellen, finanziellen, personellen und technischen Fragestellungen von LIV und tritt mindestens zweimal jährlich zusammen.

Die Kooperationspartnerinnen bilden einen einheitlichen *Kooperationsausschuss*, der der Beratung und Beschlussfassung der Trägerversammlung zeitlich vorgeschaltet ist. Die Besetzung des Ausschusses liegt im Benehmen der Kooperationspartnerinnen und wird von diesen in einer *Geschäftsordnung* geregelt. Die Bibliotheksleiterin beziehungsweise der Bibliotheksleiter nimmt beratend an den Sitzungen teil. Die Trägerhochschulen entsenden nicht stimmberechtigte Mitglieder in den Kooperationsausschuss. Der Kooperationsausschuss befasst sich mit Angelegenheiten und Sachfragen von LIV, soweit sie die Kooperationspartnerinnen betreffen, und dient damit insbesondere der gegenseitigen Information und dem Austausch untereinander. In Fragen der Finanzplanung und -budgetierung ist der Kooperationsausschuss so frühzeitig zu informieren, dass er eventuelle Einwände rechtzeitig vor einer Beschlussfassung durch die Trägerhochschulen geltend machen kann. Sitzungen des Kooperationsausschusses finden mindestens zweimal jährlich statt.

Zur Beratung von LIV in fachlich-inhaltlichen Angelegenheiten, insbesondere in Fragen der Medienauswahl und kundenspezifischer Anforderungen, wird ein *Fachbeirat* gebildet. In diesem sind Vertreter/innen der Professorenschaft, der Akademischen Mitarbeitenden und der Studierenden sowohl der Trägerhochschulen als auch der Kooperationspartnerinnen in einem bestimmten Proporz vertreten, außerdem die Bibliotheksleiterin bzw. der Bibliotheksleiter, der/dem die Geschäftsführung des Beirats obliegt. Auch der Fachbeirat tritt mindestens zweimal jährlich zusammen.

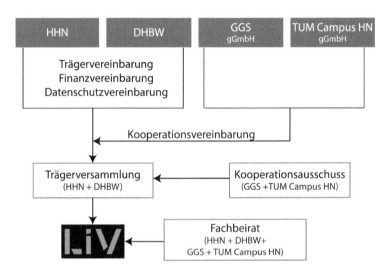

Abb. 2: Rechtlich-organisatorische Ausgestaltung und Gremienstruktur von LIV (eigene Darstellung).

LIV selbst unterhält ungeachtet seiner rechtlichen Unselbständigkeit sowie der fortbestehenden Leitungsverantwortung der Trägerhochschulen HHN und DHBW einen integrierten Geschäftsbetrieb, der von einer *Bibliotheksleiterin* beziehungsweise einem *Bibliotheksleiter* geführt wird. Über die Besetzung der Leitungsstelle entscheidet die Trägerversammlung, die hierfür einen einstimmigen

Beschluss fassen muss. Die Bibliotheksleiterin beziehungsweise der Bibliotheksleiter ist Fachvorgesetzte/r des Bibliothekspersonals. Zur Sicherung des Arbeitsablaufs im Alltag übertragen die Trägerhochschulen außerdem in gleichem Umfang bestimmte dienstrechtliche Befugnisse bezüglich des Bibliothekspersonals auf die Bibliotheksleiterin beziehungsweise den Bibliotheksleiter. Sie beziehungsweise er wird außerdem bevollmächtigt, im Rahmen ihrer/seiner Leitungstätigkeit die beiden Trägerhochschulen im Rechtsverkehr zu vertreten.

Abbildung 2 verdeutlicht zusammengefasst die rechtlich-organisatorische Ausgestaltung sowie die Gremienstruktur von LIV.

Medien- und Sachmittelausstattung, Finanzen und Personal

Die vertraglich vereinbarten Regelungen zum *Ressourcenmanagement* von LIV reflektieren das zuvor beschriebene Organisationsgefüge mit seiner Unterscheidung von Trägerhochschulen und Kooperationspartnern.

Die am 1.10.2019 vorhandenen *Printmedien* der HHN, der DHBW Heilbronn, des DHBW CAS, der GGS gGmbH und der TUM gGmbH wurden in den gemeinsamen Bibliotheksbetrieb eingebracht, verbleiben jedoch im Eigentum der jeweiligen Partnereinrichtung. Sie bilden einen integrierten Medienbestand mit einheitlichem *Signatursystem* und durchmischter Aufstellung. Maßnahmen zur Bestandserhaltung (Reparaturen) gehen vollständig zu Lasten der Trägerhochschulen. Auch Neuerwerbungen werden nur noch durch die Trägerhochschulen für jeweils eigene Rechnung vorgenommen. Über die Grundzüge der Bestandsentwicklung (Erwerbungen, Aussonderungen) verständigen sich alle vier Partner im Fachbeirat. Lizenzverträge über die Nutzung *elektronischer Medien* schließt jede Partnereinrichtung auch künftig eigenständig ab. Analog zum (Print-)Medienbestand wird auch mit der *übrigen Sachmittelausstattung* der Partnereinrichtungen verfahren.

Die künftige *Finanzierung* von LIV erfolgt im Wege jährlicher Finanzbeschlüsse durch die Trägerversammlung, der die Fortschreibung einer mittelfristigen, auf jeweils drei Jahre angelegten Finanzplanung vorgeschaltet ist. Der von den Trägerhochschulen beizusteuernde Budgetanteil wird anhand eines dreistufigen Finanzmodells ermittelt:
- Stufe 1: Bedarfsermittlung,
- Stufe 2: Budgetverteilung,
- Stufe 3: Zuordnung erworbener Vermögensgegenstände (Verbrauchs- und Anlagegüter).

Dabei wird eine im Wesentlichen an Nutzendenzahlen orientierte verursachungsgerechte Schlüsselung der einzelnen Budgetpositionen zu Grunde gelegt.

Das Nutzungsentgelt der Kooperationspartnerinnen wird auf der Basis des gleichen Finanzmodells ermittelt und als Deckungsbeitrag den Budgetbeiträgen der Trägerhochschulen angerechnet. Eingebrachte Vermögensgegenstände werden ebenfalls gegengerechnet.

Die Finanzierung erfolgt gesamthaft für das komplette Leistungsportfolio von LIV ohne Berücksichtigung der tatsächlichen Inanspruchnahme einzelner Leistungen durch eine Hochschule oder einzelne Nutzendengruppen. Eine Ausnahme bilden abgrenzbare innovative Leistungen und Projekte, zum Beispiel in den Bereichen *E-Science* oder *webbasierter Lehr-Lernarrangements*, die seitens der Kooperationspartnerinnen nur entsprechend ihrer tatsächlichen Inanspruchnahme mitfinanziert werden müssen.

Das *Personal* von LIV wird ausschließlich durch die Trägerhochschulen HHN und DHBW gestellt. Zum Personalbestand gehören das zum 1.10.2019 auf Stellen geführte und das mittelfinanzierte Bibliothekspersonal der HHN, der DHBW Heilbronn und des DHBW CAS. Über die Zuordnung neu einzustellenden mittelfinanzierten Personals entscheidet die Trägerversammlung. Bezüglich der Zuordnung neuer Stellen richtet sie Vorschläge an das Land. Die Einstellung neuen Personals erfolgt auf Vorschlag der Bibliotheksleiterin beziehungsweise des Bibliotheksleiters durch die Trägerhochschule, bei der die Personalstelle oder das mittelfinanzierte Personal verortet ist.

In der – gerade erst begonnenen – Praxis der gelebten Zusammenarbeit zwischen den LIV-Partnereinrichtungen werden sich die durchaus komplexen *Steuerungsstrukturen und -mechanismen* nun zu bewähren haben.

Sophie Rink
Organisation von Hochschule mitgestalten
Studierendenpartizipation als zentrale Perspektive

Zwischen Gestaltungswillen und Lähmung

Organisationskultur von Hochschulen aus *Studierendenperspektive* zu beschreiben, gestaltet sich schwierig. Denn es gibt diese eine „Studierendenperspektive" nicht. Die Studienmöglichkeiten differenzieren sich in Deutschland immer weiter aus. So vielfältig wie die Studienmöglichkeiten gestalten sich auch die Blickwinkel auf das Hochschulsystem. Trotz der starken Ausdifferenzierung haben die meisten Studierenden die intensivste Begegnung mit der Hochschule in ihren Lehrveranstaltungen. Zu konzeptioneller Arbeit im Kontext von *Hochschulentwicklung* fühlen sich die meisten Studierenden eher nicht berufen. Dies zeigt ein Blick auf die Wahlbeteiligungen bei Gremienwahlen in Hochschulen. Diese liegen meistens im einstelligen Bereich. Doch für die Entwicklung von Hochschulen ist es wichtig, motivierte Studierende so intensiv wie möglich aktiv in strukturelle Verantwortung einzubinden. Dadurch wird auch der Kontakt zur Studierendenschaft hergestellt. Dies ist von besonderer Relevanz, denn Studierende bringen als Hauptnutzendengruppe der Hochschule einen wichtigen Blick auf die Entwicklungsnotwendigkeiten mit. Der folgende Beitrag basiert auf einer individuellen Perspektive auf das Hochschulsystem und begrenzt sich damit nur auf einen Ausschnitt des deutschen Hochschulsystems. Der Fokus liegt dabei auf der Situation in Baden-Württemberg. Die Thesen sind in Zusammenarbeit mit den Mitgliedern der Arbeitsgruppe *#DigitalChangeMaker*, einer studentischen Arbeitsgruppe des Hochschulforums Digitalisierung, entstanden.

Der vorliegende Beitrag soll in drei Schritten für eine stärkere Einbindung der Studierenden in die strukturellen und strategischen Entscheidungen der Hochschulen argumentieren. Zuerst werden anhand des baden-württembergischen Landeshochschulgesetzes die verschiedenen Entscheidungsebenen an der Hochschule dargestellt. Im zweiten Schritt werden Änderungsvorschläge präsentiert. Darunter fallen vor allem drei Punkte: zum einen eine bessere strategische Einbindung von Studierenden in Entscheidungsprozesse – beispielsweise durch eine studentische Prodekanin beziehungsweise einen studentischen Prodekan oder eine studentische Vizepräsidentin beziehungsweise einen studentischen Vizepräsidenten. Zum zweiten ist die Lehre zu nennen, dem Hauptberührungspunkt zwischen der Hochschule und den Studierenden. Um

∂ Open Access. © 2020 Sophie Rink, published by De Gruyter. This work is licensed under the Creative Commons Attribution-NonCommercial-NoDerivatives 4.0 License.
https://doi.org/10.1515/9783110653663-006

hier die Qualität zu verbessern, ist es wichtig, Anreize für gute Lehre zu setzen. Eine Möglichkeit wäre dabei beispielsweise in Berufungsverfahren gute Lehre stärker zu honorieren. Der dritte Vorschlag fällt auch in den Bereich der Lehre. Traditionell ist die Hochschule der Ort der Wissenschaft. Momentan können Studierende allerdings einen Hochschulabschluss erlangen, ohne eine Vorstellung über die Mechanismen des wissenschaftlichen Betriebs zu haben. Eine Lösung dieses Problems wäre die Stärkung von studentischen Forschungsprojekten. Denn nur wer selbst forscht, lernt die Unwägbarkeiten und Herausforderung wissenschaftlicher Arbeit kennen. Abschließend werden die Perspektiven gebündelt.

Das Universitätssystem am Beispiel des Landeshochschulgesetzes Baden-Württemberg

Als Studentin beziehungsweise Student besitzt man eine sehr eingeschränkte Sicht auf den Hochschulbetrieb. Oft ist einem nicht bewusst, wie viele Interessenslagen hinter einzelnen Entscheidungen stehen und wie diese Entscheidungen getroffen werden. Deswegen ist es an dieser Stelle notwendig, die verschiedenen *Stakeholder* und *Entscheidungsgremien* an der Hochschule darstellen. Hierbei bildet das Landeshochschulgesetz Baden-Württemberg (LHG) die Argumentationsgrundlage.

An den beschlussfassenden *Gremien* der Hochschule können nach §10 (1) folgende Gruppen teilnehmen: die Hochschullehrerinnen und -lehrer; die akademischen Mitarbeitenden, die Doktoranden, die Studierenden und die sonstigen Mitarbeitenden. Diese bilden die zentralen Stakeholder innerhalb der Hochschule. Die zentralen Organe der Hochschule sind nach §15 (1) das Rektorat (Präsidium), der *Senat* und der *Hochschulrat*. Das Rektorat leitet die Hochschule. Dem Rektorat gehören Rektorin beziehungsweise Rektor, Kanzlerin beziehungsweise Kanzler und weitere Rektoratsmitglieder an, soweit das die Grundordnung vorsieht (§16 (1)). Das Rektorat ist unter anderem insbesondere für die Struktur- und Entwicklungsplanung einschließlich der Personalentwicklung, die Aufstellung des Entwurfs des Haushaltsvoranschlags und den Vollzug des *Haushaltsplans* zuständig (§16 (3)). Des Weiteren bereitet das Rektorat nach §16 (5) die Sitzungen des Senats und seiner Ausschüsse vor und vollzieht deren Beschlüsse sowie die Beschlüsse des Hochschulrats.

Der (akademische) Senat besteht aus dem Rektorat, den Dekaninnen und Dekanen, der Gleichstellungsbeauftragten und höchstens 20 stimmberechtigten

Mitgliedern. Der Senat entscheidet unter anderem in Angelegenheiten von Forschung, Lehre und Studium. Der Senat ist insbesondere zuständig für die Wahl der haupt- und nebenamtlichen Rektoratsmitglieder, die Zustimmung zum *Struktur- und Entwicklungsplan* (SEP) und die Stellungnahme zu Entwürfen des Haushaltsvoranschlags oder zum Wirtschaftsplan.

Der Hochschulrat – das dritte Organ der Hochschule – nimmt die strategische Verantwortung der Hochschule wahr. Er kann Beschlussfassung über die Struktur- und Entwicklungspläne und den Haushaltsplan treffen. Er setzt sich aus mindestens sechs und höchstens zwölf Mitgliedern zusammen, die von der Wissenschaftsministerin beziehungsweise dem Wissenschaftsminister bestellt werden. Der Hochschulrat entscheidet unter anderem über die Benennung der Rektorin beziehungsweise des Rektors (vgl. §16 (6)).

Fakultäten sind die kleinere Organisationseinheit der Hochschule. Mitglieder einer Fakultät sind die Mitglieder des wissenschaftlichen Personals, die Studierenden, die in einem Studiengang eingeschrieben sind, dessen Durchführung der Fakultät obliegt, die immatrikulierten Doktoranden und die sonstigen Mitarbeitenden, die in der Fakultät arbeiten. Die Fakultäten gliedern sich in das Dekanat und den Fakultätsrat. Das Dekanat leitet die Fakultät und ihm gehören der Dekan und die Prodekane an.

Bei den Entscheidungsgremien der Hochschule sind besonders folgende Punkte wichtig: Der Hochschulrat ist das wichtigste Hochschulgremium, dieser setzt die Rektorin beziehungsweise den Rektor ein. Das Rektorat ist für die Erstellung des Struktur- und Entwicklungsplans und des Haushaltes zuständig. Der Senat besitzt die Kompetenz, über die übrigen Rektoratsmitglieder abzustimmen und dem Struktur- und Entwicklungsplan zuzustimmen.

Verbesserungsvorschläge aus studentischer Perspektive

Strategische Einbindung von Studierenden verbessern

Bei der Betrachtung des baden-württembergischen Landeshochschulgesetzes hat sich gezeigt, dass sowohl das Rektorat als auch der Hochschulrat zentrale Entscheidungskompetenzen besitzen. So obliegt dem Rektorat das Aufstellen der Haushaltspläne und der Struktur- und Entwicklungspläne. Diese werden zwar dem Senat und dem Hochschulrat vorgelegt, allerdings kann nur der Hochschulrat über Haushaltspläne und den Struktur- und Entwicklungsplan

Beschlussfassung treffen. Dem Senat bleibt die Möglichkeit, den Struktur- und Entwicklungsplan zuzustimmen und zu den Haushaltsplänen Stellung zu beziehen. Da die Struktur- und Entwicklungspläne langfristig die Agenda der Hochschule bestimmen, ist es wichtig schon früh Studierende in ihren Entstehungsprozess einzubeziehen. Dies ist besonders wichtig, da die Studierenden die Haupttragenden der meisten strategischen Entscheidungen sind.

Gerade hinsichtlich der Digitalisierung sollten Studierende als Hauptnutzendengruppe als integraler Bestandteil zu Wort kommen. Bei dieser Form der Beteiligung sind vor allem zwei Dinge wichtig: Zum einen braucht es engagierte Studierende, die in den Gremien aktiv an der Entwicklung des Struktur- und Entwicklungsplans mithelfen. Hier könnte beispielsweise eine stärkere Einbindung des Senats in die Entwicklung des Struktur- und Entwicklungsplans helfen, da im Senat zwingend Studierende sitzen und Perspektiven der unterschiedlichen Fakultäten eingebracht werden können. Diese Studierenden bringen allerdings konkrete Vorstellungen vom Studium und der Hochschule mit. Diese unterscheiden sich manchmal von den Ansichten Studierender, die nicht in den Gremien sitzen. Um diese ebenfalls in Entscheidungsprozesse einzubinden, bieten sich Evaluationen an. Diese werden an den meisten Hochschulen bezogen auf die Qualität von Lehrveranstaltungen allerdings immer erst zum Semesterende durchgeführt. Solche Befragungen beziehungsweise Bestandsaufnahmen könnten auch von der Hochschulleitung für andere Themenfelder realisiert werden. Hier könnte man mithilfe digitaler Umfragen den bürokratischen Aufwand minimieren. Um für die Studierenden einen Anreiz zu setzen, die Umfrage tatsächlich zu beantworten, könnte diese auf der Frontpage des *Learning-Management-Systems* erscheinen. Eine Möglichkeit wäre, diese Befragungen ähnlich wie die Rückmeldungen verpflichtend zu machen.

Zum anderen sollten neben der Einbindung in die gesamtstrategische Ausrichtung der Hochschule, Studierende auch auf *Fakultätsebene* eingebunden sein, was derzeit schon gegeben ist. Analog zu der Gesamtstruktur der Hochschule besitzt das Dekanat sehr viele Kompetenzen, da das Dekanat unter anderem für die Aufstellung des Struktur- und Entwicklungsplans und des Haushaltsplans für die Fakultät zuständig ist. Der Fakultätsrat kann zum Beispiel aus Dekanin beziehungsweise Dekan, weiteren Mitgliedern des Dekanats, bis zu fünf Leiterinnen und Leitern wissenschaftlicher Einrichtungen und gewählten stimmberechtigten Mitgliedern, unter denen sich mindestens drei Studierende befinden müssen, bestehen. Der Fakultätsrat steht dem Dekanat bei der Erstellung des Struktur- und Entwicklungsplans und des Haushaltsplans beratend zur Seite. Da die Evaluationsangelegenheiten dem Dekanat obliegen, kann es sich schon ein breites Bild von der studentischen Perspektive machen. In der Grundordnung der Hochschule ist festgelegt, wie viele Prodekane diese zulässt.

Hier könnte man über die Einführung einer studentischen Prodekanin beziehungsweise eines studentischen Prodekans nachdenken. Diese würden als vollwertiges Dekanatsmitglied wöchentlich an den Sitzungen teilnehmen und – wie die übrigen Dekanatsmitglieder – durch den Fakultätsrat gewählt. Die Aufgabe würde in der Repräsentation der Studierenden innerhalb des Dekanats bestehen.

Zuletzt soll noch kurz auf die Rolle des Hochschulrats eingegangen werden. Er ist das höchste Gremium der Hochschule und soll die langfristige strategische Ausrichtung der Hochschule bestimmen und die Geschäftsführung des Rektorats überwachen. Der Hochschulrat setzt sich aus hochschulinternen und hochschulexternen Mitgliedern zusammen. Bislang ist ein studentisches Mitglied im Hochschulrat, der vom Wissenschaftsministerium eingesetzt wird, noch keine Pflicht. Dies könnte geändert werden, sodass auch in dem höchsten Hochschulgremium die studentische Perspektive zwangsläufig Gehör findet.

Wie deutlich wurde, geht es aus studentischer Sicht um drei strategische Maßnahmen: Zum einen sollten Studierende stärker in die Produktion der Struktur- und Entwicklungspläne und Haushaltspläne auf Hochschulebene eingebunden werden. Insbesondere sollte regelmäßig ein breites Studierendenfeedback durch digitale Umfragen eingeholt und in die Strategieplanung eingebunden werden. Zum anderen muss über die aktive Einbindung einzelner Studierender, die über eine profunde Kenntnis des *Hochschulsystems* verfügen, in den Strategieprozess nachgedacht werden. Die strategische Einbindung der Studierenden sollte auch auf Leitungsebene erfolgen. Dabei könnte beispielsweise die Einführung einer studentischen Prodekanin beziehungsweise eines studentischen Prodekans von Nutzen sein. Außerdem sollten auch im Hochschulrat Studierende vertreten sein. Schließlich ist dieser das höchste Gremium der Hochschule.

Der Lehrbetrieb als Kern der Hochschule

Für die meisten Studierenden besteht der Studienalltag primär aus den Lehrveranstaltungen, die sie besuchen. Selten kommen sie in diesem Zusammenhang mit den oben genannten Entscheidungsorganen oder auch dem Forschungsbetrieb in Kontakt. Umso wichtiger ist es demnach, den Studierenden ein möglichst gutes Lehrangebot zu unterbreiten. Die Verbesserung der Lehre könnte unter anderem durch drei Maßnahmen umgesetzt werden.

Erstens könnten Studierende aktiver in die Lehre und die Produktion von Lehrmaterialien eingebunden werden. Diese Einbeziehung kann in vielen Bereichen vonstattengehen. Dies könnte bei der Produktion von digitalen Lehrangeboten – wie *MOOCs* – erfolgen. Hier könnten Studierende neben der Produktion beispielsweise auch in der Onlinelehre mit Feedback in *Online-Foren* und in *Blended-Learning-Szenarien* einbezogen werden. Dadurch können Studierende viel besser einschätzen, welche Bedürfnisse ihre Kommilitonen haben. Die Studienkommissionen der einzelnen Fächer könnten sich dafür einsetzen, dass es zu einer stärkeren Einbindung der Studierenden in die Produktion der Lehrinhalte und *Online-Lehre* kommt. Die Umsetzung dessen läge dann allerdings beim Medienzentrum oder einer entsprechenden Einrichtung. Um an diesen Stellen eine bessere Zusammenarbeit zu garantieren, sollte ein regelmäßiger Austausch zwischen Medienzentrum und Studienkommission etabliert werden.

Zweitens kommen aufgrund des deutschen Hochschulsystems Lehrende in ihrer wissenschaftlichen Karriere oft erst spät dazu, lehrend tätig zu werden. Dies macht sich leider auch manchmal in der *Lehrqualität* bemerkbar. Sinnvoll wäre es, Wissenschaftlerinnen und Wissenschaftler schon früher an den Lehrbetrieb heranzuführen. Des Weiteren sollte die Mühe um gute Lehre honoriert werden. Im baden-württembergischen Landeshochschulgesetz ist in §47 festgehalten, dass Anwärterinnen beziehungsweise Anwärter auf eine Professur über

> pädagogische Eignung, die in der Regel durch Erfahrung in der Lehre oder Ausbildung oder durch Teilnahme an Fort- und Weiterbildungen in Hochschuldidaktik nachzuweisen ist (§47 LHG),

verfügen müssen. Dieser Faktor sollte bei einer Berufung besonders ernst genommen werden. Über Lehrpreise oder die Sichtbarmachung von Bemühungen um gute digitale Lehre könnte ein Anfang gemacht werden. Ein Beispiel hierfür ist die Plattform *HFDcert*, ein Projekt des Hochschulforums Digitalisierung. Dieses bildet die Bemühung der Lehrenden um digitale Elemente der Lehre durch ePoints ab.

Drittens sollten Studierende selbst über einen Topf verfügen können, mit dem sie Lehrangebote gestalten können. Hiermit können sie Schwerpunkte in der Lehre setzen und technische Geräte für ihr Institut anschaffen. Dadurch wird das Lehrangebot an der Hochschule noch einmal aktiv um die Studierendenperspektive erweitert.

Verzahnung von Forschung und Lehre

Ein Hochschulstudium sollte Studierende zum wissenschaftlichen Arbeiten befähigen. Dies passiert am ehesten durch eigene Forschungspraxis. Ihr Studium sollte Studierende dazu befähigen, kollaborativ Probleme lösen zu können und die Forschungspraxis ihres Faches kennenzulernen. Das könnte man durch zwei Lösungsansätze bewerkstelligen.

Zum einen sollte im Rahmen eines Hochschulstudiums die Abschlussarbeit nicht die erste ernsthafte wissenschaftliche Arbeit sein, die Studierende zu absolvieren haben. Viel eher könnte beispielsweise das letzte Studienjahr dazu genutzt werden, in Kleingruppen sich einem Thema intensiv zu widmen. Das Ziel einer solchen Arbeit sollte darin bestehen, am Ende des Jahres ein Paper zu veröffentlichen und somit im geschützten Rahmen die Forschungspraxis kennenzulernen. Ein Beispiel für ein solches *Lehrforschungsprojekt* bietet die Politikwissenschaft der Universität Tübingen.

Zum anderen sollte im Studium allen Studierenden ein Grundverständnis der eigenen Forschungspraxis nähergebracht werden. Daneben sollte es allerdings einzelnen Studierenden, die sich besonders für die Forschung interessieren, möglich gemacht werden, ihr Interesse intensiver zu verfolgen. Hier könnten Studierende beispielsweise selbst Forschungsanträge stellen können.

Fazit

In diesem Beitrag sollte die studentische Perspektive auf Hochschulentwicklung skizziert werden. Wichtige Forderungen sind vor allem die Einführung einer studentischen Prodekanin beziehungsweise eines studentischen Prodekans, die die studentischen Belange direkt ins Dekanat weitergeben können und eigene studentische Finanzmittel, die Studierende selbst für Neuerungen und Lehrveranstaltungen einsetzen können.

Teil II: **Hochschuldidaktik**

Tobias Seidl und Richard Stang
Lehr- und Lernwelten der Zukunft
Anforderungen an Hochschulen

Prolog – Die Veränderung ist schon da

- Internetunternehmen und Start-Up-Investoren gründen in Deutschland eine eigene Hochschule, um ihre Vision guter Informatikausbildung verwirklichen zu können. Das Konzept ist so überzeugend, dass Landesregierungen unbedingt mit der neuen Hochschule kooperieren wollen (Code University Berlin).
- Das Semester anders gedacht: Module finden nacheinander in Blöcken parallel statt. Dadurch wird das Einlassen gefördert und das Umsetzen komplexer Lernszenarien ermöglicht (SRH Heidelberg).
- Das Studium ist ein einziges reales Projekt, das im Team bewältigt werden muss (GIF Bremerhaven).
- Studierende, Mitarbeitende sowie Professorinnen und Professoren arbeiten zusammen auf einer Großraumfläche (Innovationspace TU Eindhoven).
- Alle Studierende, unabhängig vom Studienfach, erlernen Data Literacy Kompetenzen (Leuphana-Universität Lüneburg).
- Studierende legen ihrem Zeugnis ein offizielles Zertifikat bei, in dem sie ihre eigene Kompetenzentwicklung im überfachlichen Bereich selbst beschreiben (Hochschule der Medien Stuttgart).
- Kompetenzen werden nicht durch eine Institution, sondern Peer-to-Peer zertifiziert (HFDcert).
- Lehrende sind als Hologramme an verschiedenen Hochschulen gleichzeitig im Einsatz (Universität Hawaii).
- Mitarbeitende aus Hochschulverwaltungen werben für die Einführung agiler Methoden und organisationaler Ansätze an Hochschulen im deutschsprachigen Raum (Initiative Musterwandler in Hochschulen).
- Die Administration der Studierendendaten erfolgt über eine Blockchain-Technologie (Woolf University).

Einleitung

Die Digitalisierung und die mit ihr einhergehenden gesellschaftlichen, wirtschaftlichen und sozialen Veränderungen prägen unser Leben heute und stellen die/den Einzelne/n, aber auch die Institution Hochschule, vor neue Herausforderungen. Eine zentrale Herausforderung auf allen Ebenen ist dabei der gelungene Umgang mit dem beschleunigten Wandel, der ein hohes Maß an *Ambiguitätstoleranz* und *Anpassungsvermögen* verlangt. Auch an und für Hochschulen wird so eine passende Reaktion auf die Veränderungen beziehungsweise zumindest das kritische Hinterfragen tradierter Konzepte und Vorgehensweisen notwendig (Stang et al. 2020). Wie der Prolog zeigt, kann dabei schon auf interessante Einzelbeispiele verwiesen werden. Insgesamt muss für den deutschen Kontext jedoch konstatiert werden, dass sich die Hochschulen in der Breite allenfalls in einer Aufbruchsphase und Suchbewegung befinden. So stellte beispielsweise Jorzik auf der Konferenz „Zukunft Lernwelt Hochschule" für den Bereich der Lehre fest:

> Aktuell befindet sich die Hochschullehre im Wesentlichen im Ruhemodus. In den vergangenen drei Jahrzehnten hat sie sich nur wenig gewandelt. Nötig ist hingegen eine dynamische Lehrkultur, die sich einem ständigen Reflexions- und Weiterentwicklungsprozess unterzieht und den Anforderungen des digitalen Zeitalters gerecht wird. (Jorzik 2019)

Diese Forderung nach einem andauernden Reflexions- und Weiterentwicklungsprozess muss jedoch auch an die Hochschule insgesamt gestellt werden, denn Hochschulen sind mit Implikationen der anhaltenden Veränderungen auf (mindestens) drei interdependenten Ebenen konfrontiert:
– Die Hochschule als Akteurin in der Gesellschaft: Welchen Einfluss hat die Digitalisierung auf die Rolle, Aufgaben und Selbstverständnis der Hochschulen?
– Die Hochschule als Organisation: Wie müssen sich Strukturen verändern, um das Anpassungsvermögen der Hochschulen zu verbessern beziehungsweise auf die Veränderungen adäquat reagieren zu können?
– Die Hochschule als Bildungseinrichtung: Auf was müssen Studierende vorbereitet werden und wie gelingt das am besten? Was sind die „richtigen" Hochschulbildungs-/Kompetenzziele? Was muss getan werden, damit Studierende diese Ziele erreichen können?

In folgendem Beitrag sollen diese Bereiche näher ausgeleuchtet werden, um aufzuzeigen, vor welchen Herausforderungen das *Hochschulsystem* – vor allem im Hinblick auf das Lehren und Lernen – heute und in Zukunft steht.

Hochschulen im Kontext eines beschleunigten Wandels

Hochschulen als Akteurinnen in der Gesellschaft

Die fachlichen Anforderungen im Beruf verändern sich kontinuierlich und mit großer Geschwindigkeit. Neue Berufsbilder mit neuen Kompetenzprofilen entstehen, andere fallen weg. Die neu entstehenden Berufe sind tendenziell anspruchsvoller als die durch Automatisierung wegfallenden. Diese Entwicklung hat großen Einfluss auf die Gestaltung von *Bildungs-* und *Berufsbiographien*. Statt einer konzentrierten Ausbildung in den ersten drei Lebensjahrzenten und einer danach anschließenden Karriere wird zukünftig ein regelmäßiger Wechsel oder eine Verbindung zwischen Beruf und Lernen notwendig werden. Schon heute haben Hochschulen einen gesetzlichen *Bildungsauftrag*, der sich über die gesamte Bildungsbiografie erstreckt. Trotzdem liegt der Fokus nach wie vor auf grundständigen Studiengängen. Hier ist eine strategische Neuausrichtung hin zur Anbieterin für Lebenslanges Lernen notwendig, um dem gesellschaftlichen Auftrag gerecht werden zu können. Bei der Umsetzung entstehen vielfältige – zum Teil ungelöste – Herausforderungen:

> die Verschmelzung von akademischen und beruflichen Inhalten und Zielgruppen, eine Zusammenführung der Inhaltsproduktion von Unternehmen und Bildungsinstitutionen, eine Koppelung digitaler und physischer Weiterbildungsumgebungen und eine Verschränkung von informellem und formalem Lernen (Stifterverband 2019, 28).

Die Verschränkung könnte beispielsweise über kleinteiligere Strukturen – etwa *Nano-Degrees* oder *Certificates of Advanced Studies* – als Ergänzung zu vollständigen Studiengängen erreicht werden. Ein höheres Engagement der Hochschulen im Weiterbildungsbereich hat jedoch weitaus tiefgreifendere Folgen für die Organisation als nur das Einführen neuer Abschlussarten: Neue *Studierendengruppen* haben andere Erwartungen an Service-Level, Betreuung sowie physische und digitale Lehr- und Lernräume. Die *Personalressourcen* müssen zwischen grundständigen und weiterführenden Angeboten aufgeteilt und das zusätzliche Engagement von Professorinnen und Professoren an anderer Stelle kompensiert werden. Zudem ist in diesem Bereich mit dem Entstehen von Zielkonflikten zwischen grundständigen und weiterbildenden Angeboten zu rechnen (z. B. wer bekommt die attraktiven Räume und Stundenplanslots?).

Der Auftrag an die Hochschulen erstreckt sich nicht nur über die gesamte Berufsbiographie, sondern schließt auch einen gesellschaftlichen Auftrag ein:

> Die Studierenden sollen nach ihrem Abschluss in der Lage sein, gesellschaftliche Prozesse kritisch, reflektiert sowie mit Verantwortungsbewusstsein und in demokratischem Gemeinsinn maßgeblich mitzugestalten. (KMK 2017, 9)

Baumgartner et al. haben im Hinblick auf die aktuellen Veränderungen am Arbeitsmarkt und die gesellschaftliche Relevanz von Bildung folgenden Forderung formuliert:

> Es ist Lohnarbeit, die knapp wird; nicht aber gesellschaftlich notwendige Arbeit. Daher braucht auch eine Gesellschaft ohne ausreichenden Anteil an Lohnarbeit gesellschaftlich relevante Bildung. (Baumgartner et al. 2018, 2)

Dabei sind mehrere Hindernisse zu überwinden. Die Hochschulen müssen den veränderten Auftrag akzeptieren und annehmen. Daran anschließend müssen Curricula und Strukturen (insbesondere auch die Ressourcenverteilung) überdacht und angepasst werden. Zuletzt müssen didaktisch sinnvolle Wege gefunden werden, den Lernprozess der Studierenden zu unterstützen.

Für die Hochschulen stellt sich in dieser Gemengelage die große Herausforderung, Studierende auf diese dynamischen Veränderungen und für die Anforderungen in der Zukunft vorzubereiten. Bislang beschäftigt man sich in der *Curriculumsentwicklung* primär mit den Perspektiven:
- Heute: Welche Kompetenzen benötigen Studierende, um ihr Studium erfolgreich absolvieren zu können?
- Morgen: Welche Kompetenzen benötigen Studierende, um in der momentanen Lebens- und Arbeitswelt erfolgreich bestehen zu können?

Diese beiden Perspektiven müssen konsequent durch eine weitere ergänzt werden:
- Übermorgen: Welche Kompetenzen benötigen Studierende, um in der Lebens- und Arbeitswelt der Zukunft, deren genaue Anforderungen wir heute noch gar nicht kennen, erfolgreich bestehen zu können? (Seidl 2017)

Die Ausbildung und Unterstützung von Studierenden im Kontext von Lebenslangem Lernen erfordert von Hochschulen tiefgreifende Veränderungsprozesse. Eine der größten dürfte dabei sein, dass die Organisation Hochschule zur *Lernenden Organisation* werden muss und auch das dort tätige Personal selbst zu lebenslang Lernenden. Hier sind die Hochschulen – im Vergleich zu anderen Institutionen – ganz besonders gefordert, da sie die Studierenden ausbilden, die in Zukunft die gesellschaftlichen Probleme lösen sollen.

Die Hochschule als *atmende* Organisation

Um die Herausforderungen zu meistern, die einen Perspektivenwechsel vor dem Hintergrund des *Shift from Teaching to Learning* generiert, müssen sich Strukturen verändern, um die Hochschulen für das 21. Jahrhundert zukunftsorientiert aufzustellen. Doch gilt es dabei zu berücksichtigen, dass gerade in Deutschland die *Hochschullandschaft* von einer spezifischen organisatorischen Struktur gekennzeichnet ist. Die Organisationsstruktur von Hochschulen unterscheidet sich in Deutschland von Unternehmen der Wirtschaft und öffentlichen Verwaltungen. Bezeichnungen wie *Expertenorganisation, Loosely coupled system* oder *Intelligenzbank* verweisen zwar auf eine Sonderstellung, öffnen aber nicht den Blick dafür, dass

> Management und Organisation von Hochschulen stets die Anforderungen der Funktionssysteme Wissenschaft/Forschung (‚Suche nach Wahrheit'), Studium/Lehre (‚Selektion durch den operativen Vollzug von Erziehung') sowie Staat/Verwaltung (Handeln anhand der Kriterien Rechtmäßigkeit und Aktenförmigkeit) gleichzeitig bedienen müssen (Altvater et al. 2007, Vorwort, H. i. O.).

Als *Expertenorganisationen* sind die Organisationsstrukturen in Hochschulen bürokratisch angelegt, wobei zentrale Akteurinnen und Akteure, die Professorinnen und Professoren, eine Sonderstellung haben. Sie sind zum einen Mitglieder der Organisation und stehen zum anderen außerhalb des Zugriffs der Organisation, sodass sie im Modus der *Freiheit von Forschung und Lehre* nur bedingt in strategische Veränderungsprozesse einbezogen werden können, wenn sie dies nicht wollen. Die zweite Problemlage ist unter der Perspektive der Gestaltung der *Lernwelt Hochschule*, dass Professorinnen und Professoren zwar lehrend und damit pädagogisch tätig sind, sie aber selten über eine pädagogische Grundlagenausbildung verfügen. Zwar stehen oft hochschuldidaktische Fortbildungen zur Verfügung, jedoch ist deren Umfang oft nur wenige Tage und der Besuch kann auch nur bedingt verordnet werden. Man stelle sich vor, eine Ärztin oder ein Arzt würde mit wenigen Tagen Grundlageneinführung – die auch nicht verpflichtend wären – die Ausbildung erhalten, um Patientinnen und Patienten zu versorgen.

Kühl weist auf diese Problematik mit Verweis auf Luhmann hin, die aus der besonderen Organisationsstruktur von Hochschulen entsteht:

> Weil man an die Kernprozesse Forschung, Lehre und Selbstverwaltung nicht herankommt, bildet sich eine ganz eigene Form von Bürokratie aus. [...] Es entsteht eine von den Kernprozessen entkoppelte eigene Verwaltung, die nichts anderes tut, als die Entscheidungslasten, die aus dem politischen Umfeld oder aus dem Rechtssystem kommen,

abzuarbeiten (vgl. Luhmann 2002: 162). Als ungewollte Nebenfolge dieser Bürokratisierung entsteht dann ein ‚massiver, undurchdringlicher Panzer', der ‚Lehre und Forschung' umso mehr der individuellen Praxis überlässt. (Kühl 2007, 5, H. i. O.)

In dem Moment, in dem die individuelle Praxis des *Lehrhandels* nur bedingt beeinflussbar ist, wird die Entwicklung einer studierendenorientierten *Lernwelt Hochschule* ein äußerst schwieriges Unterfangen. Hieraus ergibt sich die Herausforderung, *Hochschulorganisation* neu zu denken. Man kann die *Lernwelt Hochschule* mit einem Organismus vergleichen – das gleiche könnte man für die *Forschungswelt Hochschule* tun –, bei dem die für die Lehre Verantwortlichen und die Studierenden das Herz sind und die Verwaltung mit allen Services die Lunge. Höchstleistung kann nur erreicht werden, wenn alles ideal aufeinander abgestimmt ist. Schwächelt eines der Organe, schwächelt der ganze Organismus.

Die Herausforderung ist also, aus der Hochschule eine *atmende Organisation* zu machen. Dazu bedarf es im Kontext von Lehren und Lernen vielfältiger Justierungen und Entwicklungen, um schnell auf neue Anforderungen reagieren zu können. Dies gilt sowohl für die Flexibilität des Personals, das meist sehr langfristig gebunden ist, als auch für *Lehr- und Lernraumarrangements*, die traditionell stark auf Frontalunterricht ausgerichtet sind. Doch auch die Integration neuer *Kompetenzfelder,* wie aktuell zum Beispiel im Kontext von *Data Science*, in die Curricula muss zügig realisiert werden können. Um dies alles zu gestalten, müssen Veränderungen gemeinsam und unter Einbindung aller beteiligten Stakeholder adressiert werden. Jorzik merkt dazu an:

> In der Hochschule der Zukunft wird Lehre gemeinsam vom Kollegium gestaltet und verantwortet. Lehren und Lernen sind regelmäßig Gegenstand des professionellen Austauschs, Hospitationen und Team-Teaching selbstverständlich. (Jorzik 2019)

Notwendig für eine atmende Organisation Hochschule ist eine positive Fehlerkultur sowie ein entwicklungsorientiertes Mindset. Methoden und Arbeitsformen wie sie zurzeit im Kontext des agilen Arbeitens diskutiert werden können hierzu interessante Impulse liefern (Seidl/Vonhof 2017). Gerade im Hinblick auf die Hochschulverwaltung werden solche Ansätze etwa im Rahmen der Initiative Musterwandler in Hochschulen[1] diskutiert.

---

[1] https://musterwandler-hochschulen.org/.

Die Hochschule als Lernwelt

Eine Orientierung, welche Herausforderungen auf die Hochschulen zukommen, lieferte Sursock mit seiner Studie „Trends 2015: Learning and Teaching in European Universities", in der er folgende Trends konstatiert: stärkere Internationalisierung, größere Bedeutung von Informations- und Kommunikationstechniken, größere Autonomie der Hochschulen, stärkere Vernetzung, heterogenere Studierendenstruktur, veränderte Finanzierungsstrukturen, veränderte Studierenden- und Lehrendenrollen, zunehmende Bedeutung neuer Lehrmethoden und Veränderungen bei den Lerninfrastrukturen, unter anderem durch Etablierung von Lernzentren (Sursock 2015, 22–94).

Darüber hinaus verweist auch der NMC-Horizon-Report 2018 auf vielfältige Anforderungen, mit denen sich Hochschulen auseinandersetzen müssen:
- Kurzfristig: Growing Focus on Measuring Learning, Redesigning Learning Spaces.
- Mittelfristig: Proliferation of Open Educational Resource, The Rise of New Forms of Interdisciplinary Studies.
- Langfristig: Advancing Cultures of Innovation, Cross-Institution & Cross-Sector Collaboration (Adams Becker et al. 2018, 8–21).

Diese erfordern auch veränderte Perspektiven auf das Lehren und Lernen in Hochschulen.

Der vielfältig konstatierte *Shift from Teaching to Learning* ist dabei nur ein Ausdruck für eine Hinwendung der Hochschulen zur *Studierendenorientierung* (Stang/Becker 2020, 1–8), das heißt den *Lehr-Lernprozess* aus der Perspektive der Studierenden genauer in den Blick zu nehmen und die *Lehr-Lernsettings* dahingehend zu gestalten, dass die Studierenden für die zukünftigen Anforderungen vorbereitet sind. Bereits in Folge der *Bologna-Reform* hat sich das Verständnis des Bildungsauftrags der Hochschulen gewandelt. Insbesondere die Universitäten haben sich neben der Vermittlung wissenschaftlicher Befähigung vermehrt mit Konzepten zum Erwerb von *Schlüsselkompetenzen* und der Vorbereitung auf eine Berufstätigkeit auseinandergesetzt. Betrachtet man aktuelle Studien zu überfachlichen Kompetenzen im Sinn der *21st Century Skills* (Binkley et al. 2012), wird deutlich, dass bestimmte überfachliche Kompetenzen in Zukunft noch mehr an Bedeutung gewinnen werden. Diese adäquat auszuwählen und in das Curriculum zu integrieren sind zentrale Zukunftsaufgaben. Schlüsselt man das Konstrukt *Kompetenz* näher auf wird offensichtlich, dass Kompetenzen aus einem komplexen Zusammenspiel von Wissen, Fertigkeiten und Fähigkeiten sowie motivationalen Orientierungen und Werthaltungen bestehen. Im Zuge des *Shift from Teaching to Learning* werden bereits in vielen Lehrveranstaltungen neben dem Wissen auch die Fertigkeiten und Fähigkeiten der Studierenden in den Blick genommen. Um nachhaltige Kompetenzentwicklung, insbesondere auch im Bereich der *21st Century Skills*, erreichen zu können, muss Hochschullehre verstärkt die motivationalen Orientierungen und Werthaltungen adressieren. Hier ist insbesondere auch der Bereich Prüfungen in den Blick zu nehmen.

An deutschen Hochschulen haben Prüfungen bislang vor allem Selektionscharakter. In Form von *formativen Assessments* könnten *Leistungsbewertungen* auch als wichtige Lernchance dienen. Die Erfahrungen zeigen, dass der Verzicht auf summatives Prüfen eine lernförderliche *Fehlerkultur* begünstigen und die Motivation, sich auf neue und unsichere Handlungsweisen einzulassen, erhöhen kann. Die Veränderung von Lehr- und Lernformen fordert Studierende wie Lehrende heraus, das eigene Handeln zu reflektieren und auf der Grundlage dieser Reflexion weiterzuentwickeln. Im Hinblick auf das *Lehrhandeln* sollte dabei insbesondere die Begründung des eigenen Tuns hinterfragt werden. Während Professorinnen und Professoren im Hinblick auf ihre *Forschung* in Anspruch nehmen, Evidenz zu schaffen beziehungsweise evidenzbasiert zu arbeiten, trifft das für den Bereich der *Lehre* nur in Einzelfällen zu. Diese Kluft muss dringend überwunden werden, damit *Hochschullehre* die hohen gesteckten Ziele auch erreicht.

Eine Chance liegt dabei im Lernen aus den erfolgreichen Projekten des *Qualitätspakts Lehre* und anderer Förderprogramme und einer entsprechenden Schwerpunktsetzung der in Gründung befindlichen *Organisationseinheit für Innovation in der Hochschullehre*. In jedem Fall lohnt es sich, innovative und bewährte Ansätze und Projekte aus dem *Hochschulalltag* transparent und über die eigene Hochschule hinaus sichtbar und diskutierbar zu machen. Die im Prolog genannten Beispiele können und sollen hier als Anregung dienen, tiefer in den einen oder anderen Bereich einzutauchen.

Fazit

Die Zukunft ist heute schon da, bereichert und erweitert die Arbeit an Hochschulen, fordert Organisation und den/die Einzelne/n aber auch grundlegend heraus. Diese Herausforderungen sollten in positive Energie und proaktives Handeln umgesetzt werden. Zwar kennen wir *die* Zukunft noch nicht; wir können uns aber mit möglichen, wahrscheinlichen und wünschenswerten Zukunftsszenarien auseinandersetzen und daraus Ideen und Ansätze entwickeln,

die Zukunft zu gestalten. Damit dient der Blick in die Zukunft keiner reinen Bestandsaufnahme, sondern trägt dazu bei:
- Impulse zu setzen,
- zur Diskussion anzuregen,
- Perspektiven zu wechseln und
- zum Denken in Alternativen und neuen Wegen anzuregen.

Die aktuellen Trends und Entwicklungen im Hochschulbereich wurden bereits oben skizziert. Auf Grundlage dieser Überlegungen lassen sich folgend Diskussionsimpulse formulieren:
- Eine grundlegende Auseinandersetzung mit den verschiedenen Modi des Lehrens und Lernens ist in der Hochschule elementar, wenn man die Lehre zukunftsorientiert in Richtung *Studierendenorientierung* weiterentwickeln möchte.
- Die Frage, mit welchem *Lehr-Lernverständnis* die *Lernwelt Hochschule* gestaltet werden soll, sollte in einem diskursiven Prozess unter Einbeziehung aller Beteiligten beantwortet werden. Dafür ist es auch notwendig, die Perspektiven zu wechseln und die Konsequenzen, die sich aus dem Lehr-Lernverständnis der Hochschule ergeben, nicht nur aus dem Blickwinkel der Verwaltung und der Lehrenden, sondern eben auch aus dem Blickwinkel der Studierenden zu betrachten. Als Ergebnis kann es auch durchaus unterschiedliche Ansätze geben. Diese sollten allerdings zwingend (empirisch) fundiert entwickelt und umgesetzt werden.
- Auch wenn derzeit sehr viel mit neuen Lehrformen und Angeboten zum Lernen experimentiert wird, sind es doch nur wenige Lehrende, die dies intensiv betreiben. Der Großteil der Lehrenden verharrt nach wie vor im Modus der *traditionellen Lehre*. Die Herausforderung wird hier sein, diese zum Umdenken zu bewegen und den Blick auf realistische Optionen der Veränderung zu lenken. Dabei ist auch an der Haltung der Lehrenden anzusetzen: Wenn sie nicht selbst zu überzeugten lebenslang Lernenden werden, kann eine entsprechende Transformationen der Gesamtorganisation Hochschule nicht gelingen.
- Die Hochschule als Akteurin in der Gesellschaft muss ihre *Lehr-Lernszenarien* an die Bedürfnisse der relevanten Zielgruppen anpassen. Dazu bedarf es einer Hochschule als *atmender Organisation*, die sich sowohl an verändernde Umweltbedingungen anpasst, als auch die innere Struktur so gestaltet, dass Anpassungen an neue Herausforderungen schnell vorgenommen werden können. Letztendlich geht es darum die Hochschule als Lernwelt zu etablieren, die die Begrenzungen einer *Lehrwelt Hochschule* hinter sich lässt.

Literatur

Adams Becker, S.; Brown, M.; Dahlstrom, E.; Davis, A.; DePaul, K.; Diaz, V.; Pomerantz, J. (2018): *NMC Horizon Report. 2018 Higher Education Edition.* Louisville, CO: EDUCAUSE. https://library.educause.edu/resources/2018/8/2018-nmc-horizon-report.

Altvater, P.; Bauer, Y.; Gilch, H. (Hrsg.) (2007): *Organisationsentwicklung in Hochschulen.* Dokumentation. HIS: Forum Hochschule 14. Hannover: HIS-Hochschul-Informations-System GmbH. http://www.dzhw.eu/pdf/pub_fh/fh-200714.pdf.

Baumgartner, P.; Brei, C.; Lohse, A.; Kuhn, S.; Michel, A.; Pohlenz, P.; Quade, S.; Seidl, T.; Spinath, B. (2018): *3 plus 10 Thesen zu gesellschaftlichen Trends und der zukünftigen Rolle der Hochschulen.* Diskussionspapier Nr. 4. Berlin: Hochschulforum Digitalisierung. DOI:10.5281/zenodo.2634987.

Binkley, M.; Erstad, O.; Herman, J.; Raizen, S.; Ripley, M.; Miller-Ricci, M.; Rumble, M. (2012): Defining Twenty-First Century Skills. In: P. Griffin; E. Care (Hrsg.): *Assessment and teaching of 21st century skills. Methods and approach.* Dordrecht; Heidelberg; London; New York: Springer, 17–66.

Jorzik, B. (2019): Lehr- und Lernwelten der Zukunft. Anforderungen an Hochschulen. Präsentation auf der Konferenz „Zukunft Lernwelt Hopchschule" am 28.03.2019 in Heilbronn. https://zukunftlernwelthochschule.de/wp-content/uploads/ZLH-Pr%C3%A4sentation-Jorzik-1.pdf.

KMK – Kultusministerkonferenz (2017): *Musterrechtsverordnung gemäß Artikel 4, Absätze 1 – 4. Studienakkreditierungsstaatsvertrag.* http://www.akkreditierungsrat.de/fileadmin/Seiteninhalte/KMK/Vorgaben/Musterrechtsverordnung.pdf.

Kühl, S. (2007): Von der Hochschulreform zum Veränderungsmanagement von Universitäten. In: P. Altvater; Y. Bauer; H. Gilch (Hrsg.) (2007): *Organisationsentwicklung in Hochschulen.* Dokumentation. HIS: Forum Hochschule 14. Hannover: HIS-Hochschul-Informations-System GmbH. http://www.dzhw.eu/pdf/pub_fh/fh-200714.pdf, 1–10.

Luhmann, N. (2002): Das Erziehungssystem der Gesellschaft. Frankfurt a. M.: Suhrkamp.

Seidl, T.; Vonhof, C. (2017): Agile Prinzipien. Was kann die Studiengangsenwicklung davon lernen? *Synergie. Fachmagazin für Digitalisierung in der Lehre* 3, 2017, 22–25.

Seidl, T. (2017): Schlüsselkompetenzen als Zukunftskompetenzen – Die Bedeutung der ‚21st century skills' für die Studiengangsentwicklung. *Neues Handbuch Hochschullehre* 4, J 2.23.

Stang, R.; Becker, A. (2020): Einleitung. In: A. Becker; R. Stang (Hrsg.) (2020): *Lernwelt Hochschule. Dimensionen eines Bildungsbereichs im Umbruch.* Berlin; Boston: De Gruyter Saur, 1–8.

Stang, R.; Becker, A.; Franke, F.; Gläser, C.; Petschenka, A.; Weckmann, H.-D.; Zulauf, B. (2020): Herausforderung Lernwelt Hochschule. Perspektiven für die zukünftige Gestaltung. In: A. Becker; R. Stang (Hrsg.) (2020): *Lernwelt Hochschule. Dimensionen eines Bildungsbereichs im Umbruch.* Berlin; Boston: De Gruyter Saur, 182–210.

Stifterverband für die Deutsche Wissenschaft (2019) (Hrsg.): *Hochschul-Bildungs-Report 2020. Für morgen befähigen. Jahresbericht 2019.* Essen: Edition Stifterverband. http://www.hochschulbildungsreport2020.de/download/file/fid/163.

Sursock, A. (2015): *Trends 2015. Learning and Teaching in European Universities.* Brüssel: European University Association. http://eua.be/Libraries/publications-homepage-list/EUA_Trends_2015_web.pdf?sfvrsn=18.

Marc Kuhn, Doris Nitsche-Ruhland und Judit Klein-Wiele
Neue Lernwelten etablieren
Lehrintegrierte Forschung an der DHBW

Einleitung

Die *Duale Hochschule Baden-Württemberg (DHBW)* übernimmt im tertiären Bildungssektor mit ihren dualen Studiengängen eine wichtige Rolle. Wie an keiner anderen akademischen Einrichtung steht ein Studium an der DHBW für die konsequente Verzahnung von wissenschaftlichem Studium und anwendungsbezogenem Lernen in der Arbeitswelt bei den Dualen Partnern aus Wirtschaft und sozialen Einrichtungen. Die sich abwechselnden Lernorte an der Hochschule und bei den Dualen Partnern bauen systematisch aufeinander auf und ergänzen sich. Diese Verzahnung der Lernorte fördert ein ganzheitliches Lernen und die Motivation der Studierenden.

Die DHBW ist in ihrer Struktur an das amerikanische State-University-Modell angelehnt. Sie besteht aus einem Präsidium und neun Studienakademien, die regional verankert sind. Sie bietet 27 Studiengänge, in denen ca. 35 000 Studierende in dualen, praxisintegrierten Bachelorprogrammen und ca. 1 000 Studierende in zwölf dualen, berufsintegrierenden Master-Studiengängen studieren. Die Standorte sind stark mit der regionalen Wirtschaft und den sozialen Einrichtungen vor Ort vernetzt. Sie wurde 2009 gegründet und ging aus der Berufsakademie Baden-Württemberg hervor, so dass sie auf über 40 Jahre Erfahrung zurückblicken kann.

Lehr- und Lernstrategie: Dualität, Lernendenzentrierung, Interaktivität

Zentrale Leitidee der *Lehr- und Lernstrategie* des dualen Studiums an der DHBW ist die Verzahnung des Studiums am *Lernort Hochschule* (Theoriephase) mit dem Studium am *Lernort Betrieb* beim Dualen Partner (Praxisphase), sowie eine hohe Lerneffizienz durch intensives Lernen in kleinen Gruppen.

Durch den Wechsel der Lernorte erwerben die Studierenden neben *Fach- und Methodenkompetenzen* auch *personale soziale Kompetenzen* und erlangen mit ihren praktischen Erfahrungen übergreifende *Handlungskompetenz*. Die Studierenden entwickeln *Problemlösekompetenz*, da sie beim Dualen Partner grundsätzlich mit unvorhersehbaren Problemen, die es für sie zu lösen gilt, konfrontiert werden. An der DHBW ist dieses Merkmal der Lernsituation im Modell strukturell verankert. Theorie- und Praxisinhalte sind im dualen Studienkonzept eng aufeinander abgestimmt und beziehen aktuelle, wissenschaftliche Erkenntnisse sowie neue Entwicklungen in Wirtschaft, Technik, Wissenschaft und Gesellschaft mit ein. Das Zusammenspiel beider Lernorte fördert den Kompetenzzugewinn.

Die Lehre an der DHBW findet in Gruppen zu ca. 30 Studierenden und einer intensiven Betreuung durch eine Professorin beziehungsweise einen Professor – der sogenannten Studiengangleitung – statt. Die Studiengangleitung ist verantwortlich für die Organisation des Studienbetriebs, die Akquise, Zulassung und Betreuung der Dualen Partner, den reibungslosen Ablauf des Wechsels der Studienorte sowie der Betreuung der Lehrenden und Studierenden in der jeweiligen Kursgruppe und damit für die Qualität des Lehrbetriebs (Krone/Ratermann 2017). Die Studiengangleitung ist Schnittstelle zu den Forschungsfragen der Dualen Partner und zu allen wesentlichen Akteurinnen und Akteuren im dualen Studium an der DHBW. Sie ist damit auch für die Integration von Lehrinnovationen durch die Lehrenden im Studiengang und die Weiterentwicklung der Curricula verantwortlich. Durch diese direkte, intensive Betreuung erhöht sich die *Lehr- und Lerneffizienz* und ermöglicht ein Intensivstudium.

Die kleinen Lerngruppen, die hohe intrinsische Motivation der Lehrenden und die zentrale Rolle der Studiengangleitung ermöglichen und fördern seit jeher die Integration von *Lehr- und Lerninnovationen*, sowie eine hohe Interaktion zwischen den Lehrenden und Studierenden. Praxisnahe Studieninhalte sind Merkmal der besonderen Didaktik an der DHBW. Die Erfahrungen aus der Arbeitswelt, die sowohl die Studierenden als auch die Lehrenden machen, prägen immer den Blick auf die theoretischen Studieninhalte und umgekehrt. In Praxisprojekten und der Bachelorarbeit werden konkrete Aufgabenstellungen aus dem Unternehmen aufgegriffen, wobei die Prüfung und Bewertung dieser Arbeiten der Hochschule obliegt. Diese Reflexion – der *Theorie-Praxis-Transfer* – ist der wesentliche Grund für die hohe Berufsbefähigung der Absolventinnen und Absolventen und führt zu hohen Übernahmequoten von 82 Prozent in unbefristete Arbeitsverhältnisse.

Das Zentrum für Hochschuldidaktik und lebenslanges Lernen (ZHL) der DHBW bietet unter anderem *Schulungen* für alle Lehrenden zur spezifischen Didaktik der DHBW, zum Einsatz *teilnehmendenzentrierter Lehr- und Lernmethoden* insbesondere in kleinen Gruppen (Schulungsreihe „Lehrkolleg" I–IV), *Lehrinnovationen* sowie *Schulungen* im Bereich *E-Learning*. E-Learning-Elemente werden zunehmend in der Lehre in Form von Bausteinen als Blended Learning

Konzept integriert. Die Lehrenden erhalten *E-Learning-Support* zusätzlich dezentral von den *Education Support Centern* der Standorte.

Flexibilität bei der Lehrplanung und curriculare Lernräume

An der DHBW gibt es in Lehrveranstaltungen keine strikte Trennung zwischen „Vorlesung" und „Übung" – diese wurden seit jeher zeitlich integriert und flexibel durchgeführt. Ebenso wird die Lehrveranstaltungsplanung vor Semesterbeginn durch die Studiengangsleitung individuell auf die Bedürfnisse der Dozentinnen und Dozenten und des Curriculums abgestimmt, so dass die Lehrveranstaltungen zeitlich flexibel sind, auf die Bedarfe der Lehrenden und deren Lehrformate zugeschnitten werden und sich von Woche zu Woche unterscheiden können. So können einfach größere Blöcke für besondere *Lehr- und Lernformate* wie *Planspiele, Labore* oder *Lerntechniken* eingeplant werden, je nachdem was die Lehrenden für die Umsetzung ihrer Lehre benötigen. Das *Kleingruppenprinzip* sowie die zeitliche Flexibilität ermöglichen seit jeher interaktive und innovative Lehrmethoden, die auf die Lernenden ausgerichtet sind.

Die *Curricula* der DHBW unterliegen einem curricularen Rahmenstudienmodell, das die Randbedingungen wie zum Beispiel Dauer der Theoriephasen, die Workloadberechnung, die festen Module eines Studiengangs beziehungsweise einer Studienrichtung für das dreijährige Intensivstudium festlegt. Die Studiengänge gliedern sich in vier Studienbereiche: Wirtschaft, Technik, Sozialwesen und die gesundheitsnahen Studiengänge. Die Studienbereiche verfeinern dieses Rahmenstudienmodell und besitzen curriculare Freiräume für spezielle *Lehrinnovationen*.

Die DHBW besitzt ein umfassendes *Qualitätsmanagementsystem* (DHBW 2018). So werden die Qualität der Lehre, der Prüfungen, sowie des Studiums und der *Studienorganisation* inklusive der Praxisphasen beim Dualen Partner durch kontinuierliche Evaluationen überprüft. Verbesserungspotentiale und Erfahrungen beim Einsatz von Lehrinnovationen werden regelmäßig identifiziert und daraus folgend Maßnahmen umgesetzt.

Die Umsetzung der Curricula im Lehrbetrieb erfolgt entlang der Qualitätsziele der DHBW (DHBW 2018, 12–18), welche die Kernprozesse von Studium und Lehre beschreiben und deren Umsetzung unmittelbar durch die Studiengangsleitung geprägt ist.

Die frühere Berufsakademie war eine reine Lehrinstitution, Forschung fand auf Eigeninitiative der Professorinnen und Professoren statt. So entstanden einzelne Forschungsinitiativen, die Problemstellungen der Praxis zum Zentrum des wissenschaftlichen Erkenntnisgewinns machten. Der gesetzliche Forschungsauftrag, den die DHBW 2009 erhielt, traf auf eine große intrinsische Motivation der Professorinnen und Professoren. Denn wie an keiner anderen Hochschule können durch die starke Verschränkung mit den Dualen Partnern Praxisthemen und aktuelle Fragestellungen in die Lehre und Forschung einfließen. Sie unterstützt die Dualen Partner, anwendungs- und bedarfsorientierte Lösungen für konkrete Probleme zu finden und so ihre Innovationsfähigkeit zu erhöhen.

An den Standorten haben forschungsaffine Professorinnen und Professoren *Wissens- und Transferzentren* gegründet, die zum Teil mit ihrer Forschungsarbeit noch ganz am Anfang stehen oder zum Teil bereits sehr erfolgreich sind. Die Zentren haben vielfältige Schwerpunkte und verfolgen unterschiedliche Zielsetzungen, wie beispielsweise die fachliche Positionierung in bestimmten Themenfeldern (z. B. empirische Forschung, Industrie 4.0, Mobilität, Bürgerbeteiligung etc.), die Intensivierung der interdisziplinären Forschung oder die Stärkung des Transfers. Die Strukturen und Prozesse der DHBW unterstützen die Bedarfe von Forschungs- und Transferaufgaben und sorgen für eine Lehrintegration in den Wissenszentren über curricular verankerte Module, wie Integrationsseminare oder Studienarbeiten. Einige Wissenszentren wie das *Zentrum für Empirische Forschung* (ZEF) legen auf die Lehrintegration einen deutlichen Schwerpunkt. Das ZEF trainiert Dozierende und Studierende im Umgang mit empirischen Methoden, hilft in der Konzeption *lehrintegrierter Forschungsprojekte*, begleitet deren Umsetzung und die Dissemination der Ergebnisse zusammen mit den Studierenden. Als sogenannte „Integrationsseminare" wurde das Format lehrintegrierter Forschung mit der Reakkreditierung 2011 in das offizielle Lehrcurriculum aufgenommen.

Durch die *Kompetenzorientierung*, die *Qualitätsziele*, das *Qualitätsmanagement* sowie die *Organisation des Studienbetriebs in kleinen Lerngruppen* mit der direkten Betreuung durch Studiengangsleitungen beziehungsweise wissenschaftliche Leitungen zeichnet sich die Didaktik an der DHBW durch vier Merkmale aus: Studierendenorientierung, hohe Berufsorientierung, eine hohe Qualität und lehrintegrierte Forschung in den Curricula.

Lehrintegrierte Forschung als Beispiel curricularer Lernräume

Das Grundprinzpip der *Lehrintegierten Forschung* (Begrifflichkeit der DHBW) ist das *forschende Lernen* im Kontext des terziären Bildungsbereichs. Es verbindet die beiden Bereiche Forschung und Lehre mit dem Fokus auf dem Forschen und Lernen der Studierenden. Beim forschenden Lernen durchlaufen die Studierenden idealerweise selbstständig den (nicht immer linearen) Lern- und Forschungsprozess mit den folgenden Phasen: Wahrnehmung der Ausgangssituation oder des gewählten Themas, Formulierung der konkreten und praxisorientierten Frage- bzw. Problemstellung, Informationsbeschaffung und Stand der Forschung, Methodenwahl, Forschungsdesign entwickeln, forschen, Auswertung und Präsentation der Ergebnisse sowie Reflexion des gesamten Prozesses (Huber 2014, 23; Huber 2009, 11; Schneider/Wildt 2009, 55–57). Die Komplexität der einzelnen Phasen hängt vom Forschungsvorhaben beziehungsweise dem Projekt sowie den jeweilgen Voraussetzungen der Lerngruppe und den Vorgaben des Lehrenden ab. Für das forschende Lernen werden wissenschaftliche Methoden des jeweiligen Fachgebiets mit Überschreitung der Grenzen zu anderen Disziplinen genutzt (Brinckmann et al. 2002, 15–16). Die aus den Forschungsvorhaben gewonnenen Ergebnisse und Erkenntnisse richten sich auch an Dritte (Huber 2009, 11) und können in einer ausgewählten Präsentationsformaten der Öffentlichkeit präsentiert werden (Huber 2004, 32). Neben den Resultaten aus dem *Lern- und Forschungsprozess* ist auch die *Kompetenzförderung* der Studierenden (Kompetenzmodell der DHBW) und die kognitive, emotionale sowie soziale Erfahrung Bestandteil des forschenden Lernens.

Das zu Grunde liegende Lehrkonzept stellt offene Probleme und eigene Fragestellung an den Anfang des Lern- und Forschungsprozesses. Während des Prozesses werden überwiegend innovative Formen des Lernens wie das selbstständige, aktive oder kooperative Lernen, E-Learning und das problemorientierte oder projektförmige Arbeiten angewendet (Huber 2014, 28). Die Rolle des Lehrenden entwickelt sich dadurch weg vom aktiven Part hin zur *Lern- und Forschungsprozessbegleitung* (Michelsen/Rieckmann 2014, 53).

Das forschende Lernen kann sowohl in *Lehr- und Lernformaten* integriert werden als auch als außercurriculares Projekt durchgeführt werden (Huber 2004, 32). Im Falle der lehrintegrierten Forschung an der DHBW wird das forschende Lernen innerhalb von Modulen des Curriculums umgesetzt. Die *Lehrintegrierten Forschungsprojekte* wurden vom Zentrum für Empirische Forschung (ZEF) für die gesamte DHBW maßgeblich entwickelt (DHBW 2015, 24). Dabei werden empirische Forschungsprojekte in Lehrveranstaltungen integriert. Ein

Train the Trainer-Konzept für lehrende Kolleginnen und Kollegen vermittelt Methoden-, Struktur- und Projektkompetenz und ermöglicht die vielseitige studiengangsübergreifende Anwendung dieses Erfolgsmodells in der gesamten DHBW.

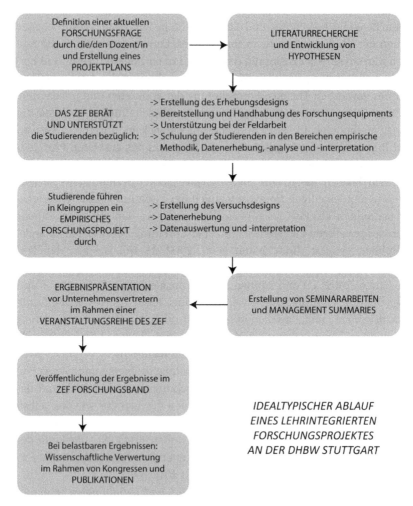

Abb. 1: Typischer Ablauf eines lehrintegrierten Forschungsprojektes an der DHBW (DHBW 2017, 28–29).

Ausgangspunkt eines Lehrintegrierten Forschungsprojektes sind aktuelle, praxisbezogene Forschungsfragen des jeweiligen Studienfaches, die zusätzlich durch die Dualen Partner inspiriert werden. Verantwortliche Dozentinnen und

Dozenten sowie Studierende bereiten die Fragestellungen gemeinsam auf. Methodisch geschult, begleitet und unterstützt durch das ZEF, werden zunächst Hypothesen entwickelt, das Erhebungs- und Untersuchungsdesign entworfen, sowie die Datenerhebung, -auswertung und -interpretation geplant. Die Studierenden führen das Projekt anschließend in Kleingruppen selbstständig durch und erarbeiten daraus akademische Seminararbeiten sowie praxisbezogene Management Summarys. Resultierende wissenschaftliche Publikationen werden in einem eigenen Forschungsband veröffentlicht und fördern den Informationstransfer in Wirtschaft und Gesellschaft. Darüber hinaus initiiert das ZEF eine Veranstaltungsreihe, bei der Studierende die Ergebnisse Lehrintegrierter Forschungsprojekte vor Unternehmensvertreterinnen und -vertretern präsentieren. Abbildung 1 visualisiert den zuvor beschriebenen Ablauf.

In einem Projekt zum „autonomen Fahren" wurde von Studierenden des Studienbereichs Wirtschaft der DHBW in enger Zusammenarbeit mit der Daimler AG sowie dem Studienbereich Technik untersucht, wie automatisierte Fahrfunktionen von potenziellen Kundengruppen wahrgenommen werden. Hierzu wurden im Rahmen einer User-Experience-Studie über 200 Probandinnen und Probanden zu einer ca. einstündigen Testfahrt in einem Daimler-Fahrzeug eingeladen und sowohl vor als auch nach der Fahrt zu ihrer Einstellung zu automatisierten Fahrfunktionen befragt. Zugrunde lagen dabei wissenschaftlich validierte Messmodelle. Zudem wurde über Elektroenzephalografie (EEG) und Eye-Tracking-Technologie die implizite Wahrnehmung der Probandinnen und Probanden zur Nutzung automatisierter Fahrfunktionen während der Testfahrt untersucht. Die zentralen Ergebnisse und daraus ableitbare Handlungsempfehlungen stellen wertvolle Erkenntnisse für die Automobilbranche dar und wurden im Juni 2018 durch die Studierenden vor ca. 150 Vertreterinnen und Vertretern der Mobilitätsbranche vorgestellt. Im September 2018 präsentierten die Studierenden die Projektergebnisse vor Vertreterinnen und Vertretern des Deutschen Bundestages in Berlin.

Die fakultätsübergreifende Weiterentwicklung der Lehreintegrierten Forschungsprojekte haben die Studienbereiche Technik und Wirtschaft gemeinsam mit dem interdisziplinären Studienprojekt *E-Hunter 2018/19* vollzogen (Abbildung 2). Dieses Projekt wurde durch den Dualen Partner EnBW AG unterstützt. Im Rahmen von „E-Hunter" haben Studierende der DHBW Stuttgart 450 Ladepunkte für Elektrofahrzeuge auf ihre Verlässlichkeit, Bezahlmöglichkeiten und umliegende Serviceangebote geprüft. Getestet wurde in vier deutschen Bundesländern sowie auf Auslandsfahrten nach Amsterdam, Paris, Venedig und zum österreichischen Reschenpass. In interdisziplinären Studierenden-Teams wurden sowohl ökonomische als auch technische Daten betrachtet. Zusätzlich wurden Messungen zum Ladevorgang, zur Reichweite und termischen Behaglichkeit vorgenommen. Die teilnehmenden Studierenden des Maschinenbaus bearbeiteten das Projekt im Rahmen einer curricularen Studienarbeit, die Studierenden des Studiengangs BWL-Industrie im Rahmen eines seminaristischen Integrationsseminars. Bei der Vorbereitung, Durchführung und Datenanalyse erhielten die Studierenden Unterstützung durch ein Projektteam, das mit Mitarbeitenden aus beiden Fakultäten besetzt war. Bei spezifischen Trainingsveranstaltungen wurden die Studierenden zu Fragen der empirischen Erhebung und Datenanalyse gecoached. Auch in diesem Projekt wurden die Ergebnisse in einem Forschungsband veröffentlicht und vor über 100 Vertreterinnen und Vertretern der Unternehmenspraxis präsentiert.

Abb. 2: Studierende des fakultätsübergreifenden Projekts E-Hunter mit einem BMW i3. (Foto: DHBW Stuttgart).

Ausblick

Die beiden vorgestellten Beispiele stehen stellvertretend für den vielfältigen Einsatz der forschungsintegrierten Lehre an der DHBW. Mit den bisher gewonnenen Erkenntnissen wird dieses Lehrkonzept stetig weiterentwickelt. Im Rahmen von zwei geförderten Drittmittelprojekten „INT US – interdisciplinary united study" und „UML – Urban Mobility Lab" werden die forschungs- und fakultätsintegrierten Lehrformate weiterentwickelt. Erstmalig ist dabei auch die Fakultät Sozialwesen einbezogen.

Durch innovative *Lehr- und Lernkonzepte* entwickelt die DHBW ihre Lehre am Beispiel von aktuellen Aufgaben- und Problemstellungen der Praxis weiter und bietet ihren Studierenden neue Lernwelten mit modernen wissenschaftlichen Methoden aus Forschung und Praxis.

Literatur

Brinckmann, H.; Garcia, O.; Gruschka, A.; Lenhardt, G.; Lippe, R. (2002): *Die Einheit von Forschung und Lehre. Über die Zukunft der Universität.* Wetzlar: Büchse der Pandora.

DHBW (Hrsg.) (2015): *Zentrum für Empirische Forschung. Jahresbericht 2015.* https://www.dhbw-stuttgart.de/fileadmin/dateien/Zentrum_Empirische_Forschung/ZEF_Jahresbericht_2015_final.pdf.

DHBW (Hrsg.) (2017): *Zentrum für Empirische Forschung. Jahresbericht 2016/2017.* https://www.dhbw-stuttgart.de/fileadmin/dateien/Zentrum_Empirische_Forschung/Jahresbericht_1617_Web.pdf.

DHBW (Hrsg.) (2018): *Qualitätshandbuch.* http://www.dhbw.de/fileadmin/user_upload/Dokumente/Broschueren_Handbuch_Betriebe/Qualitaetshandbuch_DHBW_2018.pdf.

Huber, L. (2004): Forschendes Lernen. 10 Thesen zum Verhältnis von Forschung und Lehre aus der Perspektive des Studiums. *Die Hochschule. Journal für Wissenschaft und Bildung* 13/2, 29-49.

Huber, L. (2009): Warum Forschendes Lernen nötig und möglich ist. In: L. Huber; J. Hellmer; F. Schneider (Hrsg.): *Forschendes Lernen im Studium. Aktuelle Konzepte und Erfahrungen.* Bielefeld: UVW UniversitätsVerlagWebler, 9-35.

Huber, L. (2014): Forschungsbasiertes, Forschungsorientiertes, Forschendes Lernen: Alles dasselbe? Ein Plädoyer für eine Verständigung über Begriffe und Entscheidungen im Feld forschungsnahen Lehrens und Lernens. *Das Hochschulwesen* 62/1/2, 32-39.

Krone, S.; Ratermann, M. (2017): *Qualitätskriterien für duale Studiengänge.* Duisburg. http://www.iaq.uni-due.de/iaq-standpunkte/2017/sp2017-02.pdf.

Michelsen, G.; Rieckmann, M. (2014): Kompetenzorientiertes Lehren und Lernen an Hochschulen. Veränderte Anforderungen und Bedingungen für Lehrende und Studierende. In: F. Keuper; H. Arnold (Hrsg.): *Campus Transformation. Education, Qualification & Digitalization.* Berlin: Logos Verlag, 45-65.

Schneider, R.; Wildt, J. (2009): Forschendes Lernen und Kompetenzentwicklung. In: L. Huber; J. Hellmer; F. Schneider (Hrsg.): *Motivierendes Lehren und Lernen in Hochschulen: forschendes Lernen im Studium. Aktuelle Konzepte und Erfahrungen.* Bielefeld: UVW UniversitätsVerlagWebler, 53-68.

Michael Burmester und Tobias Seidl

Lehr-Lernkontexte in einer transformativen Fakultät

Konzeptionelle Perspektiven

Einleitung

Im Rahmen der Veränderungen der Fakultät Information und Kommunikation der Hochschule der Medien Stuttgart (HdM) (Mildenberger/Vonhof 2020) in Richtung einer *transformativen Fakultät*, in der die disziplinären Grenzen durchlässiger gestaltet werden sollten, wurden auch Inhalte und *Lehr-Lernarrangements* in den Curricula der Fakultät überarbeitet. Im Fokus stand dabei die Frage, wie ein zukunftsfähiges Hochschulstudium aussehen muss.

Betrachtet man die Diskussion um die (grundsätzliche) Ausgestaltung von Hochschulcurricula in den letzten Jahren, zeigen sich drei Diskussionsstränge:
- *Studierfähigkeit*: Welche Kompetenzen brauchen Studierende, um das Studium erfolgreich abschließen und komplexe Lernarrangements im Studienverlauf meistern zu können (van den Berk et al. 2016).
- *Curriculum 4.0/21st Century Skills*: Welche Kompetenzen gewinnen in einer durch Digitalisierung und andere Zukunftstrends geprägten Wirtschaft und Gesellschaft an Bedeutung und wie sind sie im Hochschulstudium zu adressieren (etwa Autorengruppe Curriculum 4.0 2018).
- *Didaktische Umsetzung*: Welche didaktischen Szenarien eignen sich für die Unterstützung der Kompetenzentwicklung der Studierenden in den genannten Bereichen.

Alle drei Aspekte wurden bei den Reformbemühungen der Fakultät aufgegriffen und in ein neues Studienmodell sowie ein neues, für alle Studiengänge identisches Strukturmodell des Bachelorstudiums überführt (Tabelle 1).

Tab. 1: Strukturmodell des neuen Studienkonzepts der Fakultät IuK (eigene Darstellung).

Traditionelles Fachstudium mit deutlicher Stärkung wissenschaftlich methodischer Elemente (150 ECTS)	Methodenstudium: Wissenschaftliche Grundlagen (10 ECTS – Sem. 1 und 2)	Schlüsselkompetenzen als integraler Bestandteil des Studiums (15 ECTS – Sem. 2-4)
Projektphase: Integratives Studium von Fach- und Schlüsselkompetenzen durch projektorientierte Lehr-Lernformen (35 ECTS – Sem. 6 und 7)		

∂ Open Access. © 2020 Michael Burmester und Tobias Seidl, published by De Gruyter. This work is licensed under the Creative Commons Attribution-NonCommercial-NoDerivatives 4.0 License.
https://doi.org/10.1515/9783110653663-009

Im Folgenden werden die mit der Studienreform im Wintersemester 2016/17 neu eingeführten übergreifenden Bereiche detaillierter dargestellt.

Methodenstudium: Modul Wissenschaftliche Grundlagen

Das übergreifende Ziel ist es, Studierende in die Lage zu versetzen, selbständig zukünftige Herausforderungen von Gesellschaft und Wirtschaft bewältigen zu können. Innovative Lösungen lassen sich vor allem vor dem Hintergrund forschender und wissenschaftlich fundierter Vorgehensweisen umsetzen. Vor diesem Hintergrund wurde das Modul *Wissenschaftliche Grundlagen* konzipiert. Um genügend Zeit und Kapazität zu haben, wurde das Modul über die Laufzeit von zwei Semestern mit einem Gesamtumfang von 10 ECTS geplant. Mit *forschendem Lernen* als Grundprinzip verfolgt dieses Modul folgende Ziele:

- Wissenschaft und Forschung soll als praktisches Mittel des Lösens von relevanten Problemen verstanden werden.
- Forschung dient dem kontinuierlichen Wissensaufbau und ermöglicht, zukünftigen Herausforderungen methodisch begegnen zu können.
- Wissenschaft und Forschung sollen praktisch angewendet und erlebt werden.
- Für das folgende disziplinäre und interdisziplinäre Studium soll Faszination für Wissenschaft geweckt und eine Forschungskultur an der Fakultät etabliert werden.

An dem zweisemestrigen Modul nehmen Erst- und Zweitsemester aller vier Bachelor-Studiengänge der Fakultät (Informationsdesign, Informationswissenschaften, Online-Medien-Management sowie Wirtschaftsinformatik und digitale Medien) teil. Im Wintersemester beginnen etwa 180 und im Sommersemester etwa 150 Studierende mit dem Studium. Somit studieren in diesem Modul immer etwa 330 Studierende gleichzeitig.

Damit von Beginn an die Studierenden interdisziplinäre Zusammenarbeit einüben können, werden fünfköpfige studentische Arbeitsgruppen aus den vier Studiengängen gebildet. Die so entstehenden 66 studentischen Arbeitsgruppen werden in 11 Seminargruppen zusammengefasst, die jeweils von Professorinnen und Professoren betreut werden. Begleitend vermittelt eine Vorlesung im ersten und zweiten Semester die jeweils relevanten theoretischen Inhalte (Tabelle 2).

Tab. 2: Vorlesungsinhalte im Modul Wissenschaftliche Grundlagen.

Vorlesungsinhalte im ersten Semester	Vorlesungsinhalte im zweiten Semester
– Wissenschafts- und Erkenntnistheoretische Grundlagen	– Generieren und Formulieren von Hypothesen
– Recherche	– Grundlagen und Methoden quantitativer Datenerhebung
– Grundlagen und Methoden explorativer und qualitativer Forschung	– Erstellung eines Forschungsdesigns und Studiendurchführung
– Erstellung eines Forschungsdesigns und Studiendurchführung	– Grundlagen deskriptiver und hypothesenprüfender Statistik
– Inhaltsanalytische Auswertung	– Dokumentation wissenschaftlicher Ergebnisse und Verfassen eines wissenschaftlichen Artikels
– Wissenschaftliche Dokumentation und Erstellung eines Posters	

Im Rahmen eines *Dies Academicus* findet zu Beginn jedes Semesters eine Fakultätskonferenz statt, die den Studierenden Kommunikation im Rahmen der Wissenschaft näherbringen soll. Eingeladen sind alle Studierenden und Dozierenden der Fakultät. Hauptakteurinnen und -akteure sind die Studierenden des Moduls Wissenschaftliche Grundlagen. Die Konferenz beginnt mit einem Vortrag aus den Forschungsgruppen der Fakultät, um einen Einblick in die professionelle Forschung der Fakultät zu geben. Die Zweitsemester präsentieren dann ihre Poster als Kurzpräsentation von einer Minute pro Poster im Rahmen einer sogenannten *Poster-Madness*. Im Anschluss daran können die Poster betrachtet und mit den jeweiligen studentischen Arbeitsgruppen diskutiert werden.

Die Erstsemester können so bereits erfahren, was sie in der Veranstaltung erwartet und die Zweitsemester starten mit Erkenntnissen aus den Diskussionen in die zweite Hälfte des Moduls. Zudem wird damit für die Zweitsemester ein typisches Kommunikationsformat der Wissenschaft eingeübt und erlebbar gemacht. Zur Konferenz gehört auch, dass ein *Best Paper Award* vergeben wird. Aus etwa 150 bis 180 wissenschaftlichen Artikeln, die als Prüfungsleistung abgegeben wurden, wird ein erster und zweiter Preis verliehen.

Das Fazit aus sechs Semestern Erfahrung fällt ambivalent aus. Auf der Positivseite kann verbucht werden,

- dass die praktische Anwendung von Forschungsmethoden im Rahmen von für Studierende relevanten Fragestellungen Vorteile und große Potenziale hat,
- dass es sich als sinnvoll erwiesen hat, die zu vermittelnden Kompetenzen im Rahmen eines zweisemestrigen Moduls mit 10 ECTS im ersten und zweiten Semester zu platzieren,

- dass die vermittelten Kompetenzen von Studierenden im weiteren Verlauf des Studiums benötigt werden und selbständig angewendet werden können.

Neben diesen positiven Aspekten zeigten sich jedoch auch einige Probleme und Verbesserungspotenziale:
- *Interdisziplinäre studentische Arbeitsgruppen*: Die Studierenden haben im ersten Semester noch keine ausreichende Vorstellung von den Stärken und Schwächen der eigenen Disziplin. Erst, wenn der eigene Studiengang etwas besser kennengelernt wurde, machen interdisziplinäre studentische Arbeitsgruppen Sinn (etwa zum Ende des zweiten Semesters).
- *Erarbeiten wissenschaftlicher Fragestellungen*: Selbst mit Unterstützung durch Dozierende fällt das Finden und das Formulieren wissenschaftlicher Fragestellungen gerade im ersten Semester schwer. Die Freiheitsgrade waren zu hoch und eine schrittweise Hinführung zu einer Fragestellung ist erforderlich.
- *Notwendigkeit statistischer Hypothesenprüfung wird nicht erkannt*: Gerade Inferenzstatistik fiel den Studierenden schwer, da die Notwendigkeit im Rahmen des eigenen Studiums oft nicht gesehen wurde. Wichtiger erscheint es, einen eher spielerischen Zugang zum Umgang mit quantitativen Daten mit Mitteln der deskriptiven Statistik einzuführen.
- *Veranstaltungskonzeption als vollständiger wissenschaftlicher Prozess*: Die Annahme, dass den Studierenden ein wissenschaftlicher Prozess anhand von einer explorativen qualitativen und einer hypothesenprüfenden quantitativen Studie zu vermitteln wäre, ist zu idealistisch. Besser ist es, den wissenschaftlichen Prozess in kleinere Schritte und Aufgaben zu zerlegen und mit den Studierenden zu erarbeiten. Erst im zweiten Semester können dann die notwendigen Wissenselemente zu einer empirischen Studie zusammengeführt werden.
- *Wissenschaft und Forschung als Konzepte von „gestern"*: Die Bezeichnung eines Studieninhalts als „Wissenschaft" geht offenbar an der Lebenswirklichkeit von Studierenden vorbei. Bezeichnungen wie beispielsweise „Data Analytics" wirken sehr viel zeitgemäßer. Somit scheint es notwendig, sich auch über die Bezeichnung von Inhalten Gedanken zu machen.

Vor dem Hintergrund dieser Erkenntnisse wurde das Konzept des Moduls überarbeitet und mit Beginn des Wintersemesters 2019/2020 neu gestartet. Diese Erfahrungen zeigen auch, wie wichtig ein iteratives und entwicklungsorientiertes Vorgehen im Bereich der Curriculumsentwicklung ist (Seidl/Vonhof 2017).

Schlüsselkompetenzmodule

Das dezidierte Schlüsselkompetenzstudium findet in drei Pflichtmodulen mit jeweils 5 ECTS in den Semesterstufen 2-4 statt. Bei der Ableitung der Lernziele wurde sowohl die Studierfähigkeit als auch die Vorbereitung der Studierenden auf die Herausforderungen der dynamischen technologischen, wirtschaftlichen und gesellschaftlichen Entwicklung in den Blick genommen (Seidl 2017). Die drei Module folgen alle dem gleichen schematischen Aufbau:
- verpflichtende Kopfveranstaltung des Moduls (2 ECTS),
- Wahlveranstaltung innerhalb des Kompetenzbereichs des Moduls (2 ECTS),
- E-Portfolio und Schlüsselkompetenzkolloquium (1 ECTS).

Die inhaltliche Ausgestaltung der Module verdeutlicht Tabelle 3. Im Mittelpunkt der Schlüsselkompetenzmodule steht die Entwicklung beziehungsweise Verbesserung metakognitiver Strategien. Daneben soll Handlungskompetenz im überfachlichen Bereich erworben werden. Die Lehrenden verknüpfen dafür die Inhalte der Veranstaltungen immer mit aktuellen Herausforderungen in zeitgleich stattfindenden fachspezifischen Veranstaltungen und der Lebensrealität der Studierenden. Damit wird den Studierenden eine wichtige Folie für *Reflexionsprozesse* und das Ausprobieren neuer *Handlungsstrategien* geboten. Dieses Setting ermöglicht situiertes und nachhaltiges Lernen. Die Einbindung eines Wahlbereiches in die Pflichtmodule erlaubt es den Studierenden zudem, ihre eigenen Schwerpunkte zu setzen und ihren eigenen Lernweg im Schlüsselkompetenzbereich aktiv zu gestalten.

Tab. 3: Aufbau der einzelnen Module des Bereichs Schlüsselkompetenzen.

Modultitel	Tools for Working	Ways of Working	Working in a Media World
Kopfveranstaltung	Projektmanagement	Intercultural Skills/ Communication	Medienrecht
Wahlveranstaltungen	Projektmanagement Vertiefung	Kommunikation	Ethik und Verantwortung
	Kreativität	Führung & Teamarbeit	Datenschutz und Datensicherheit: Kundendatenverarbeitung im Unternehmen
	Selbstmanagement	Moderation	Datenschutz und Datensicherheit: Datenschutz und Internet
Kolloquium	Kolloquium Tools for Working	Kolloquium Ways of Working	Kolloquium Working in a Media World

Kernelement der Module ist ein alle Veranstaltungen umfassendes *E-Portfolio*, das zur studienbegleitenden Reflexion des Lernprozesses dient und dessen Bearbeitung wesentlicher Teil der Lern- und Prüfungsanforderung ist. Im semesterabschließenden Kolloquium wird das gesamte Semester auf der Grundlage des Portfolios reflektiert und die weitere Kompetenzentwicklung geplant. Ziel des Einsatzes von E-Portfolio und Kolloquium sind im Detail:
- die Förderung einer bewussteren Gestaltung des Studiums,
- die gezielte Steuerung des Kompetenzerwerbs durch die Studierenden,
- die Steigerung der *Reflexionsfähigkeit* sowie
- der Erwerb wichtiger *Medienproduktionskompetenz*.

Im Wintersemester 2017/18 wurde das Konzept umfassend evaluiert (N = 226, Rücklaufquote = 90,4%; Schütz-Pitan et al. 2019). Die Ergebnisse weisen darauf hin, dass das Ziel der Steigerung der Reflexionsfähigkeit erreicht wird.

Portfolio und Kolloquium sind durch klare Arbeitsaufträge strukturiert. In den beiden Lehrveranstaltungen jedes Moduls erhalten die Studierenden Reflexionsaufgaben, die sie parallel zur Veranstaltung im E-Portfolio bearbeiten (Buhl/Seidl/Zeiner 2019). Am Ende des Semesters stellen alle Studierende in einer Kleingruppe (drei Studierende plus ein/e Lehrende/r) ihre Semesterreflexion vor (= Kolloquium). Im Kolloquiumsgespräch nimmt die Lehrperson eine coachende Haltung ein und gibt den Studierenden konstruktives Feedback zu folgenden Aspekten:
1. der von ihm/ihr berichteten *Kompetenzentwicklung*,
2. den von ihm/ihr geplanten weiteren Schritten im Lernprozess,
3. zur Qualität der präsentierten Reflexion.

Der Aspekt 1 soll primär die *Selbstwirksamkeit* der Studierenden fördern. Bei Aspekt 2 werden den Studierenden unter Umständen praktische Hinweise zur Gestaltung des weiteren Lernprozesses mit auf den Weg gegeben. Aspekt 3 soll die Studierenden unterstützen, die Tiefe der Reflexion bei der Arbeit mit dem E-Portfolio kontinuierlich zu steigern (insgesamt arbeiten die Studierenden mindestens drei Semester mit dem Instrument). Die technische Umsetzung des E-Portfolios wird in Form von individuellen Wordpress-Seiten realisiert.

Eine Bewertung und Rückmeldung zur Reflexion und den Arbeitsergebnissen der Studierenden erfolgt ausschließlich unter formativen Aspekten. Auf eine summative Bewertung wird bewusst verzichtet. Für das Erhalten des Leistungsnachweises ist alleinige Voraussetzung, dass die Reflexion in hinreichendem Maße ausgearbeitet wurde (Schaper/Hilkenmeier 2013). Daneben muss sowohl in der Pflicht- wie auch in der Wahlveranstaltung des Moduls eine komplexe Lernaufgabe erfolgreich absolviert werden, die in realitätsnahe Handlungszusammenhänge eingebettet ist. Auch hierzu erhalten die Studierenden eine formative Rückmeldung. Das Modul ist (unbenotet) bestanden, wenn alle drei Prüfungsteile (Pflicht-, Wahlveranstaltung, Portfolio/Kolloquium) in hinreichendem Maße ausgearbeitet wurden.

Die Erfahrungen zeigen, dass der Verzicht auf summatives Prüfen in den Modulen eine lernförderliche Fehlerkultur begünstigt und die Motivation, sich auf neue und unsichere Handlungsweisen einzulassen, erhöht. So weisen etwa auch Wildt und Wildt darauf hin, dass eine

> durchgehende Orientierung an (End-)Noten das Lernen im Sinne eines selbstkontrollierten Lernens und die intrinsische Motivation zur Bearbeitung des Gegenstandes eher beschädigt als fördert (Wild/Wild 2011, 30).

Zudem kann der/die Lehrende in einem unbenoteten Setting weitaus authentischer die Rolle eines Lernbegleiters beziehungsweise einer Lernbegleiterin einnehmen, da hier für alle Beteiligten größere Rollenklarheit herrscht. Eine qualitative Befragung der involvierten Lehrenden legt nahe, dass die spezifische Lehr- und Prüfungsform der Schlüsselkompetenz-Module – in Form von E-Portfolio und Kolloquium – eine andere Qualität des Austauschs zwischen Lehrenden und Studierenden ermöglicht und die Reflexion der Lehrenden über die eigene Rolle und das Lehrhandeln anregt (Buhl/Seidl/Zeiner 2019). Es ist zu erwarten, dass sich dieser Reflexionsprozess auch positiv auf das Lehrhandeln in anderen Veranstaltungen auswirkt.

Projektphase

In den Semestern 6 und 7 wurden bei allen Bachelorstudiengängen der Fakultät *Information und Kommunikation* die traditionelle Form des Studiums durch eine projektbasierte Studienform ersetzt, die starke Anleihen am Konzept des *Problembasierten Lernens* aufweist. Anstelle von inputorientierten Veranstaltungen mit stark repetitiven Prüfungselementen sollen die Studierenden auf ihre, im Lauf des Studiums erworbenen Kompetenzen aufbauen und an der Lösung konkreter Problemstellungen die fachlichen und überfachlichen Kompetenzen erweitern. Während traditionelle Projektveranstaltungen stark fachspezifisch geprägt sind, werden die Studierenden im neuen Studienkonzept der Fakultät auch mit interdisziplinären und transdisziplinären Projekt-Problemstellungen konfrontiert, das heißt mit Problemstellungen, die unterschiedliche fachliche Perspektiven zur Lösung benötigen. Im Rahmen eines transdisziplinären Projekts behandeln die Studierenden konkrete Fragestellungen aus der Praxis in einem Team, in dem neben den Lehrenden und den Studierenden auch Vertreterinnen und Vertreter der Unternehmenspraxis integriert sind. Diese Projektform ist inspiriert von der aktuellen Wissenschaftsströmung der „transformativen Wissenschaft" und ihres wesentlichen Instruments, dem Reallabor (Verband für nachhaltige Wissenschaft 2013). Die an einem *transdisziplinären Projekt* beteiligten Studierenden agieren damit als Wissenschaftsteams, die sich auf die spezifischen, im Verlauf eines Projekts wandelbaren Bedürfnisse des oder der Projektpartnerinnen und Projektpartner sowie der von den Transformationen betroffenen Personen einstellen müssen. Zur Bearbeitung beziehungsweise zur Lösung der Projektaufgabe müssen sie damit nicht nur über jeweils eigene Fachkompetenz verfügen, sie müssen die unterschiedlichen Fachkompetenzen auch zielführend integrieren können sowie den gesamten Lösungsprozess moderieren und begleiten.

Der Projektbereich umfasst 35 ECTS, die von den Studierenden durch eine beliebige Kombination von Projekten aus drei unterschiedlichen Projektkategorien erbracht werden können (siehe Tabelle 4). Einzige Randbedingung für die Wahl von Projekten ist, dass die Studierenden im Laufe ihres Studiums mindestens ein inter- oder transdisziplinäres Projekt erfolgreich absolviert haben müssen.

Tab. 4: Ausprägungsformen von Projektveranstaltungen.

Projektkategorie	Dauer	SWS / ECTS	Lehrende	Fachliche Ausrichtung
Fachspezifische Projekte	1 Sem.	5 ECTS / 3 SWS	in der Regel ein/e Lehrende/r	Fachbezogen (Management, IT, Medienproduktion, Medien und Kultur)
Interdisziplinäre Projekte	1 Sem.	10 ECTS / 5 SWS	mindestenz zwei Lehrende aus unterschiedlichen Fachdisziplinen und/oder Studiengängen	Interdisziplinär (beliebige Kombination der o. ä. Fachrichtungen)
Transdisziplinäre Projekte	2 Sem.	20 ECTS / 10 SWS	mindestens zwei Lehrende aus unterschiedlichen Fachdisziplinen und/oder Studiengängen sowie mindestens ein Praxispartner	Transdisziplinär; Reallabor (komplexe reale Problemstellung; Kombination unterschiedlicher Fachrichtungen)

Da der Projektbereich erst mit Beginn des Sommersemester 2019 gestartet ist, können noch keine verlässlichen Aussagen zum Erfolg gemacht oder fundierte Evaluationsergebnisse präsentiert werden. Eine erste Auswertung der studentischen Lehrevaluation zeigt jedoch ein hohes Maß an Zufriedenheit der Studierenden in Hinblick auf die Quantität sowie im Hinblick auf die Qualität der angebotenen Projekte. Die Studierenden betonen dabei immer wieder, den hohen Kompetenzgewinn oder den Mehrwert durch die ausgeprägte Interdisziplinarität der Veranstaltungsform Projekte.

Fazit

Mit der Vorbereitung durch die Schlüsselkompetenzmodule, dem Aufbau der Grundlagen für kreatives und wissenschaftlich fundiertes Problemlösen sowie der Entwicklung des disziplinären fachlichen Wissens werden die Voraussetzungen geschaffen, dass sich Studierende im Rahmen der interdisziplinären und transdisziplinären Projekte im sechsten und siebten Semester Herausforderungen aus Wirtschaft und Gesellschaft stellen können. So wird eine Verbindung von *Third Mission* der Hochschulen und der *transformativen Wissenschaft* hergestellt. Die ersten Projekte zu Fragen wie Wege menschengerechter Digitalisierung, Konzeption von Arbeits- und Lernräumen an Hochschulen, digitalisierte Bildung und Ausbildung oder nutzbringender Einsatz und Konzeption immersiver Technologien wie Virtual Reality und Augmented Reality, zeigen ein positives Echo bei Studierenden und Lehrenden. In den nächsten Semestern gilt es die wirtschaftlichen und gesellschaftlichen Wirkungen genauer zu evaluieren und das transformative Problemlösungspotenzial im Austausch von Hochschule und Gesellschaft weiter zu stärken.

Die erfolgreiche (Weiter-)Entwicklung von Curricula in einer sich schnell verändernden Welt hängt von mehreren Faktoren ab:

- Die Curricula müssen inhaltlich und didaktisch an aktuelle Erkenntnisse über Entwicklungen in Wirtschaft und Gesellschaft sowie der *Lehr-Lernforschung* anschlussfähig sein.
- Sie müssen im Hinblick auf Studien- und Prüfungsordnungen rechtssicher – jedoch mit wenig administrativem Aufwand – iterativ weiterentwickelbar sein.
- Die Lehrenden müssen bereit sein, sich auf Veränderungen einzulassen, neuen Herangehensweisen auszuprobieren und sich in neue Inhalte einzuarbeiten.

Mit dem neuen Studienmodell hat sich die Fakultät *Informationen und Kommunikation* der Hochschule der Medien Stuttgart auf den Weg gemacht, Lehre an die Anforderungen der Zukunft anzupassen. Neben den positiven Rückmeldungen aus *Scholarship of Teaching and Learning-Projekten*, Studierendenevaluationen und Industriebeiräten lässt sich eine weitere erfreuliche Wirkung beobachten: Die Lehrenden der Fakultät nehmen Lehrentwicklung immer mehr als Gemeinschaftsaufgabe wahr, diskutieren über Lehre und beteiligen sich an Experimenten. Diese Veränderung auf kultureller Ebene lässt hoffen, dass der eingeschlagene Weg – im Sinne einer kontinuierlichen iterativen Weiterentwicklung – auch in Zukunft erfolgreich weitergegangen werden kann.

Literatur

Arbeitsgruppe Curriculum 4.0 (2018): *Curriculumentwicklung und Kompetenzen für das digitale Zeitalter. Thesen und Empfehlungen der AG Curriculum 4.0 des Hochschulforum Digitalisierung.* Arbeitspapier Nr. 39. Berlin: Hochschulforum Digitalisierung. DOI: 10.5281/zenodo.2602541.

Buhl V.; Seidl, T.; Zeiner, K. (2019): Einfluss eines ePortfolio-Einsatzes in der Lehre auf Selbstverständnis und Perspektiven der Lehrenden. *Die Hochschullehre* 5, 249–264.

Hochschulrahmengesetz (HRG). http://www.landesrecht-bw.de/jportal/?quelle=jlink&docid=BJNR001850976&psml=bsbawueprod.psml&max=true.

Mildenberger, U.; Vonhof, C. (2020): Neues Studienmodell und organisatorische Herausforderungen. Wege zu einer transformativen Fakultät. In: R. Stang; A. Becker (Hrsg.): Zukunft Lennwelt Hochschule. Perspektiven und Optionen für eine Neuausrichtung. Berlin; Boston: De Gruyter Saur, 26–34.

Schaper, N.; Hilkenmeier, F. (2013): Umsetzungshilfen für kompetenzorientiertes Prüfen. https://www.hrk-nexus.de/fileadmin/redaktion/hrk-nexus/07-Downloads/07-03-Material/zusatzgutachten.pdf.

Schütz-Pitan, J.; Seidl, T.; Hense, J. (2019): Wirksamkeit eines flächendeckenden ePortfolio-Einsatzes in der Hochschullehre. Einflussfaktoren auf den Kompetenzerwerb. *Die Hochschullehre* 5, 769–796.

Seidl, T.; Vonhof, C. (2017): Agile Prinzipien. Was kann die Studiengangsentwicklung davon lernen? *Synergie. Fachmagazin zur Digitalisierung in der Lehre* 3, 22–25.

Van den Berk, I.; Petersen, K.; Schultes K.; Stolz, K. (Hrsg.) (2016): *Studierfähigkeit. Theoretische Erkenntnisse, empirische Befunde und praktische Perspektiven.* Hamburg: Universität Hamburg., https://www.universitaetskolleg.uni-hamburg.de/publikationen/uk-schriften-015.pdf.

Verband für nachhaltige Wissenschaft (2013): *Was ist eine „transformative Wissenschaft"?* http://nachhaltigewissenschaft.de/2013/04/08/transformative-wissenschaft-15731128/.

Wildt J.; Wildt, B (2011): Lernprozessorientiertes Prüfen im „Constructive Alignment". In: B. Berendt; H.-P. Voss; J. Wildt (Hrsg.): *Neues Handbuch Hochschullehre. Teil H: Prüfungen und Leistungskontrollen. Weiterentwicklung des Prüfungssystems in der Konsequenz des Bologna-Prozesses.* Berlin: DUZ, 1–46.

Marcus Lamprecht
Lehre und Lernen mitbestimmen
Perspektiven für Studierende

Einleitung

Wie wollen Studierende eigentlich lernen und an der Lehre mitwirken? Die Antwort auf diese Frage ist so leicht, wie sie schwierig ist. Es gibt sie – neben einigen verallgemeinerbaren Leitsätzen – vornehmlich in Frageform. Das heißt konkret, dass Studierende gefragt werden sollen – und wollen –, welche Wünsche und Erwartungen sie an ihr Fach, die Lehre und die Lehrveranstaltungen haben. Dieser Ansatz versteckt sich auch in der Formulierung „an der Lehre mitwirken" in der Eingangsfrage. Denn während es ganz offensichtlich ist, dass Studierende auch Lernende sind, also „lernen", verhält es sich mit der Lehre komplizierter. Denn was ist es genau, was Studierende mit Lehre zu tun haben? In *Tutorien*, *Lerngruppen* oder anderen offenen *Lehr-Lernformaten* trifft sicherlich auch „lehren" zu, doch in einem alltäglicheren Verständnis wird von Lehrenden gelehrt und von Lernenden gelernt.

Dass Lehrende durch und im Rahmen ihrer Lehre auch etwas lernen, wird dabei in der Regel eher als Mitnahmeeffekt wahrgenommen. Doch auch wenn diese Effekte internalisiert und planvoll Bestandteil von Lehrkonzepten würden, so wären immer noch Mitbestimmung der Inhalte und Lehrformate sowie der Grad der Selbstbestimmtheit der Studierenden in der Lehre zu verhandeln. Studierende müssen in der Lehre die zentrale Rolle einnehmen und nicht bloße Rezipientinnen und Rezipienten sein. Vorgefertigte Stundenpläne, starre Studienverlaufspläne, Auswendiglernklausuren, die starke Normierung der sogenannten Regelstudienzeit als restriktives Instrument anstelle eines Anspruchs innerhalb dieses Zeitraums ein Studium abschließen zu können – die Aufzählung der Symptome ist nur exemplarisch –, formen allerdings die Konsumhaltung im Studium und lassen Studierende vergessen oder gar nicht erst den Anspruch entwickeln, in der Lehre mitzubestimmen oder gar selbstbestimmt zu studieren, geschweige denn eine Vorstellung davon zu entwickeln, was das denn sein könne.

Studierende im Mittelpunkt

„Lehre: Students first" (Universität Duisburg-Essen 2013) heißt es auch in der Imagebroschüre meiner eigenen Universität. Dass ich nach meinem Bachelorstudium auch im Master dort studiere, spricht wenigstens nicht gegen meine Universität. Grundsätzlich haben der Stellenwert der Lehre und die Würdigung von Studierenden als wichtige Akteurinnen und Akteure an einer Hochschule gemein, dass sie vorrangig einen deklaratorischen Wert haben. Denn Studierende stehen natürlich überall im Mittelpunkt und gute Lehre wird an allen Hochschulen gewollt. Der Aufgabe diese hehren Erklärungen zu mehr als nur Worten zu machen, haben sich wenige verschrieben, auch wenn die Auseinandersetzung mit der Lehre durch den *Qualitätspakt Lehre* an Bedeutung gewonnen hat (Wiarda 2018).

Doch bis die Hochschulen der Zukunft zu Lernwelten werden können, ist noch ein langer Weg zu beschreiten. Damit dieser Weg überhaupt eingeschlagen werden kann, müssen beide deklaratorischen Werte, die Wertschätzung der Lehre und die Beteiligung der Studierenden eingefordert, gefördert und ausgebaut werden. An der Hochschule der Gegenwart existieren im schlimmsten Fall Lehrräumlichkeiten, im besten Fall auch Lernorte, keinesfalls jedoch hätte die Bezeichnung Lernwelt an irgendeiner der Hochschulen in Deutschland eine Berechtigung, ohne damit vielerorts stattfindender Lehre, guten Praxen der partizipativen Lehrgestaltung, offenen Lernräumen und motivierten Hochschulangehörigen ihre Existenz in Abrede zu stellen.

Dass Lehre „ausschließlich als Beiwerk gesehen" (Hesse et al. 2019) wird, hat natürlich strukturelle Gründe und liegt vornehmlich nicht in der Verantwortung der Hochschulen, schon gar nicht in jener der Lehrenden. Die dramatische Unterfinanzierung von Bildung (Lamprecht/Schön 2019), die nach wie vor unzureichende Offenheit und Durchlässigkeit des Bildungssystems sowie der Umstand, dass die Einheit von Forschung und Lehre nie über den Charakter einer Floskel hinausgekommen ist, tragen unter anderem dazu bei, dass Hochschulen noch keine Lernwelten sind, sondern *auch* Lehre machen. Glücklicherweise sind strukturelle Gründe nicht gleichbedeutend mit unveränderlichen Gründen und so sind mit dem dauerhaften Einstieg des Bundes in die Grundfinanzierung der Hochschulen mit der Fortschreibung der Wissenschaftspakte (Wiarda 2019), dem Einsatz der „Frist ist Frust"-Kampagne (Keller 2019) für entfristete Beschäftigungsverhältnisse und der Verhandlung von Lehrverfassungen an vielen Hochschulen (Wissenschaftsrat 2017) auch positive Tendenzen zu verzeichnen, wenngleich diese natürlich nicht das Wissenschaftsuniversum aus den Angeln heben.

Demokratisch partizipative Entwicklung von Lehre

Die bestehenden Verhältnisse hindern überdies Hochschulen natürlich auch nicht daran, selbst daran zu arbeiten, eine Lernwelt zu werden. Voraussetzung dafür ist, wie schon bei der Lehre, dass eine Hochschule nicht auf Geheiß ihrer Leitung *Lehrleitlinien* erlässt, sondern dass auch das jeweilige Verständnis davon, welche Vorstellungen von Lehre und Lernen verfolgt werden, demokratisch und partizipativ entwickelt wird. Dazu bedarf es nicht notwendigerweise eines *Lehrstrategieprozesses* oder Tagen der Lehre, obwohl beides sicherlich nicht schadet. Der Vielfalt möglicher Herangehensweisen sind allerdings genauso wenig Grenzen gesetzt, wie die Ergebnisse solcher Überlegungen im Vorhinein feststehen. Damit ist nur vorgegeben, dass es um gute Lehre gehen soll, was auch immer das sein mag, denn

> [d]afür gibt es leider keine Checkliste mit Kriterien. Ganz grundlegend bedeutet gute Lehre, dass Studierenden ermöglicht wird, ihren eigenen Bedürfnissen und Interessen entsprechend zu Lernen (Lamprecht/Schön 2019).

Das Ausmaß von Bedürfnisorientierung und Ausrichtung am Interesse stellen natürlich stets nur Kontinua des Möglichen in Relation zum Ideal dar. Dennoch ist die Berücksichtigung dieser Faktoren auf dem Pfad zu einem selbstbestimmten Studium nicht nur blumige Prosa, sondern kann auch in die Praxis von *Hochschulgremien* und *Lehre* Einzug halten. Dabei darf allerdings nicht in Vergessenheit geraten, dass die Hemmnisse und Hürden, die beim Hochschulzugang existieren, sich in den wahrgenommenen Beteiligungsmöglichkeiten, insbesondere in demokratischen Gremien noch potenzieren. Internationale Studierende, Studierende mit Behinderung, Studierende, die Familienaufgaben wahrnehmen und weitere marginalisierte Gruppen von Studierenden partizipieren in einem geringeren Maße an der studentischen Selbstverwaltung. Wiederum existieren dafür strukturelle Gründe. Während ohnehin schon mehr als zwei Drittel aller Studierenden neben dem Studium arbeiten müssen (Middendorff et al. 2016, 60), kommen beispielsweise für pflegende Studierende noch weitere Aufgaben hinzu, die nicht nur Beteiligungen, sondern auch das Studium an sich erschweren. Um dennoch so offen wie möglich zu sein und allen Studierenden eine inklusive Partizipation wenigstens zu ermöglichen, bedarf es Entgegenkommen und Flexibilität, sowohl in der Lehre als auch in Beteiligungsformaten.

Hochschulen als offene Lernwelten

Die Offenheit der Hochschulen als Bildungsorte, als Stätten des Austausches oder gar als Lernwelt ist Bedingung für ihre künftige Entwicklung. Denn während Hochschulen formell Einrichtungen der Länder sind und sich in einer bestimmten Stadt (teilweise auch in mehreren) befinden, so dürfen sie ihrem Wesen nach nicht territorial umsteckt sein, sondern müssen frei von Grenzen sein, um Lernwelt werden zu können. Dieses offene Wesen hat viele Dimensionen. Zum einen darf sich hochschulischer Erkenntnisgewinn nicht nur an Hochschulangehörige richten, sondern ist stets öffentlich und der Öffentlichkeit zugänglich zu machen. Zum anderen bietet die digitale Bereitstellung von Daten, Publikationen und Veranstaltungen eine Möglichkeit, offenen Zugang zu Bildung gerechter werden zu lassen als bisher.

Das Verständnis von Bildung als offener Bildung stellt eine Prädisposition guter Lehre dar: Lehren und Lernen muss im Austausch mit und als Teil der Gesellschaft stattfinden. Damit darf natürlich keine Externalisierung der Entscheidung darüber einhergehen, was an Hochschulen in Lehre und Forschung stattfinden soll. Ein Facebook-Institut oder ein Aldi-Lehrstuhl wären demnach nicht zulässig. Bildung muss an sich einen eigenen Wert haben, allen zugänglich sein, intrinsisch motiviert und neugiergeleitet sein.

Was bedeutet also gesellschaftlich verantwortlich Agieren und Lehre und Lernen im Kontext dessen zu verstehen, ohne Entscheidungen an Dritte auszulagern? Es bedeutet, dass Hochschulen gesellschaftliche Entwicklungen wahrnehmen, in der Lehre, in Forschungsgruppen und in demokratischen Gremien diskutieren und sich schließlich den wahrgenommenen Herausforderungen widmen. Ein Paradebeispiel dafür ist das Konzept *Bildung für nachhaltige Entwicklung*, das gleichsam auch den Klimawandel als drängende gesellschaftliche Herausforderung erkennt und adressiert. Damit verbunden ist eine Neuausrichtung des Bildungssystems entlang der damit verbundenen Fragen (Quennet-Thielen 2017). Die Rolle der Wissenschaft ist dabei nicht zu verkennen: Sie muss diese Herausforderungen reflektieren, kontextualisieren und Informationen bereitstellen, die dazu beitragen, dass ein gesellschaftliches Phänomen keinem Selbstzweck dient. Hierfür steht die *Digitalisierung* exemplarisch. Aus der Möglichkeit zur Digitalisierung ist diskursiv für viele ein Sachzwang zu digitalisieren geworden. Statt „Digital first, Bedenken second" (FDP-Bundestagswahlplakat 2017) müssen Bildung, Digitalisierung und ihre jeweilige Reflexion sowie die Reflexion ihres Zusammenspiels gleichzeitig erfolgen. Genau das haben sich Studierende in der AG *#DigitalChangemaker* zur Aufgabe gemacht.

Antworten auf aktuelle (gesellschaftliche) Fragestellungen zu finden, wird jedoch gemeinhin in der Forschung verortet. Idealtypisch befindet sich Lehre aber natürlich in einer Einheit mit Forschung, findet als *forschendes Lehren* statt und ermöglicht Studierenden *forschendes Lernen*. Dieser Idealtypus muss allerdings von der Ausnahme zur Norm werden, damit die Verhandlung gesellschaftlicher Fragen, forschendes Lehren und die Auseinandersetzung mit guter Lehre nicht mehr vorrangig der Motivation und dem Engagement Einzelner entspringen.

Sich Aufgaben gemeinsam statt allein zu widmen, bringt ohnehin viele Vorteile mit sich. Dies gilt nicht nur für die eigene Forschung, die Lehrende mit ihren Studierenden diskutieren, sondern auch für die Lehre an sich. Auch dort finden bereits vielfältige Zusammenarbeiten statt. Von der unsichtbaren Arbeit nichtwissenschaftlicher und wissenschaftlicher Mitarbeitenden im Hintergrund einer großen Vorlesung bis hin zu fächerübergreifenden Lehrkooperationen – und doch liegen in einer Verstetigung und Konzeptualisierung, beispielsweise durch *Teamteaching*, das im schulischen Kontext deutlich etablierter als im hochschulischen Rahmen ist, bisher kaum wahrgenommene Potenziale zur Weiterentwicklung von Lehre.

Gute Lehre gestalten

Die schmerzlich vermisste Checkliste für gute Lehre ist immer noch nicht aufgetaucht, obwohl es neben der dystopischen Betrachtung der institutionellen Rahmenbedingungen viele Good Practice-Beispiele gibt. Diese ermutigen auch dazu, einige Aspekte guter Lehre zu identifizieren, ohne diese zu gewichten oder andere mögliche Wege zu guter Lehre zu schmälern.

Dass Studieren aktuell vorrangig auf einen Abschluss ausgerichtet ist und unter entsprechend restriktiven Prämissen von Fehlversuchsbegrenzungen, Klausurrelevanz und Regelstudienzeit stattfindet, steht guter Lehre im Weg. Es ist eine notwendige Bedingung guter Lehre, dass diese *frei von Druck* ist. So individuell das Ausmaß von erlebtem Druck auch ist, so sehr liegen einerseits oft gesellschaftliche Ursachen zu Grunde und so sehr ist andererseits unabhängig von den Ursachen des Drucks die Möglichkeit gegeben, durch Lehre und die Art und Weise wie Hochschulen sich verstehen, den Druck zu reduzieren. Es ist an der Hochschullehre, hier punktuell Ausflucht zu bieten und aufzuzeigen, dass es auch anders sein könnte, dass Hochschule auch der Ort selbstbestimmter Bildung sein kann und darf – dass es sich lohnt dafür zu streiten.

Streit kann auch entstehen, wenn viele beteiligt werden. Dieser Streit kann allerdings auch konstruktive und produktive Wirkung entfalten. Echte *Partizipation* muss inhaltlich, methodisch und strukturell erfolgen. Sie muss auch demokratisch und transparent erfolgen. Die Meinung einer studentischen Hilfskraft mag im Einzelfall wertvoll sein, sie ersetzt jedoch keinesfalls das Einbeziehen von studentischen Gremienmitgliedern und den Studierenden in einem Kurs.

Partizipationsmöglichkeiten sollten stets reflektiert werden. Überdies bedarf die Auseinandersetzung mit (guter) Lehre grundsätzlich *Reflexion*. Sich selbst und die eigene Rolle in der Wissenschaft, Inhalte, Anwendungen und Methoden gilt es zu reflektieren. Das eigene Bildungsverständnis, welches ebenfalls Gegenstand von Reflexion sein darf, bietet dazu eine sinnvolle Referenzgröße.

All dies hilft jedoch nicht, wenn Hochschulen nicht *offen* sind. Hochschulen müssen offen sein, wenn sie Lernwelten werden wollen.

Literatur

Hesse, R.; Kunze, K.; Lamprecht, M.; Schön, I. (2019): Leuchttürme und Schlusslichter. *Cicero.* https://www.cicero.de/kultur/exzellenzuniversitaeten-cluster-hochschule-bildung-universitaet.

Keller, A. (2019): *Frist ist Frust.* GEW. https://www.gew.de/schule/oekonomische-bildung/nachhaltigkeit/aktuelles/detailseite/neuigkeiten/frist-ist-frust/.

Lamprecht, M.; Schön, I. (2019): Kommt der Dünger der demokratischen Mitbestimmung aller dazu, dann kann an Hochschulen gute Lehre erblühen. *Frankfurter Rundschau.* https://www.fr.de/wissen/kommt-duenger-demokratischen-mitbestimmung-aller-dazu-dann-kann-hochschulen-gute-lehre-erbluehen-12175305.html.

Middendorff, E.; Apolinarski, B.; Becker, K.; Bornkessel, P.; Brandt, T.; Heißenberg, S.; Poskowsky, J. (2016): *Die wirtschaftliche und soziale Lage der Studierenden in Deutschland 2016. 21. Sozialerhebung des Deutschen Studentenwerks durchgeführt vom Deutschen Zentrum für Hochschul- und Wissenschaftsforschung.* http://www.sozialerhebung.de/archiv/soz_21_haupt.

Quennet-Thielen, C. (2017): *Vorwort zum Nationalen Aktionsplan Bildung für Nachhaltige Entwicklung.* https://www.bne-portal.de/de/nationaler-aktionsplan.

Universität Duisburg-Essen (2013): *Offen im Denken.* https://www.uni-due.de/imperia/md/content/dokumente/image_broschuere.pdf.

Wiarda, J.-M. (2018): *Verantwortung übernehmen.* https://www.jmwiarda.de/2018/11/21/verantwortung-%C3%BCbernehmen/.

Wiarda, J.-M. (2019): *Planungssicherheit bis 2030.* https://www.jmwiarda.de/2019/05/03/planungssicherheit-bis-2030/.

Wissenschaftsrat (2017): *Strategien für die Hochschullehre.* Positionspapier. https://www.wissenschaftsrat.de/download/archiv/6190-17.pdf.

Teil III: **Digitale Strukturen**

Florian Rampelt und Barbara Wagner
Digitalisierung in Studium und Lehre als strategische Chance für Hochschulen

Strategie-, Struktur- und Kulturentwicklung gestalten

Digitalisierung in Studium und Lehre als Chance ergreifen

Die *Digitalisierung* ist in unserer Gesellschaft, Arbeitswelt und auch an den Hochschulen längst angekommen. Nicht zuletzt Hochschulleitungen erkennen zunehmend ihre Bedeutung für die Hochschulentwicklung und auch die Kultusministerkonferenz (KMK) hat kürzlich deutlich gemacht, dass „die Digitalisierung von Studium und Lehre [...] Gegenstand der strategischen Hochschulentwicklung" (KMK 2019) ist. Die Hochschule als Lernwelt verändert sich grundlegend und die *digitale Transformation* der Hochschulbildung spielt dabei eine zentrale Rolle.

Übergreifend kann die Digitalisierung in Studium und Lehre als ein transformativer Prozess verstanden werden, der alle Aktivitäten der Hochschulen wesentlich beeinflusst. Die digitale Transformation durchdringt alle Strukturen, Orte, Formate und Ziele von Lehre, Lernen, Forschen und Arbeiten in der Hochschulbildung (Kerres 2016). Dieser Veränderungsprozess umfasst die Entwicklung neuer Infrastrukturen und die zunehmende Nutzung digitaler Medien und Technologien, aber auch die Notwendigkeit für Studierende und Mitarbeitende, neue Kompetenzen für ihre derzeitigen und zukünftigen Arbeitsplätze sowie eine gesellschaftliche Teilhabe zu entwickeln.

Dieser Beitrag baut auf der Erfahrung der Arbeit des Hochschulforums Digitalisierung (HFD) auf, das seit 2014 Hochschulen, Hochschulmitarbeitende, Lehrende und Lernende und weitere Akteurinnen und Akteure bei der produktiven Auseinandersetzung mit der Digitalisierung in Studium und Lehre begleitet[1]

---

[1] Das Hochschulforum Digitalisierung (HFD) orchestriert den Diskurs zur Hochschulbildung im digitalen Zeitalter. Als zentraler Impulsgeber informiert, berät und vernetzt es Akteurinnen und Akteure aus Hochschulen, Politik, Wirtschaft und Gesellschaft. Das HFD wurde 2014 gegründet. Es ist eine gemeinsame Initiative des Stifterverbandes für die Deutsche Wissenschaft mit dem CHE Centrum für Hochschulentwicklung und der Hochschulrektorenkonferenz (HRK). Gefördert wird es vom Bundesministerium für Bildung und Forschung (BMBF). Weitere Informationen unter https://hochschulforumdigitalisierung.de/de/wir/das-hochschulforum.

∂ Open Access. © 2020 Florian Rampelt und Barbara Wagner, published by De Gruyter. This work is licensed under the Creative Commons Attribution-NonCommercial-NoDeratives 4.0 License.
https://doi.org/10.1515/9783110653663-011

und zu unterschiedlichen Schwerpunktthemen über 50 Arbeits- und Diskussionspapiere veröffentlicht hat.[2] Zum Abschluss seiner ersten Förderphase stellte das HFD bereits im Jahr 2016 fest, dass die „Chancen der Digitalisierung in Strategie- und Profilbildungsprozesse von Hochschulen einfließen" (HFD 2016). Diese Fokussierung auf Chancen der Auseinandersetzung mit der Digitalisierung in Studium und Lehre soll auch diesen Beitrag im Sinne einer kritisch-reflektierten, aber lösungs- und zielorientierten Auseinandersetzung prägen.

Den Rahmen sollen vier übergreifende Thesen bilden:

1. *Digitalisierung als strategische Aufgabe an Hochschulen erfordert mehr Mut sowie die Bereitschaft zum Lernen voneinander und Arbeiten miteinander.*

Die Hochschule der Zukunft wird eine durch Vielfalt geprägte Hochschule sein, in Bezug auf Lernende, in Bezug auf Lernwelten und ganz besonders auch in Bezug auf *Lernwege*. Dies erfordert deutlich mutigere *Hochschulstrategien* und eine Öffnung bestehender Strukturen, die sich in einem gezielten Kollaborationsansatz ausdrückt. Fächer-, institutionen- und länderübergreifende Zusammenarbeit sowie die Bereitschaft zum Lernen voneinander werden zukünftig noch viel stärker als bisher eine Voraussetzung für Innovation und erfolgreiches Handeln sein.

2. *Hochschulentwicklung muss Studierende stärker als Mitgestaltende in den Fokus rücken.*

Lernende werden in den aktuellen Diskursen und Entscheidungen zur Digitalisierung zu wenig mit eingebunden. Für innovative Ideen und neue Perspektiven gibt es oft weder die Offenheit der Strukturen und Prozesse, noch eine grundlegende Bereitschaft, von den letztendlichen Nutzerinnen und Nutzern her zu denken und zu handeln. Die produktive Einbindung studentischer Perspektiven in die Hochschulentwicklung muss noch stärker fokussiert werden, Studierende müssen als Mitgestaltende von Anfang an mitgenommen werden. Die Initiative *#DigitalChangemaker*[3], aber auch die Studierendenorientierung im Rahmen des Projektes *Lernwelt Hochschule* (Becker/Stang 2020) haben hier starke Referenzen geschaffen.

3. *Innovative Lehre muss sich an konkreten Bedarfen orientieren, egal ob digital oder analog.*

Die klassische Lehre hat sich seit Jahrhunderten nicht signifikant verändert. Die digitale Transformation ist daher ein notwendiger Anlass, um den *Shift from Teaching to Learning* in der Praxis umzusetzen. Sie bedeutet aber

---

2 Alle Publikationen sind unter offener Lizenz hier abzurufen: https://hochschulforumdigitalisierung.de/publikationen.
3 Weitere Informationen unter https://hochschulforumdigitalisierung.de/de/themen/digitale-changemaker-studentische-zukunfts-ag-zu-hochschulbildung-im-digitalen-zeitalter.

keineswegs einen Ersatz des produktiven Miteinanders in Präsenz, sondern eine sinnvolle Ergänzung, dort wo es passt und auf konkrete Bedarfe trifft. Der Einsatz digitaler Technologien kann helfen, den *Studienverlauf* zu flexibilisieren und stärker auf individuelle Bedürfnisse der Lernenden zuzuschneiden. Er sollte aber immer der Prämisse *Technology second* folgen. Innovative Didaktik ermöglicht innovative Lernräume im Analogen wie im Digitalen.

4. *Die digitale Transformation erfordert neue digitale und nicht-digitale Kompetenzen bei allen Beteiligten.*

Die Auseinandersetzung mit der Digitalisierung von Lebens- und Arbeitswelten ist nach wie vor durch große Unsicherheit geprägt. Hochschulen müssen es als ihre Aufgabe sehen, Strukturen und Angebote zu schaffen, die alle Beteiligten dazu befähigen, einen informierten und mündigen Umgang mit digitalen Technologien zu pflegen. Neue Tools können erst dann wirkungsvoll eingesetzt werden, wenn auch die hierfür notwendigen neuen Kompetenzen vermittelt wurden. Dies beinhaltet nicht nur neue digitale Schlüsselkompetenzen, sondern etwa auch Reflexions- und Adaptionsfähigkeiten.

Es ist, aufbauend auf den zuvor skizzierten Thesen und der einführenden Definition von „Digitalisierung in Studium und Lehre", in der Auseinandersetzung mit der zukunftsorientierten Gestaltung von Hochschulbildung wichtig, eine weitergehende begriffliche Einordnung vorzunehmen. Die „digitale Lehre" oder die „digitale Hochschulbildung" stellt eine im politischen Diskurs gegebenenfalls notwendige begriffliche Verkürzung beziehungsweise eine „Kurzformel für den zugrundeliegenden Transformationsprozess der Bildungsarbeit" (Kerres 2016) dar, die den konzeptionellen Grundlagen dieses Sammelbandes und auch des vorliegenden Beitrags nicht gerecht wird. Digitalisierung sollte als ein Bestandteil der Hochschulbildung gesehen werden, der diese aber nicht vollständig übernimmt, womit „das Digitale" „das Analoge" ersetzen würde. „Diese Dichotomie verkennt, dass das Digitale sich im Analogen verschränkt." (Kerres 2018)

Die Digitalisierung *in* der Lehre stellt daher eine notwendige Präzisierung dar, die deutlich klar macht, dass digitale Technologien und digitale Inhalte eine Rolle in der Lehre spielen, auch innovative Lehre, aber durch weitere Einflüsse geprägt ist und sein sollte. Gleichzeitig scheint es notwendig, ganz im Sinne von Lernwelten der Zukunft, die Lehre gerade im digitalen Zeitalter grundsätzlich nicht losgelöst von den rahmengebenden Studienbedingungen zu betrachten. Das für diesen Beitrag zugrundeliegende Konzept ist daher eine *Digitalisierung in Studium und Lehre*, die zukunftsfähige Hochschulbildung durch eine Anreicherung innovativer pädagogischer Konzepte und Lernräume mit digitalen Technologien ermöglicht. Dies beinhaltet auch eine Berücksichtigung digitaler Kompetenzen in Curricula der Zukunft neben ebenso notwendigen nicht-digitalen Kompetenzen.

Die Digitalisierung in Studium und Lehre erfordert zusammenfassend eine Auseinandersetzung mit dem gesamten *Student-Life-Cycle* von der Studienorientierung über studienbegleitende Lehr-Lernprozesse bis hin zur Zeugnisvergabe. Die Digitalisierung in Studium und Lehre ist der Anlass, um Möglichkeiten zu identifizieren und nutzbar zu machen, die digitale Technologien bieten, um das Lernen an und mit Hochschulen moderner und noch stärker an den Lernenden orientiert zu gestalten.

Digitalisierung als strategische Aufgabe gestalten

Strategien für die Digitalisierung in Studium und Lehre

Hochschulen sehen übergreifend nicht nur eine größere Notwendigkeit der strategischen Auseinandersetzung mit der digitalen Transformation, sondern formulieren auch eine klare strategische Relevanz der Digitalisierung für die Weiterentwicklung von Studium und Lehre (Gaebel/Zhang 2019; Gilch et al. 2019). Dies ist eingebettet in klare Entwicklungen auf Länder-, Bundes- und europäischer Ebene, die in den vergangenen Jahren zu einer strategischer Gestaltung der Digitalisierung im Hochschulbereich führten (Rampelt et al. 2019; European Commission/EACEA/Eurydice 2018). Politische Akteurinnen und Akteure setzen vermehrt Rahmenbedingungen und nehmen strategische Entwicklungsvereinbarungen vor, die der Digitalisierung eine starke Rolle in der Hochschulentwicklung einräumen. Hochschulen sind daher umso mehr gefordert, sich sowohl mit diesen externen als auch den internen Einflussfaktoren auseinanderzusetzen.

Bei einer Auseinandersetzung mit der Digitalisierung als strategische Aufgabe darf diese nicht zum Selbstzweck verkommen (Watolla 2019). Hochschulen müssen sich zunächst mit ihrem eigenen Profil, ihren übergreifenden Schwerpunktsetzungen und Zielen sowie ihren individuellen Stärken auseinandersetzen. Es gilt, neue Möglichkeiten des *digitalen Wandels* gezielt für die Erreichung dieser Zielsetzungen und der Weiterentwicklung der eigenen Stärken zu nutzen. Eine aktuelle Erhebung im Rahmen der Arbeit der Expertenkommission Forschung und Innovation (EFI)[4] deutet darauf hin, dass eine Mehrzahl der deutschen Hochschulen diesem Prinzip folgt:

> Zum Verhältnis von Digitalisierungs- und Hochschulstrategie ergeben die an den Hochschulen durchgeführten Interviews den Befund, dass die Digitalisierung und entsprechende Strategien vornehmlich als Mittel zur Erreichung hochschulstrategischer Ziele gesehen werden. Nur wenn die Digitalisierung nicht selbst im Vordergrund stehe, sondern diese als Mittel zur Erreichung hochschulstrategischer Ziele eingesetzt werde, sei diese nach übereinstimmender Auskunft der Hochschulen erfolgreich. (Gilch et al. 2019, 75)

Das *Hochschulforum Digitalisierung* hat mit der *Peer-to-Peer-Strategieberatung* ein wirkungsvolles Instrument geschaffen, um Hochschulen im Prozess einer solchen Auseinandersetzung mit der Digitalisierung in Studium und Lehre zu begleiten und eine zukunftsorientierte Reflektion der eigene Ziele und Handlungsmöglichkeiten zu ermöglichen.

Peer-to-Peer-Beratung: Akteure auf Augenhöhe begleiten

Das *Hochschulforum Digitalisierung* hat, gefördert durch das Bundesministerium für Bildung und Forschung (BMBF), die *Peer-to-Peer-Strategieberatung* entwickelt, um Hochschulen bei der Weiterentwicklung ihrer strategischen Ausrichtung zu unterstützen. Die Digitalisierung ist dabei der Anlass für eine Auseinandersetzung mit übergreifenden Fragestellungen der Transformation von Studium und Lehre. Zwischen 2017 und 2020 werden im Bundesprogramm jährlich jeweils sechs Hochschulen beraten (Röwert 2019).[5]

Als besonders passend hat sich hierfür der Peer-to-Peer-Ansatz erwiesen, der einen kollegialen Austausch auf Augenhöhe fördert. Das Angebot des HFD unterstützt Hochschulen und alle Statusgruppen dabei, den digitalen Wandel aktiv mitzugestalten und individuelle Schwerpunkte in der strategischen Auseinandersetzung mit der Digitalisierung in Studium und Lehre zu setzen. Akteurinnen und Akteure an Hochschulen werden durch das Programm dabei begleitet und dazu befähigt, Studium und Lehre strategisch weiterzuentwickeln, angepasst an die übergreifenden Chancen und Herausforderungen der Digitalisierung in Studium und Lehre.

Hochschulen, die an dem Beratungsangebot teilnehmen, sollten sich mit der Digitalisierung in Studium und Lehre als einer Querschnittsaufgabe ausein-

---

4 Weitere Informationen hier: https://www.bmbf.de/de/expertenkommission-forschung-und-innovation-efi-213.html.
5 Weitere Informationen unter https://hochschulforumdigitalisierung.de/de/strategien-für-hochschulbildung-im-digitalen-zeitalter.

andersetzen, die in einen Bezug zum jeweiligen Hochschulprofil gestellt wird. Sie müssen entsprechend konkrete Herausforderungen im Kontext von Studium und Lehre benennen, die im Rahmen des Peer-to-Peer-Verfahrens aufgegriffen werden sollen und können.

Dabei ist es entscheidend, dass auch unabhängig vom Schwerpunkt der Digitalisierung klare Ziele für die Weiterentwicklung von Studium und Lehre formuliert und digitale Lösungsansätze dazu passend identifiziert werden. Ein wichtiger Teil der Peer-to-Peer-Beratung ist die übergreifende Verantwortungsübernahme und Partizipation aller relevanten Akteurinnen und Akteure (Lehrende, Studierende, Dekanate, zentrale Einrichtungen, Verwaltung). Daher sollten diese in der Durchführung des Beratungsprozesses sowie der anschließenden (Weiter-)Entwicklung von *Hochschulstrategien* und *Umsetzungsmaßnahmen* mit einbezogen werden, um Betroffene zu Beteiligten zu machen.

Wesentliches Element der Peer-to-Peer-Strategieberatung sind die sogenannten Peers. Als Peers fungieren ausgewählte Expertinnen und Experten aus der HFD-Community. Diese begleiten die Hochschulen als *Critical Friends* kritisch und produktiv durch den Beratungsprozess. Dabei bringen sie ihre Erfahrungen in der *Strategie- und Organisationsentwicklung* an Hochschulen sowie ihre fundierten Kenntnisse im Bereich der Digitalisierung in Studium und Lehre ein. Die Peer-to-Peer-Beratung hat sich dabei als eine Art *Reallabor* für eine innovations- und partizipationsorientierte Hochschulentwicklung etabliert.

Schwerpunkte setzen: Strategische Handlungsfelder der Digitalisierung in Studium und Lehre

Die Digitalisierung bringt, trotz der großen Unterschiede zwischen den Hochschulen, ähnliche Aufgaben und Schwerpunkte für alle Hochschulen mit sich. Die Expertinnen und Experten aus der Community des HFD haben in der Reflexion der ersten Beratungsbesuche gemeinsam mit dem HFD 14 Handlungsfelder erarbeitet, die einen Orientierungsrahmen für die *Strategieentwicklung* bietet. Die hier aufgeführten Handlungsfelder sind Erkenntnisse aus den ersten beiden Runden der Strategieberatung und werden regelmäßig weiterentwickelt. Die 14 Handlungsfelder wurden auf Vorschlag von Expertinnen der TU Hamburg in Anlehnung an klassische Organisationsmodelle den drei Dimensionen Strategie, Struktur und Kultur zugeordnet (Ladwig/Arndt 2020).

Die im Folgenden dargestellten Handlungsfelder (Abbildung 1) sollen auch in Verbindung mit digital verfügbaren Praxisbeispielen[6], eine übergreifende

---

6 https://showroom.hfd.digital/.

Orientierung für die strategische Auseinandersetzung mit der Digitalisierung in Studium und Lehre geben. Sie sind keineswegs als erschöpfend zu betrachten und sollen stetig weiterentwickelt werden, so wie sich die Anforderungen an die strategische Gestaltung von Studium und Lehre kontinuierlich weiterentwickeln werden.

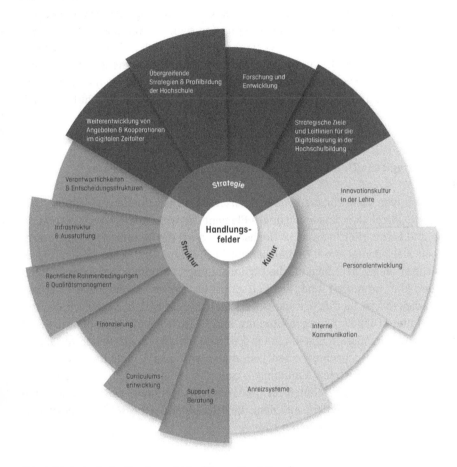

Abb. 1: 14 strategische Handlungsfelder (Eigene Darstellung).

Strategie

(1) Profilbildung der Hochschule

Hochschulen müssen sich im Rahmen von übergreifenden Strategien mit ihrer nachhaltigen Entwicklung und *Profilbildung* auseinandersetzen. Digitalisierung kann dabei Teil von übergreifenden Strategien sein, die weit über diesen einzelnen Aspekt hinausgehen und vielmehr Synergien unterschiedlicher Schwerpunkte fokussieren. Digitalisierung kann oft dann besonders konstruktiv und produktiv nutzbar gemacht werden, wenn sie als Teil übergreifender Strategien betrachtet wird und damit der Profilbildung der gesamten Hochschule dienlich ist.

(2) Strategische Ziele für die Digitalisierung in Studium und Lehre

Die richtigen Ziele für die eigene Hochschule zu formulieren und daraus ein Narrativ abzuleiten, ist ein wichtiges Element der Weiterentwicklung von Studium und Lehre. Hierfür kann an Hochschulen auch die Definition von eigenständigen Zielsetzungen zur Digitalisierung in Studium und Lehre hilfreich sein. Solche strategischen Ziele für die Digitalisierung in Studium und Lehre müssen daher klar formuliert und deutlich priorisiert sowie kommuniziert werden. Grundlegend ist hierfür ein klares Verständnis innerhalb der Hochschule, was man unter „Digitalisierung in Studium und Lehre" versteht. Darauf aufbauend kann etwa ein Mission Statement für die Lehre (im digitalen Zeitalter) auf Ebene der gesamten Hochschule einen Leitrahmen setzen. Die Ableitung von kurz-, mittel- wie langfristigen Maßnahmen auf allen Ebenen der Hochschule kann auch durch einen Leitrahmen für die Weiterentwicklung der digital gestützten Lehre unterstützt werden, aus dem die Fakultäten/Fachbereichen spezifische Ziele und Maßnahmen ableiten können.

(3) Kooperationen im digitalen Zeitalter

Gerade im Kontext der Digitalisierung sind *Kooperationen* der Schlüssel, um den digitalen Wandel erfolgreich zu gestalten, bestehende Formen der Zusammenarbeit auszubauen und neue Angebote zu entwickeln. Kooperationen können dabei mit anderen Hochschulen sowie mit außerhochschulischen Akteurinnen und Akteuren geschlossen werden, um hochschuleigene Angebote zu erweitern. Eine zukunftsfähige Hochschule muss es schaffen, Fächergrenzen und institutionelle Grenzen zu überschreiten sowie überregional und international zu kooperieren (Hochschulforum Digitalisierung 2019).

(4) Forschung und Entwicklung

Auch die Forschung spielt zunehmend eine strategische Rolle in der Weiterentwicklung von Studium und Lehre im digitalen Zeitalter. Im Sinne von Reallaboren können und sollen etwa innovative Ansätze aus Forschungsprojekten unmittelbar auch in der Lehre erprobt und implementiert werden. Dies gilt auf Landes-, Bundes- und europäischer Ebene. Besonders auch das BMBF fördert im Rahmen des Forschungsschwerpunkts „Digitale Hochschulbildung" in mehreren Förderlinien Forschungs- und Entwicklungsprojekte, die neben einer klaren theoretischen Fundierung und einer wissenschaftlichen Wirksamkeitsforschung auch die konkrete Erprobung in der Praxis ermöglichen sollen.[7] Dies kann und muss notwendige strategische Impulse setzen.

Struktur

(5) Verantwortlichkeiten und Entscheidungsstrukturen

Für die Weiterentwicklung der Hochschulbildung im digitalen Zeitalter ist die Verzahnung von Top-down- und Bottom-up-Prozessen durch klare Verantwortlichkeiten sowie nachhaltige Entscheidungsstrukturen und Partizipationsmöglichkeiten unerlässlich. Neben dem *Commitment* der Hochschulleitung durch eine aktive Gestaltung der strategischen Entwicklung, muss die Hochschule dazu *nachhaltige Entscheidungsstrukturen* zwischen der Hochschulleitung und den Fakultäten/Fachbereichen aufbauen sowie Verantwortlichkeiten auf den unterschiedlichen Ebenen festlegen. Wichtig ist, dass eine nachhaltige Fortführung der Strategieentwicklung und -umsetzung auch bei personellen Veränderungen, insbesondere in der Hochschulleitung, durch von Personen losgelöste Rollenbeschreibungen sichergestellt ist. Bei der Strategieentwicklung sind darüber hinaus weitestgehend alle Statusgruppen sowie die zentralen Einrichtun-

---

[7] „Digitalisierung kann dazu beitragen, die Hochschulbildung noch offener, gerechter, internationaler und leistungsfähiger zu machen. Wie kann das am besten gelingen? Das zu erforschen ist Aufgabe des Forschungsschwerpunkts ‚Digitale Hochschulbildung'." https://www.bmbf.de/de/digitale-hochschullehre-2417.html.

gen und für Studium und Lehre verantwortlichen Stellen der Verwaltung bedarfsgerecht einzubeziehen. Das HFD hat insbesondere auch sehr gute Erfahrungen damit gemacht, Lehrende und Lernende in den Mittelpunkt zu stellen und gerade auch Studierende als „Digitale Changemaker" mit in die Verantwortung zu nehmen (Böckel 2020).

(6) Finanzierung

Damit der digitale Wandel in der Hochschulbildung gelingen kann, müssen nachhaltig ausreichend personelle wie finanzielle Ressourcen zur Verfügung gestellt werden. Die Finanzierung ist im Zusammenspiel von Hochschulleitung und Fakultäten/Fachbereichen durch eine nachhaltige Finanzplanung abzusichern. Gerade für kleinere Hochschulen kann dies auch durch die Zusammenarbeit mit anderen Hochschulen ermöglicht werden, indem eine gemeinsame Infra- und Supportstruktur entwickelt und genutzt wird.

(7) Infrastruktur und Ausstattung

Ein Handlungsfeld zur Gestaltung des digitalen Wandels ist das Vorhandensein einer entsprechenden technischen Infrastruktur: Jenseits von flächendeckenden Breitbandanschlüssen und einer gut funktionierenden WLAN-Ausstattung ist die Verfügung über moderne Hard- und Softwarelösungen entscheidend, um digitale Anwendungs- und Einsatzszenarien zu realisieren. Der Aufbau sinnvoller technischer Infrastrukturen erfordert einerseits signifikante finanzielle Investitionen durch die Hochschulträger und andererseits eine kluge und nachhaltige Auswahl von Lösungen, die insbesondere Synergien in den Hochschulstrukturen berücksichtigen, diese ermöglichen und auf die strategische Hochschulentwicklungsplanung ausgerichtet sind. Der Aufbau von technischen Lerninfrastrukturen ist insofern eine zentrale Aufgabe des strategischen *Hochschulmanagements*.

(8) Support und Beratung

Effektive und effiziente *Support- und Beratungsangebote* können zentral für den Studienerfolg sein. Daher müssen sich auch solche Angebote mit dem digitalen Wandel entsprechend strategisch weiterentwickeln. Gerade im Kontext des digitalen Wandels von Studium und Lehre sind förderliche Rahmenbedingungen auch dafür entscheidend, ob Lehrende und Studierende neue Formate, Plattformen, Konzepte und Werkzeuge nutzen. Gerade unerfahrene Lehrende brauchen eine zuverlässig verfügbare mediendidaktische Begleitung durch professionelle Serviceeinrichtungen.

(9) Rechtliche Rahmenbedingungen und Qualitätsmanagement

Hochschulen sollten die vorhandenen förderlichen Rechtsrahmen der Länder mutiger nutzen, um den Einsatz neuer Lehr- und Lernmethoden und die Weiterentwicklung der Curricula zu fördern. Gerade aber die Nutzung und Produktion digitaler Medien in der Lehre unterliegt großen Unsicherheiten hinsichtlich der rechtlichen Rahmenbedingungen und möglicher Konsequenzen, etwa in Bezug auf das *Urheberrecht, Datenschutz* oder *Kapazitätsverordnungen*. Hochschulen tragen dabei eine besondere Verantwortung dafür, dass für alle Mitarbeitenden Rechtssicherheit gilt, gleichzeitig sollten sie den bestehenden Rechtsrahmen aber auch produktiv nutzen. Dies bedeutet auch neue Möglichkeiten zur Anrechnung innovativer, digital gestützter Lehre auf das *Lehrdeputat*. Hier müssen nicht nur Hochschulen selbst, sondern auch Hochschul- und Wissenschaftspolitik noch deutliche Verbesserungen schaffen.

Gleichzeitig muss die (Weiter-)Entwicklung von Studium und Lehre für das digitale Zeitalter als strategisches Thema auch einem strukturierten Qualitäts- und Prozessmanagement unterworfen werden.

(10) Curriculumsentwicklung

Die Verbreitung digital gestützter Lehr-, Lern- und Prüfungsformen ist ein zentraler Gradmesser dafür, wie breit die Digitalisierung in Studium und Lehre integriert wurde. Um die bedarfsgerechte Umsetzung digital gestützter Lehr-, Lern- und Prüfungsformen und die Nutzung entsprechender digitaler Werkzeuge zu ermöglichen und zu fördern, sollte der Einsatz dieser Formate und Werkzeuge entsprechend in den Studien- und Prüfungsordnungen sowie Modulkatalogen verankert sein. Darüber hinaus ist es erstrebenswert, eine kontinuierliche Weiterentwicklung dieser Aktivitäten zu fördern und Antworten auf die Entwicklung neuer, flexibler *Lernpfade* zu entwickeln (Orr et al. 2019).

Gleichzeitig bedeutet die Entwicklung neuer *Curricula* auch die Vermittlung neuer digitaler und nicht-digitaler Schlüssel- und Fachkompetenzen. Unterschiedliche Kompetenzen für das digitale Zeitalter sollten entsprechend studiengangsübergreifender Bestandteil der *Curriculumsentwicklung* sein. Dazu muss sich die Hochschule über für ihre Zielgruppen relevante Kompetenzen und innovative Wege der Kompetenzvermittlung verständigen.[8]

Kultur

(11) Personalentwicklung

Personalentwicklung ist ein wichtiger Hebel für die Umsetzung einer Strategie für Studium und Lehre im digitalen Zeitalter. Hochschulen sollten die Spielräume der Personalentwicklung ausnutzen, um den digitalen Wandel in der Lehre voranzutreiben. Dies geschieht einerseits über die Berücksichtigung des Themas bei Berufungsverfahren und dem Ausbau entsprechender Weiterbildungsangebote für Lehrende wie auch über die Erweiterung der Personalstruktur durch wissenschafts-unterstützendem Personal (z. B. Mitarbeitende in Medien- und Didaktikzentren, Instruktionsdesignerinnen und -designer etc.). Einen innovativer Ansatz zur Stärkung von innovativer Lehre im Kontext der Personalentwicklung stellt das *HFDcert* dar, das ausgehend vom Netzwerk für die Hochschullehre des Hochschulforums Digitalisierung gute und innovative Lehre besser sichtbar machen und eine *community-basierte Zertifizierung* neuer Kompetenzen ermöglichen soll.[9]

(12) Anreizsysteme

Im Rahmen des kulturellen Wandels an Hochschulen ist es notwendig die Akzeptanz für neue *Lehr-, Lern- und Prüfungsformate* bei vielen Lehrenden zu erhöhen und diese zu motivieren, entsprechende Formate auch in der eigenen Lehre einzusetzen. Daher müssen Hochschule attraktive Anreizformate für den Einsatz solcher innovativen Lehr-, Lern- und Prüfungsformaten bieten. Anreize können einerseits dadurch geschaffen werden, dass die Reputation von digitaler Lehre erhöht wird und die Lehrenden in Entscheidungsprozesse eingebunden sind. Zugleich spielen monetäre Anreizstrukturen eine wichtige Rolle. Ergänzend können als Zeichen der Wertschätzung aber auch nach außen sichtbare Auszeichnungen vergeben werden.

---

8 Ein Beispiel für die hochschulübergreifende Vermittlung von Querschnittskompetenzen stellt etwa das durch das BMBF geförderte Pilotprojekt „KI-Campus – die Lernplattform für Künstliche Intelligenz" dar. https://ki-campus.org/.
9 https://hochschulforumdigitalisierung.de/de/hfdcert.

(13) Interne Kommunikation

Um eine breitenwirksame Integration digitaler Medien in Studium und Lehre zu bewirken, sind die damit verbundenen Ziele und Maßnahmen gegenüber den unterschiedlichen Statusgruppen innerhalb der Hochschule zweckmäßig zu kommunizieren. Hochschulmitarbeitende sind dabei passiv wie proaktiv über technische Lösungen zum Einsatz in Lehre, entsprechende Unterstützungsinfrastrukturen sowie Anreizsysteme zu informieren.

(14) Innovationskultur in Studium und Lehre

Soll die Einführung und Umsetzung von *digitalen Lernumgebungen* nachhaltig wirken, so sollten die Lehrpersonen für etwas gewonnen werden, wozu sie zunächst einmal nicht verpflichtet sind: ihre Lehrgewohnheiten zu verändern (z. B. von einem dozierenden zu einem unterstützenden Lehrstil), neue elektronische Prüfungsformen auszuprobieren, Lehrveranstaltungen längerfristig in Kooperation mit externen Stellen vorzubereiten, wenn die *Lernressourcen* über eine *Lernplattform* bereitgestellt werden – zumal das Handeln der Lehrenden gegenüber Außenstehenden dadurch transparenter wird. Von Seiten der Hochschule, begonnen bei der Hochschulleitung, sind daher innovative Räume und Lösungen zu schaffen, die kulturelle Veränderungsprozesse unterstützend einleiten.

Nachhaltige Strukturen schaffen und Hochschulen als innovative Lernwelten stärken

Die Digitalisierung in Studium und Lehre muss an Hochschulen als Chance begriffen und aktiv mitgestaltet werden. Es wurden in den vergangenen Jahren auf unterschiedlichen Ebenen Angebote geschaffen, um diese Gestaltung gemeinsam anzugehen. Das Hochschulforum Digitalisierung hat, als Ergänzung zu zahlreichen Landesinitiativen, länderübergreifend Strukturen zur thematischen Orientierung, zum Austausch zu innovativer Lehre und zur strategischen Auseinandersetzung mit der Digitalisierung in Studium und Lehre pilothaft aufgebaut.

Es zeigt sich gleichzeitig, dass viele Innovationen bereits an einzelnen Hochschulen verfügbar sind und *Reallabore*, die notwendigen Erkenntnisse und Vorarbeiten für übergreifende, innovative Lernwelten schaffen. Um Hochschulen jedoch in der Breite als innovative Lernwelten zu stärken, bedarf es noch weiterer Anstrengungen und nachhaltiger Strukturen, die gewohnte Grenzen überschreiten und die Kollaboration in den Mittelpunkt stellen. *Innovative Inseln* müssen zu nachhaltig wirksamen Strukturen weiterentwickelt werden. Dies erfordert, in Anlehnung an die erste These zu Beginn, auch die Bereitschaft zum Lernen voneinander und dazu, das anderswo erfolgreich Erprobte zu kopieren beziehungsweise gemeinsam weiterzuentwickeln, anstatt einmal mehr das Rad neu zu erfinden.

Auch stellt eine neue Verortung im Kontext flexibler *Lernpfade* (Orr et al. 2019) eine wichtige Aufgabe dar. Hier bedarf es eines systemischen *Kulturwandels*, der in Ansätzen bereits greifbar wird, aber noch deutliche Transformationsprozesse erfordert. Die Auseinandersetzung mit der Frage, welche Kompetenzen in Zukunft, unterstützt durch digitale Plattformen, hochschulübergreifend gemeinsam vermittelt werden können, steht dabei erst am Anfang.

Hochschulen als innovative Lernwelten sind offene Bildungseinrichtungen, die ihre Stärke daraus gewinnen, zusammenzuarbeiten. Gleichzeitig sind sie offen im Sinne einer Neufokussierung an den Bedarfen, den Lernpfaden und den Mitgestaltungsmöglichkeiten Studierender. Vereinzelte innovative Ansätze müssen hierfür strukturell integriert werden und auch bestehende (hochschulpolitische) Vertretungsmöglichkeiten mit in den Blick genommen werden. Jede Hochschule sollte ihre eigenen *digitalen Changemaker* haben. Wie mit einem Fokus auf Studierende erprobt, kann dies auch eine Neuorientierung an den Kompetenzen und Bedarfen von Lehrenden ermöglichen. Diese benötigen neue Strukturen zur Innovationsgestaltung sowie der Vermittlung und Sichtbarmachung von künftig notwendigen Kompetenzen. Neue Anforderungen und Rollenbilder können nicht Top-down vorgegeben werden, sondern müssen gemeinsam mit den Lehrenden entwickelt und strukturell gestärkt werden. *Future Skills* bedeuten entsprechend eine Befähigung zur beruflichen und gesellschaftlichen Teilhabe, die eine strukturelle Veränderung ermöglicht, die von allen gemeinsam getragen wird.

Literatur

Becker, A.; Stang, R. (Hrsg.) (2020): *Lernwelt Hochschule. Dimensionen eines Bildungsbereichs im Umbruch*. Berlin; Boston: De Gruyter Saur.
Böckel, A. (2020): Studentische Perspektive auf die digitale Transformation der Hochschulen. Strukturen, Vernetzung und Partizipation. In: R. Stang; A. Becker (Hrsg.) (2020): *Zukunft*

Lernwelt Hochschule. Perspektiven und Optionen für eine Neuausrichtung. Berlin; Boston: De Gruyter Saur, 141–150.

European Commission/EACEA/Eurydice (2018): *The European Higher Education Area in 2018. Bologna Process Implementation Report.* Luxembourg: Publications Office of the European Union. https://op.europa.eu/en/publication-detail/-/publication/2fe152b6-5efe-11e8-ab9c-01aa75ed71a1/language-en.

Gaebel, M.; Zhang, T. (2018): *Trends 2018. Learning and teaching in the European Higher Education Area.* Brüssel; Genf: European University Association. https://eua.eu/resources/publications/757:trends-2018-learning-and-teaching-in-the-european-higher-education-area.html.

Gilch, H.; Beise, A. S.; Krempkow, R.; Müller, M.; Stratmann, F.; Wannemacher, K. (2019): *Digitalisierung der Hochschulen. Ergebnisse einer Schwerpunktstudie für die Expertenkommission Forschung und Innovation.* Berlin: Expertenkommission Forschung und Innovation (EFI). https://www.e-fi.de/fileadmin/Innovationsstudien_2019/StuDIS_14_2019.pdf.

Hochschulforum Digitalisierung (2016): *The Digital Turn. Hochschulbildung im digitalen Zeitalter.* Arbeitspapier Nr. 27. Berlin: Hochschulforum Digitalisierung. https://hochschulforumdigitalisierung.de/sites/default/files/dateien/Abschlussbericht.pdf.

Hochschulforum Digitalisierung (2019): *Strategies Beyond Borders. Transforming Higher Education in a Digital Age. Book of Abstracts.* Berlin: Hochschulforum Digitalisierung. https://hochschulforumdigitalisierung.de/de/strategies-beyond-borders-conference.

Kerres, M. (2018): Bildung in der digitalen Welt. Wir haben die Wahl. *denk-doch-mal.de. Online-Magazin für Arbeit-Bildung-Gesellschaft* 2. https://learninglab.uni-due.de/sites/default/files/Kerres_denk-doch-mal.pdf.

Kerres, M. (2016): E-Learning vs. Digitalisierung der Bildung. Neues Label oder neues Paradigma? In: A. Hohenstein; K. Wilbers (Hrsg.): *Handbuch E-Learning.* 61. Ergänzungslieferung. Köln: Fachverlag Deutscher Wirtschaftsdienst. https://learninglab.uni-due.de/sites/default/files/elearning-vs-digitalisierung.pdf.

Kultusministerkonferenz (2019): *Empfehlungen zur Digitalisierung in der Hochschullehre. Beschluss der Kultusministerkonferenz vom 14.03.2019.* https://www.kmk.org/fileadmin/Dateien/pdf/PresseUndAktuelles/2019/BS_190314_Empfehlungen_Digitalisierung_Hochschullehre.pdf.

Ladwig, T.; Arndt, C. (2020): Digitale Strukturen im sozio-technischen Experimentierfeld. Perspektiven der Technischen Universität Hamburg. In: R. Stang; A. Becker (Hrsg.) (2020): *Zukunft Lernwelt Hochschule. Perspektiven und Optionen für eine Neuausrichtung.* Berlin; Boston: De Gruyter Saur, 121–131.

Orr, D.; Lübcke, M.; Schmidt, P.; Ebner, M.; Wannemacher, K.; Ebner, M. (2019): *AHEAD Internationales Horizon-Scanning. Trendanalyse zu einer Hochschullandschaft in 2030.* Berlin: Hochschulforum Digitalisierung. https://hochschulforumdigitalisierung.de/de/news/ahead-studie-hochschullandschaft-2030.

Rampelt, F.; Orr, D.; Knoth, A. (2019): *Bologna Digital 2020. White Paper on Digitalisation in the European Higher Education Area.* Berlin: Hochschulforum Digitalisierung. https://hochschulforumdigitalisierung.de/sites/default/files/dateien/2019-05_White_Paper_Bologna_Digital_2020_final.pdf.

Röwert, R. (2019): Unterstützung von Strategien für Hochschulbildung im digitalen Zeitalter durch Peer-to-Peer-Beratungen. Wie die Schärfung der eigenen Hochschulstrategie für Studium und Lehre im Dialog gelingen kann. In: D. Robra-Bissantz; O. Bott; N. Kleinefeld; K. Neu; K. Zickwolf (Hrsg.): *Teaching Trends 2018. Die Präsenzhochschule und die digitale*

Transformation. Münster; New York: Waxmann, 43–48. URN:urn:nbn:de:0111-pedocs-179209.

Schünemann, I.; Budde, J. (2018): *Hochschulstrategien für die Lehre im digitalen Zeitalter. Keine Strategie wie jede andere!*. Arbeitspapier Nr. 38. Berlin: Hochschulforum Digitalisierung. DOI: 10.5281/zenodo.2592258.

Watolla, A. (2019): *Strategische Weiterentwicklung von Studium und Lehre im digitalen Zeitalter: Handlungsfelder und Herausforderungen*. Diskussionspapier Nr. 6. Berlin: Hochschulforum Digitalisierung. https://hochschulforumdigitalisierung.de/de/news/diskussionspapier-strategische-weiterentwicklung-von-hochschullehre-im-digitalen-zeitalter.

Tina Ladwig und Christiane Arndt
Digitale Strukturen im sozio-technischen Experimentierfeld

Perspektiven der Technischen Universität Hamburg

Das nutzerinnen- und nutzerorientierte sozio-technische *Experimentierfeld* der *Technischen Universität Hamburg* (TU Hamburg) konnte nur im Kontext der *Hamburg Open Online University* (HOOU) entwickelt werden. Um das sozio-technische Experimentierfeld zu verstehen, braucht es daher ein Verständnis über dessen kontextuelle Verortung – sowohl innerhalb wie auch außerhalb der Organisation.

Ermöglichungsstrukturen für das sozio-technische Experimentierfeld der HOOU an der TU Hamburg

Wenngleich oder weil Hochschulen zunehmend im Wettbewerb miteinander stehen, sei es in der Exzellenzinitiative, in der Akquise von Drittmitteln oder um (internationale) Studierende, kooperieren sie auch zunehmend in verschiedenen Handlungsfeldern. Seit den 1990er Jahren – im Übrigen dieselbe Zeit, in der das *New Public Management* eingeführt wurde – wurden vermehrt themen- und bundeslandbezogene Netzwerke, Hochschulverbünde und Landesinitiativen gegründet. Dabei fallen aktuell insbesondere Netzwerke und Kooperationen auf, an denen (fast) alle Hochschulen eines Bundeslandes beteiligt sind, um das Thema Digitalisierung gemeinsam zu gestalten.

Im Rahmen des Forschungsprojektes BRIDGING[1] konnten in elf Bundesländern aktuelle Hochschulinitiativen identifiziert werden, die sich dem Thema Digitalisierung in Studium und Lehre widmen. Neun davon sind formalisierte Netzwerke, die von fast allen öffentlich-rechtlichen Hochschulen in Landesträgerschaft durch unterschiedlichste Arbeitsstrukturen gemeinsam gestaltet werden, allerdings unterschiedlichste Handlungsfelder und Selbstverständnisse aufweisen.[2] Darüber hinaus finden sich in zwölf Bundesländern Hochschuldidaktikzentren beziehungsweise Lehrverbünde (siehe Tabelle 1).

---

1 https://bridging.rz.tuhh.de/.
2 Brandenburg hat ein nicht formalisiertes Netzwerk der E-Learning-Beauftragten von sechs Hochschulen. Die hochschulübergreifenden Qualifizierungen in Thüringen werden durch die

Tab. 1: Überblick zu identifizierten Landesinitiativen (Stand: Dezember 2019).

Bundesland	Hochschulverbund zu Digitalisierung
Baden-Württemberg	Hochschulnetzwerk Digitalisierung der Lehre (HND BW)
Bayern	Virtuelle Hochschule Bayern (vhb)
Berlin	nein
Brandenburg	E-Learning Netzwerk Brandenburg [eBB]
Bremen	nein
Hamburg	Hamburg Open Online University (HOOU)/ Multimedia Kontor Hamburg (MMKH)
Hessen	Digital gestütztes Lehren und Lernen in Hessen
Mecklenburg-Vorpommern	nein
Niedersachsen	E-Learning Academic Network Niedersachsen (ELAN e. V.)
Nordrhein-Westfalen	Digitale Hochschule NRW (DH.NRW)
Rheinland-Pfalz	Virtueller Campus Rheinland-Pfalz (vcrp)
Saarland	nein
Sachsen	Bildungsportal Sachsen/ Arbeitskreis E-Learning
Sachsen-Anhalt	Netzwerk digitale Hochschullehre im Rahmen von Heterogenität als Qualitätsherausforderung für Studium und Lehre (HET LSA)
Schleswig-Holstein	nein
Thüringen	eteach-Netzwerk zur Qualifizierung im Bereich digitale Hochschuldidaktik

An einem dieser Hochschulverbünde – der Hamburg Open Online University – ist auch die TU Hamburg beteiligt. Die HOOU versteht sich als „Netzwerk"[3] von mittlerweile fünf der sechs staatlichen Hamburger Hochschulen in Landesträgerschaft, der Behörde für Wissenschaft, Forschung und Gleichstellung (BWFG), der Senatskanzlei sowie dem Multimedia Kontor Hamburg (MMKH).[4]

Während die Impulse zur kooperativen Auseinandersetzung mit dem Thema *Digitalisierung in der Lehre* in Hamburg vor allem angesichts des zunehmenden Einflusses privatwirtschaftlicher Unternehmen aus der Landespolitik gekommen sind, kann die inhaltliche Ausrichtung des Verbundes auf die Aushandlungsprozesse zwischen Vertreterinnen beziehungsweise Vertretern der Landespolitik, des MMKH und der Hochschulen, die der Gründung der HOOU vorausgingen, zurückgeführt werden.

Universität Weimar entwickelt und angeboten. IT-Netzwerke wurden (noch) nicht in die Recherche einbezogen.

3 www.hoou.de. Die folgende Darstellung basiert auf den Informationen, die auf der Webseite der HOOU zur Verfügung gestellt werden.

4 Die Universität Hamburg ist seit April 2019 nicht mehr Teil der HOOU.

Dabei wurde erkannt, dass die Hochschulen mit denselben Fragen und Herausforderungen durch Digitalisierung konfrontiert sind und eine einzelne Hochschule diese nicht alleine bewältigen kann. Zum anderen bestand – ausgehend vom *MOOC-Hype* – der Wunsch der Hochschulen, nicht einfach Formate zu imitieren, sondern etwas Eigenes zu entwickeln. Dieser Aushandlungsprozess führte 2014 zu einem Konzept für die HOOU.

Die HOOU nahm, wie in der Strategie „Digitale Stadt"[5] beschlossen, ihre Arbeit 2015 auf. Von 2015 bis Ende 2016 wurde sie als Vorprojekt gefördert, um mit allen Akteurinnen und Akteuren das gemeinsame Konzept weiterzuentwickeln und die technische Basis zu schaffen. Ziel war es, Synergien zu nutzen und gegebenenfalls fehlende Strukturen zu etablieren. In diesem Rahmen wurden die ersten „Early Bird Projekte" durch die HOOU gefördert.[6] 2017 bis 2018 wurde die HOOU als Projekt weitergeführt. 2019 wurde die Landesinitiative offiziell verstetigt.

Die HOOU geht der Frage nach, wie man in Zukunft lernt. Die digitalen Lernangebote sollen:
- interdisziplinäre und hochschulübergreifende Bearbeitung von Aufgaben, Problemstellungen und Projekten ermöglichen,
- klassische Präsenzlehre ergänzen,
- frei zugänglich sein und
- einen digitalen Raum für Studierende, Lehrende und alle Interessierten schaffen.

Den „Markenkern" der HOOU bilden dabei vier Leitideen:
1. *Lernendenorientierung und Kollaboration*
   Die Erstellung der Lernangebote erfolgt ausgehend von den Merkmalen und Zielen der Lernenden und spezifischen Problemstellungen und Themenfeldern.
2. *Wissenschaftlichkeit*
   Die Lernangebote werden auf akademischem Niveau erstellt und fördern das wissenschaftliche Denken und Arbeiten.

---

5 Das ressortübergreifende Landesstrategiepapier „Die Digitalisierung der großen Stadt – Chancen für Wirtschaftskraft, Kommunikation und öffentliche Dienstleistungen" wurde 2015 von der Senatskanzlei auf Deutsch und Englisch veröffentlicht. Es werden Felder und Projekte benannt, in denen Hamburg bereits aktiv ist und weiterhin aktiv sein wird. https://www.hamburg.de/contentblob/9260384/ed1cb41d024dbef3f62bd9cd834ca838/data/strategie-deutsch.pdf.
6 Vgl. hierzu den Sonderband der HOOU-Content-Projekte: http://epub.sub.uni-hamburg.de/epub/volltexte/2018/76395/pdf/hoou_content_projekte_2015_20161.pdf.

3. *Öffnung für neue Zielgruppen und zivilgesellschaftliche Relevanz*
   Die Lernangebote ermöglichen die Auseinandersetzung mit akademischen Inhalten für alle Interessierten – unabhängig von einer Hochschulzugehörigkeit.
4. *Openness/OER*
   Alle Lernangebote werden als Offene Bildungsressourcen (*Open Educational Resources* (OER)) angeboten, die weiterverwendet und -entwickelt werden können. Zudem sollen vor allem Open-Source-Software und offene Lizenzen genutzt werden.

Umsetzungsstrukturen des sozio-technischen Experimentierfeldes der HOOU an der TU Hamburg

Institutionelle Verankerung

Die HOOU steht für das Ausprobieren neuer Konzepte und Formate digitalen Lehrens und Lernens. Wenngleich alle entwickelten Lernangebote auf der zentralen Plattform[7] abgebildet werden, können Hochschulen unter Berücksichtigung des *Markenkerns* selbst entscheiden, mit welchen Umsetzungsansätzen sie die Leitideen inhaltlich und technisch gestalten.

Den Hochschulen wurde hierbei viel Freiraum gewährt, Offenheit, Transparenz, zivilgesellschaftliche Relevanz, OER und Kollaboration in ihrem Kontext zu definieren. Somit entstanden an allen Hochschulen erste Ideen und Konzepte zu webgestützten Lehr- und Lernangeboten. Diese dezentralen Strukturen sind zum einen darauf zurückzuführen, dass sich die HOOU-Plattform noch im Aufbau und in Planung befand und zum anderen, dass ein solcher Raum für innovative Lehr- und Lernangebote nur sukzessive und immer in Referenz zu den Bedarfen der Lehrenden und Lernenden erschlossen werden kann.

So ist ein Ziel der HOOU, aus den prototypischen Entwicklungen und Umsetzungen offener, *digital gestützter Lehr- und Lernangebote* Anforderungen an eine hochschularten- und fachdisziplinübergreifende Plattform abzuleiten und die Diversität der Angebote der HOOU für Lernende aber auch Lehrende zu fördern. Während die Hochschule für Angewandte Wissenschaften Hamburg sich beispielsweise insbesondere auf Qualifizierung, Kompetenzorientierung und

---

[7] www.hoou.de.

OER fokussiert, konzentriert sich die TU Hamburg vor allem auf die Umsetzung eines offenen sozio-technischen Experimentierfelds. Das Experimentierfeld kann dabei als Raum in der Präsenz und im Digitalen verstanden werden, in dem offene Lehr- und Lernangebote entwickelt und betreut werden. Im Rahmen sozialer Aushandlungsprozesse mit Lehrenden und Lernenden, aber auch mediendidaktischen Beraterinnen und Beratern werden neue Formen digital gestützter Lehr-Lernprozesse konzeptionell entwickelt. Diese Aushandlungsprozesse wiederum sind die Basis von Bedarfen, die sich dann wiederum auch in technischen Strukturen abbilden. Dreh- und Angelpunkt der technischen Strukturen im Experimentierfeld ist, dass diese auch die ausgehandelten Werte von Offenheit, Partizipation und Kollaboration widerspiegeln und ermöglichen. Aus technischer Perspektive entstehen in den Experimentierfeldern somit digitale Strukturen, die aus der losen Kopplungen bedarfsorientiert eingesetzter Tools entstehen. Je nach Lehr- und Lernangebot können sich diese Strukturen auch immer wieder verändern, erweitert oder auch verdichtet werden.

Mittlerweile sind die Experimentierfelder an den Hochschulen wesentlicher Bestandteil der Umsetzungsstrukturen der HOOU. Demnach besteht die HOOU aus zwei Handlungsfeldern, die parallel zueinander laufen und gleichzeitig didaktisch-konzeptionell und technisch miteinander abgestimmt werden (Schwalbe et al. 2016).

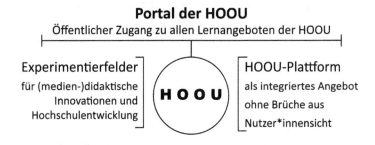

Abb. 1: Konzeptionelle Verortung der Experimentierfelder.

In den sozio-technischen Experimentierfeldern ist somit das Ziel (medien-)didaktische Innovation zu fördern. Essentiell hierfür sind – neben den finanziellen Ressourcen – engagierte Akteurinnen und Akteure in den Hochschulen, das heißt zentrale HOOU-Teams oder HOOU-Angehörige, die in den Hochschulen Beratungs- und Umsetzungsunterstützung leisten für die Lehrenden aus den verschiedenen *Fachdisziplinen*, die im Sinne des Markenkerns der HOOU in ihren Projekten innovative Formen medienbasierten Lehrens und Lernens an den Hochschulen vorantreiben und offene Lehr- und Lernangebote entwickeln und erproben[8]. Durch die geschaffenen Freiräume, sich mit dem Markenkern der HOOU hochschul- und fachspezifisch auseinanderzusetzen, kann sich auch die Umsetzung einzelner HOOU-Projekte stark voneinander unterscheiden. Ziel dieses explorativen Vorgehens ist die Förderung der Innovationskraft.

Ein solches exploratives Vorgehen bedarf auch entsprechender Methoden bei der Konzeption, Entwicklung und Implementierung der Lehr-Lernsettings. Die TU Hamburg greift hierbei einen partizipatorischen Ansatz auf, der aus der agilen Softwareentwicklung stammt: dem sogenannten *User Story Mapping* (USM) (Patton 2014). Dieses Vorgehen ermöglicht es, frühzeitig ein möglichst umfassendes Bild von den Vorstellungen der unterschiedlichen Nutzenden hinsichtlich *Online-Werkzeugen* und *Mediennutzung* zu erhalten und die Akzeptanz der Angebote bei den späteren Lernenden früh zu ermitteln (Dürkop/Ladwig 2016a; Dürkop/Ladwig 2016b). Dies bedeutet, dass zunächst die relevanten Stakeholder, die an dem Lernangebot beteiligt sind, identifiziert werden. Hierzu zählen neben den Lehrenden aus den jeweiligen Fachdisziplinen, die das Projekt initiiert haben, auch die Lernenden. Im Fall der HOOU bedeutet dies, dass nicht nur die Studierenden der jeweiligen Hochschulen zu berücksichtigen sind, sondern auch die Zielgruppen, die außerhalb der Hochschulen an den Lehr- und Lernangeboten teilnehmen können. Im Fall des HOOU-Projektes Kniffellix[9] sind das Schülerinnen und Schüler, deren Eltern, aber auch Pädagoginnen und Pädagogen. Die Lernenden werden explizit in den Prozess der Materialerstellung einbezogen und lernen somit nicht nur, sich ihren eigenen *Lernprozess* zu strukturieren, sondern auch essentielle Digitalkompetenzen, wie zum Beispiel kollaborative Arbeitsweisen, das Analysieren und Reflektieren von und über Inhalte, aber auch problem- und vielmehr auch lösungsorientiertes Handeln.

Da die Entwicklung von *Lernangeboten*, die dem HOOU-Markenkern entsprechen, noch weitere Anforderungen mit sich bringen, sind auch Juristinnen und Juristen, Vertreterinnen und Vertreter der Rechenzentren, der Bibliotheken oder auch der Öffentlichkeitsarbeit mit einzubeziehen. So heterogen die Rollen, so heterogen sind auch die Vorkenntnisse dieser Personen hinsichtlich der Nutzung digitaler Medien. Somit gilt es nun im Rahmen eines USM-Workshops die unterschiedlichen Vorstellungen einzufangen und zu einer gemeinsamen Geschichte zusammenzuführen. Der Workshop selbst ist in drei Phasen unterteilt und verfolgt das Schema, dass alle ihre individuellen Vorstellungen formulieren, die dann in der Gruppe diskutiert werden, so dass sich ein geteiltes Verständnis für das *Lernarrangement* herausbildet (Ladwig/Dürkop 2016a).

---

8 http://hoou.tuhh.de.
9 https://kniffelix.rz.tu-harburg.de.

Einen Einblick in einen solchen Workshop an der Hochschule für bildende Künste (HFBK) zeigt Abbildung 2.

Abb. 2: Momentaufnahme aus einem USM-Workshop an der Hochschule für bildende Künste (HFBK).

An der TU Hamburg sind im Rahmen der entwickelten Lernprojekte für die HOOU innovative Formate entstanden, die besonders zum Austausch und damit zu einem Kulturwandel in der TU Hamburg beigetragen haben. Die Leitidee, Freiräume zum Experimentieren zu schaffen, ist dabei auch technisch hinterlegt. So wurde zusammen mit der TU-Bibliothek und dem TU-Rechenzentrum ein Experimentierfeld konzipiert, welches nunmehr von unterschiedlichen Instituten genutzt wird, um neue Lehr- und Lernformate auszuprobieren. Technisch beruht dieses Experimentierfeld auf der Kombination verschiedener Open Source Tools. Diese Kombination basiert zum einen auf den Prämissen des Markenkerns der HOOU und zum anderen auf den individuellen fachspezifischen Anforderungen der HOOU-Projekte. Im Zentrum steht die weltöffentliche GitLab-Instanz[10]. Ziel hierbei war und ist es, die Quellen von Open Educational Re-

---

10 https://collaborating.tuhh.de.

sources (OER), Forschungsdaten und weiteren digitalen Artefakten unkompliziert und weltweit zugänglich zu machen. Über diesen Zugang wiederum können hochschul- und fachdisziplinübergreifende Kooperationen im nationalen wie auch internationalen Kontext angestoßen werden. Neben GitLab werden aber auch offene Foren[11] oder virtuelle Simulationsumgebungen[12] angeboten (Dürkop/Ladwig 2018).

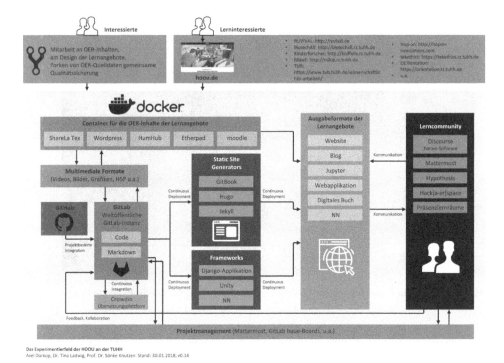

Abb. 3: Das technische Experimentierfeld der HOOU an der TUHH (eigene Darstellung).

Im Zuge der technischen Entwicklungen und Kooperationserfahrungen haben sich ebenso sozial orientierte Austauschformate an der TUHH entwickelt. Zu diesen zählt beispielsweise der *Hackerspace*[13]. Hier erprobt das Team der HOOU an der TUHH gemeinsam mit den HOOU-Projekten aus den verschiedenen Instituten an der TUHH, wie neue Konzepte und Ideen technisch umgesetzt werden können und die offene Lernangebote mittels verschiedener *Open Source Tools*

---

11 http://community.tuhh.de.
12 https://mikie.rz.tuhh.de/virtuellesLabor.html.
13 https://community.tuhh.de/c/hackerspace.

unterstützt und realisiert werden können. Der Hackerspace findet wöchentlich statt und wird als offener Ort verstanden, an dem gemeinsam mit neuen technischen Möglichkeiten experimentiert werden kann, sich über didaktische Innovation ausgetauscht werden kann, aber auch Herausforderungen im Zuge der Entwicklung offener an die *Zivilgesellschaft* gerichtete Lehr- und Lernangebote platziert werden können.

Neben diesem Format gibt es die Arbeitsgruppe openTUHH. Seit 2017 widmet sich die AG der Aushandlung von Potenzialen der Digitalisierung für Studium und Lehre sowie Forschung und den Wegen zur Realisierung dieser Potenziale. Ziel der AG ist es, den digitalen Transformationsprozess an der TUHH aktiv aus strategischer, struktureller und kultureller Perspektive mitzugestalten. Da diese Aufgabe einen multiperspektivischen Blickwinkel erfordert, setzt sich die AG openTUHH aus dem Vizepräsidenten für Forschung und Lehre, dem Digitalisierungsbeauftragen für Lehre, dem Leiter und den Mitarbeitenden des Rechenzentrums, aus der Leiterin und den Mitarbeitenden der Bibliothek sowie dem HOOU-Team der TUHH zusammen.

Um für die Potenziale von Digitalisierung in der Lehre zu sensibilisieren und die Hochschulangehörigen auch bei der Realisierung zu unterstützen, wurden verschiedene Maßnahmen ergriffen. So ist 2018 aus der AG die openPolicy der TUHH entstanden. Darüber hinaus teilen die Mitglieder der AG regelmäßig ihr Wissen über INSIGHTS, einen Blog, der über das digitale Experimentierfeld der TUHH in Forschung und Lehre berichtet[14]. Flankierend dazu werden im Rahmen des wissenschaftlichen Arbeitens bei den Studierenden und durch die Graduiertenakademie Workshops zu digitalen Werkzeugen angeboten. Hierzu zählt unter anderem auch das Arbeiten mit GitLab, um Prinzipien der Kollaboration und der interdisziplinären Teamarbeit schon frühzeitig im Studium mithilfe von digitalen Werkzeugen zu vermitteln[15]. Darüber hinaus bringt sich die AG im Sinne eines nationalen wie auch internationalen Wissensaustausches in andere Netzwerke ein und beteiligt sich an diversen Veranstaltungen, wie der *Open Access* Week oder Education Week.

Während die Zusammenführung der *Open Source Tools* auf technischer Ebene zur Erfüllung des Markenkerns der HOOU und der user-spezifischen Anforderungen beiträgt, ist die AG auf sozialer Ebene ein wichtiger Gelingensfaktor für die Realisierung offener, digital gestützter Lehr- und Lernprojekte im Rahmen der HOOU an der TUHH[16].

---

14 https://insights.tuhh.de/de/.
15 http://collaborating.tuhh.de.
16 https://hoou.tuhh.de/projekte/.

Prototypische Projekte im Experimentierfeld der TU Hamburg

Im Laufe der Vorprojekt- und Projektphase der HOOU sind zahlreiche Projekte im Experimentierfeld der HOOU an der TUHH konzeptionell entwickelt und realisiert worden. Das inhaltliche Spektrum umfasst Themen wie Artificial Intelligence, Migration, Klimawandel oder Armut. Neben der bestehenden Diversität der gewählten Themenschwerpunkte in den HOOU-Projekten, unterscheiden diese sich auch hinsichtlich der avisierten Zielgruppen. Tabelle 2 gibt einen Überblick über die aktuell laufenden HOOU-Projekte an der TUHH.

Tab. 2: Überblick zu aktuell laufenden HOOU-Projekten (Stand: 01.10.2019).

Projekttitel	Zielgruppe	Link
RUVIVAL	Zielgruppen/Beteiligte: Studierende der TUHH (zwei Kurse begleitend zum offenen Lernangebot), lokale und internationale Partnerinstitutionen der TUHH, insbesondere Partner_innen in der Entwicklungsarbeit, Fachpublikum, Politik und Verwaltung, NGOs in der internationalen Entwicklungsarbeit.	http://ruvival.de
MikiE	Zielgruppen/Beteiligte: Studierende der Naturwissenschaften, Schülerinnen und Schüler der Oberstufe sowie Personen, die an Biotechnologie, Mikrobiologie und Nachhaltigkeit interessiert sind.	https://mikie.rz.tuhh.de
Kniffelix	Zielgruppen/Beteiligte: Kinder und Jugendliche ab 8 Jahren, Lehrer/innen und Eltern und angehende Pädagogen/innen, Schüler-/innen der Abschlussklassen vor dem Studium.	https://kniffelix.rz.tu-harburg.de
RINOcloud	Zielgruppen/Beteiligte: Kinder und Jugendliche ab 8 Jahren, Lehrer/innen und Eltern und angehende Pädagogen/innen.	https://rinocloud.hoou.tuhh.de
tub.t#OERials	Zielgruppen/Beteiligte: Studierende, Forschende und Lehrende insbesondere der TUHH, die sich für offenes Publizieren, offene Bildung und offene Wissenschaft interessieren.	https://www.tub.tuhh.de/tubtorials/
tekethics	Zielgruppen/Beteiligte: Studierende der HCU, der UHH sowie der TUHH sowie die Zielgruppen der Bücherhallen.	http://tekethics.rz.tuhh.de

Ausblick

Basierend auf den eingangs erwähnten Rahmenbedingungen, ist auch bei der Entwicklung und Weiterentwicklung des Experimentierfeldes der HOOU an der TUHH eine zunehmende Komplexität zu beobachten, die nicht nur Kooperation im Hochschulverbund, sondern auch in der Hochschule erfordert. Durch die organisationalen Anforderungen an die Hochschule, wie beispielsweise datenschutzrechtliche, technische, aber auch personalwirtschaftliche Fragestellungen, ist die Zusammenarbeit mit unterschiedlichen Akteurinnen und Akteuren in den beschriebenen Handlungsfeldern unabdingbar. Die digitalen Strukturen eines solchen Experimentierfeldes sind sowohl auf technischer als auch sozialer Ebene zu gestalten und müssen nicht nur den originär bezogenen Leitideen der HOOU, sondern auch den individuellen Anforderungen der Nutzerinnen und Nutzer sowie der Kooperationspartnerinnen und -partner entsprechen. Die HOOU@TUHH muss als sozio-technisches Experimentierfeld ganzheitlich agieren, um die Entwicklung offener, digital gestützter Lehr- und Lernangebote unterstützen und voranbringen zu können.

Literatur

Dürkop, A.; Böttger, A.; Ladwig, T.; Knutzen, S. (2018): *Ein technisches System für die kollaborative OER-Entwicklung im Experimentierfeld der TUHH.* https://doi.org/10.15480/882.1653.

Dürkop, A.; Ladwig, T. (2016a): Der gemeinsame Weg zu einem Lernarrangement in der Hamburg Open Online University. *Synergie. Fachmagazin für Digitalisierung in der Lehre* 1, 76–77.

Dürkop, A.; Ladwig, T. (2016b): *Neue Formen der Koproduktion von Wissen durch Lehrende und Lernende.* https://doi.org/10.15480/882.1334.

Dürkop, A.; Ladwig, T. (2018): *Das digitale Experimentierfeld für Lehre und Forschung.* https://insights.tuhh.de/de/das-digitale-experimentierfeld-fuer-lehre-und-forschung/.

Patton, J. (2014): *User Story Mapping. Discover the whole story, build the right product.* Sebastopol, CA: O'Reilly.

Schwalbe, C.; Peters, P.; Ladwig, T.; Jackewitz, I.; Göcks, M.; Knutzen, S. (2016): Innovationen und Entwicklungen in der HOOU. Grundprinzipien agiler Entwicklung im Hochschulkontext. *Synergie. Fachmagazin für Digitalisierung in der Lehre* 2, 42–43.

Annamaria Köster, Susanne Staude und Thomas Bieker
Digitalisierung als gelebte Praxis
Umsetzung an der Hochschule Ruhr West

Einleitung

Die *Hochschule Ruhr West* (HRW) ist eine junge staatliche Hochschule im Ruhrgebiet. Mit dem Auftrag junge Menschen aus der Region für die Region auszubilden und zu stärken, wurde die HRW 2009 mit den Standorten in Mülheim an der Ruhr und Bottrop gegründet. Angetrieben durch den Strukturwandel im Ruhrgebiet und dem damit verbundenen Rückzug von Bergbau und Industrie, wird mit der Etablierung einer neuen Hochschule ein Beitrag zur Zukunftsfähigkeit des westlichen Ruhrgebiets geleistet. Mit einem Schwerpunkt auf Technik und Wirtschaftswissenschaften in Lehre und angewandter Forschung sowie innovativen (Lehr-)Methoden wird für junge Menschen und die Unternehmen ein Zentrum für Innovation und Forschung geschaffen, das neue Perspektiven eröffnet.

Die HRW ist stark von der *Diversität* ihrer Mitglieder geprägt. Studierende mit verschiedenen Lebensentwürfen, Talenten und Erfahrungen treffen an der HRW aufeinander und bereichern den *Hochschulalltag*. Fast die Hälfte der Studienanfängerinnen und -anfänger haben einen Migrationshintergrund, die Mehrheit der Studierenden an der HRW sind Studienpioniere, knapp 60 Prozent kommen aus nicht-akademischen Elternhäusern[1]. Die Diversität der Studierenden spiegelt sich auch in der Vielfalt der bisherigen Bildungswege wieder[2]. Eine zentrale Herausforderung ist es, der Diversität besser begegnen und Studierende bestmöglich in ihrem Studium begleiten zu können. Möglichkeiten der Digitalisierung können die Hochschule hierbei unterstützen.

Eine matrixgestützte *Fachbereichsstruktur* ermöglicht es, *Studiengänge* über die *Fachbereiche* hinweg zu planen und anzubieten. Neben der Größe der Hochschule ist dies ein entscheidender Faktor, der es notwendig macht, die Hochschule weitgehend zentral zu organisieren. Daher besteht neben den Fachbereichen ein Servicebereich, der die Hochschule zentral unterstützt. Hierzu zählen zum Beispiel die zentrale *Semester- und Raumplanung*, eine zentrale Organisation der *Lernflächen* und zentralisierte *IT-Infrastrukturen*. Durch die relativ star-

---

[1] Studieneingangsbefragung an der HRW im Wintersemester 2018/19.
[2] Abitur 61,1%, Fachhochschulreife 33,8%, Fachgebundene Hochschulreife 2,4% (Studieneingangsbefragung an der HRW im Wintersemester 2018/19).

Open Access. © 2020 Annamaria Köster, Susanne Staude und Thomas Bieker, published by De Gruyter. This work is licensed under the Creative Commons Attribution-NonCommercial-NoDerivatives 4.0 License.
https://doi.org/10.1515/9783110653663-013

ke Zentralisierung ist die Entwicklung und Umsetzung von Strategien ein entscheidender Faktor. Hierzu bindet die Hochschule verschiedene *Stakeholder* auf unterschiedlichsten Ebenen von der Strategieentwicklung bis hin zur Umsetzung und Evaluation mit ein. Eine hochschulweite Beteiligung und Diskussion ist für die HRW unabdingbar für die Weiterentwicklung und Qualitätssicherung von Studium und Lehre.

Im Folgenden werden als Grundlage die Strategien und insbesondere der Weg zur Strategie und deren Umsetzung dargestellt. Einen besonderen Stellenwert nehmen hier die *Kommunikationsprozesse* zwischen den verschiedenen Stakeholdern ein. Die Strategien bilden die Grundlage für die Praxisbeispiele, die abschließend dargestellt werden.

Hochschulstrategie für gute Lehre

Im *Hochschulentwicklungsplan* werden die strategischen Ziele der HRW von der Hochschulleitung für die kommenden fünf Jahre festgelegt und um Fachbereichsentwicklungspläne ergänzt. Das Thema Digitalisierung ist sehr bedeutsam und durchdringt alle strategischen Handlungsfelder des Hochschulentwicklungsplans. Um die Kooperation an der Hochschule zu steigern, spielt „das Zusammenwirken aller Beschäftigten an der HRW und ihre Motivation [...] eine entscheidende Rolle" (HRW 2017a). Um eine effiziente Unterstützung zu ermöglichen, arbeiten Servicebereiche und Fachbereiche eng zusammen, handeln Serviceleistungen aus und kommunizieren diese.

Neben den strategischen Zielen zur Unterstützung der Fachbereiche durch den Servicebereich werden im Hochschulentwicklungsplan im Bereich „Studium und Lehre" inhaltliche Ziele zur Digitalisierung des Lehrens und Lernens konkretisiert. Die HRW verfolgt das Ziel, die Absolventinnen und Absolventen auf die digitale Welt vorzubereiten. Dazu sollen unter anderem die Möglichkeiten der Digitalisierung im Bereich *E-Learning* und *Blended Learning* weiter ausgebaut werden. Gefordert werden *innovative Lehrmethoden* und *Studiengangskonzepte*, moderne Studienbedingungen sowie eine didaktisch sinnvolle und fachlich aktuelle Lehre.

Ausgehend vom Hochschulentwicklungsplan wurde in einem hochschulweiten Prozess ein *Leitbild Guter Lehre* (HRW 2017b) mit dem Leitmotiv „Begeistert lehren und lernen" entwickelt und im Hochschulsenat verabschiedet. Dieses Leitbild flankieren neun Standards *Guter Lehre*. Bei der Entstehung des Leitbilds wurden alle Lehrenden und die Beschäftigten des Servicebereichs sowie Studierende beteiligt. Ziel war es, möglichst viele Mitglieder in den Prozess der

Erstellung zu involvieren, um ein Leitbild zu schaffen, das von der Hochschule gelebt wird. Das Leitbild und die Standards *Guter Lehre* bilden die Grundlage für die Weiterentwicklung der Studiengänge und die zentrale Finanzierung (insbesondere aus Qualitätsverbesserungsmitteln) in Studium und Lehre.

Das Leitbild dient als Basis für die Qualitätsentwicklung und steht damit in engem Zusammenhang mit Vorhaben zur Digitalisierung in der Lehre. Die Digitalisierung im Bereich Studium und Lehre soll beispielsweise die folgenden Aspekte guter Lehre unterstützen:

> Gute Lehre basiert auf gemeinsamen Standards und berücksichtigt dabei die Individualität und Vielfalt der Lehrenden und Studierenden. Unterschiedliche Lehr-Lern-Formate und didaktische Methoden tragen dieser Vielfalt Rechnung, die verschiedenen Methoden des E-Learning unterstützen Raum- und Zeitsouveränität des Lernens.
> Gute Lehre fordert und fördert die Eigenverantwortung der Studierenden für ihr eigenes Lernen. Die Lehrenden unterstützen die Studierenden in diesem Prozess und fordern sie im Studienverlauf zunehmend zu eigenverantwortlichem selbstgesteuerten Lernen heraus.
> Studierende und Lehrende werden mit professionellen Service-Leistungen unterstützt, die sich an den Zielen der Studiengänge orientieren. Voraussetzung hierfür ist der regelmäßige Austausch zwischen den Akteuren, der von Vertrauen und Respekt gekennzeichnet ist. (HRW 2017b)

Die HRW möchte im Sinne des Hochschulentwicklungsplans und des Leitbilds *Guter Lehre* der Diversität der Studierenden und Lehrenden mit bestmöglichen Rahmenbedingungen begegnen, um das Lernen und Lehren zu fördern. E-Learning bietet Möglichkeiten, der Diversität der Studierenden besser begegnen zu können. Unter E-Learning wird an der HRW die Nutzung von elektronischen Werkzeugen in Lehr-Lernszenarien verstanden, die einen didaktischen Mehrwert erzielen und damit zur Qualitätsverbesserung von Studium und Lehre beitragen. Besondere Bedeutung kommt hierbei der Individualisierung des Lernens zu. Diese ist auch elementarer Bestandteil der E-Learning Strategie (HRW 2018).

Die E-Learning-Strategie besteht aus drei Grundpfeilern:
- der *Individualisierung* des Lernens (Berücksichtigung von individuellen Lernvoraussetzungen wie Vorwissen, Tempo und Strategien),
- der *Flexibilisierung* des Lernens (orts- und zeitunabhängiges Lernen, Mobilität und Familienfreundlichkeit) und
- der *Praxisorientierung* (21st century skills, fachspezifische digitale Kompetenzen).

Ziel ist es, die individuellen *Lernvoraussetzungen*, unterschiedlichen *Lernstrategien* und speziellen Bedürfnisse der Lernenden mittels E-Learning besser aufgreifen zu können, um die Studierenden bestmöglich in ihrem Lernen (z. B.

auch durch direktere Feedbackmethoden) zu unterstützen. Auch sieht die HRW durch E-Learning die Möglichkeit, zeit- und ortsunabhängiges Lernen zu ermöglichen, um damit der Diversität von Lehrenden und Lernenden Rechnung zu tragen und zeitgemäße, praxisnahe und berufsrelevante Lernmöglichkeiten zu schaffen (Flexibilisierung des Lernens). Durch *Individualisierung*, *Flexibilisierung* und *Praxisorientierung* lässt sich das Profil der HRW schärfen und trägt somit zu einer Außendarstellung im Sinne der Vision „Die HRW leistet einen zentralen Beitrag zur Zukunftsfähigkeit des westlichen Ruhrgebiets" bei.

Bisher gab es an der HRW unterschiedliche Vorgehensweisen zur Erarbeitung und Umsetzung von Strategien. So war der strategische Prozess zur Entwicklung des Hochschulentwicklungsplans '21 Top-down und der zur Entwicklung der E-Learning Strategie Bottom-up organisiert. Die *E-Learning-Strategie* wurde von einer Arbeitsgruppe bestehend aus Lehrenden aller Fachbereiche und dem Servicebereich (IT, Hochschuldidaktik, E-Learning) bedarfsorientiert entwickelt, in Hochschulgremien diskutiert und dem Präsidium vorgeschlagen. Strategische Vorhaben werden in Kommissionen (z. B. für Qualitätsverbesserung Studium und Lehre) und dem Senat diskutiert und verabschiedet. Die Hochschulleitung sieht sich im Prozess als zentrale (beratende) Instanz, um ein hochschulweites Vorgehen umsetzen zu können. Ziel ist es bei strategischen Überlegungen, alle *Stakeholder* mit einzubeziehen, um ein gemeinsames Verständnis von Strategien sowie deren Umsetzung und Weiterentwicklung zu bewirken.

Die Umsetzung ist eine gemeinsame Verantwortung, somit werden die Fachbereiche und der Servicebereich in den Abstimmungsprozess eingebunden. Daher ist es geplant, auch den Entwicklungsprozess des neuen Hochschulentwicklungsplans mehr aus der Hochschule heraus zu entwickeln. Im Rahmen eines Kick-Offs mit Beteiligung aller Interessierten aus den Fachbereichen, Servicebereichen und weiteren zentralen Stellen wurde der Grundstein gelegt. Die Studierenden haben sich damit zusammenhängend in einem mehrtägigen Workshop mit den Zukunftstrends und -entwicklungen sowie deren Implikation für die HRW beschäftigt und werden so in den Prozess der strategischen Weiterentwicklung der HRW involviert.

Strategien an der HRW sollen von allen Mitgliedern getragen werden. Dazu initiiert die Hochschulleitung *Strategieprozesse*. Sie fördert und unterstützt aber auch die Bottom-up-Entwicklung von Strategien in der Hochschule. Strategien und Umsetzungsentwürfe werden in Arbeitsgruppen, Gremien und anderen Austauschformaten aktiv erarbeitet, diskutiert und durch eine kooperative Arbeitsweise in die Hochschule integriert. Umsetzungsbeispiele werden in kollegialen Formaten hochschulweit vorgestellt und diskutiert.

Gemeinsam wird mit einem zentralisierten Servicebereich und den Fachbereichen an ineinandergreifenden Umsetzungsstrategien und -möglichkeiten gearbeitet. Digitale Strukturen unterstützen die HRW bei der Flexibilisierung und Individualisierung des Lernens und ermöglichen den Praxisbezug in der Lehre. So bietet der Servicebereich integrierte Dienste sowie Lösungen an und berät zum Einsatz dieser in der Lehre. Beispiele hierzu werden im folgenden Abschnitt erläutert.

Umsetzungsszenarien und Beispiele

Die Hochschule hat sich explizit gegen eine Digitalisierungsstrategie im herkömmlichen Sinne entschieden. Auch und vor allem beim Thema Digitalisierung gilt, dass eine Durchdringung der Digitalisierung in allen relevanten Handlungsfeldern zwingend erforderlich ist und dementsprechend zum Beispiel direkt im Hochschulentwicklungsplan strategisch verankert ist.

Die Entwicklung der lehrunterstützenden Strukturen der noch jungen Hochschule zeigt die Vorteile auf: Es wurde von Beginn an eine verzahnte, soweit wie möglich digitalisierte System- und Prozesslandschaft entwickelt. Das Zusammenspiel von Bibliothek und Mediendiensten, IT-Infrastruktur, der Gestaltung von Lernflächen und -plattformen (Moodle) mit dem integrierten *Campus-Management-System* wurde so von Anfang an bestmöglich gefördert. Beispiele dafür sind unter anderem die Einbindung der Studierenden in die Unified Communication-Prozesse der Hochschule (Videokonferenzen für Studierende im Self-Service) bis zur orts- und gerätunabhängigen Verfügbarkeit nahezu aller von der Hochschule für Studierende lizensierter Software (*Bring Your Own Device*).

Lehrende der HRW integrieren an vielen Stellen digitale Tools in ihre Lehre. Dazu nutzen sie verschiedene Methoden und setzen zum Beispiel *Inverted Classroom-Szenarien* um. Im Sinne der Qualitätsentwicklung betreiben Lehrende *forschendes Lehren* und evaluieren damit ihre umgesetzten Maßnahmen und entwickeln diese weiter (Altieri et al. 2017; Altieri et al. 2018).

Die zentralen Servicebereiche haben den Anspruch, alle Mitglieder der HRW zu unterstützen und ihnen nachhaltige Infrastrukturlösungen und Serviceangebote anzubieten. Im Austauschprozess mit den Fachbereichen werden zentrale Services entwickelt und nachhaltig in die Hochschule integriert. Ziel ist es, Qualitätsentwicklung zu betreiben und Studierende und Lehrende bestmöglich in ihrem Lernen beziehungsweise Lehren zu unterstützen.

Beispiel 1: Vorlesungsaufzeichnungen

Vorlesungsaufzeichnungen an der HRW dienen in allererster Linie der Flexibilisierung des Lernens. Studierende können orts- und zeitunabhängig Vorlesungen ansehen und nachbereiten. Die Aufzeichnungen werden teilweise aber auch von den Lehrenden als kleine Lerneinheiten bereitgestellt und mit Aufgaben kombiniert. Ob Vorlesungsaufzeichnungen stattfinden sollen, wird zunächst vor Vorlesungsbeginn zentral bei der Lehrveranstaltungsplanung abgefragt. Es werden dann entsprechend die Hörsäle zugewiesen, in denen das Aufzeichnen möglich ist. In den Hörsälen ist jeweils eine zentral verwaltete Medientechnik mit einer zentralen Steuerung verbaut. So kann das Bild über die Deckenkamera und/oder das Beamerbild aufgenommen werden. Das Beamerbild speist sich aus drei verschiedenen Quellen, die Lehrende selbst wählen können. Das ist zum einen die Deckenkamera, zum anderen das Bild der Dokumentenkamera als Tafelersatz und die Ausgabe des Rechners, zum Beispiel mit einer Powerpoint-Präsentation. Zudem gibt es eine Mikrofonanlage. Damit das Anschließen und Umstellen der Ressourcen reibungsfrei verläuft, erhält jede Mitarbeiterin und jeder Mitarbeiter der HRW eine Arbeitsplatzausstattung, die zentral beschafft wird. So ist die Passung zwischen den eigenen Geräten und der Medientechnik vor Ort garantiert.

Wurde ein Raum für die Vorlesungsaufzeichnung gebucht, findet ein Beratungsgespräch des E-Learning-Teams mit den Lehrenden statt. Diese berichten über ihre Wünsche und Ziele, die sie mit der Aufzeichnung verfolgen. Abhängig von den Szenarien der Lehrenden werden die Einstellungen und Termine übernommen und verbucht. Beginnt eine Vorlesung, beginnt automatisch auch die Aufzeichnung. Die unterschiedlichen Ressourcen werden durch die Lehrenden mit der Medientechnik im Raum gesteuert. Die Aufzeichnung wird automatisch zum Ende der Veranstaltung beendet und auf dem Streaming-Server der HRW bereitgestellt.

Momentan erfolgt das Einbinden des Videos in den Moodle-Kurs und das Versehen mit Kapiteln noch händisch durch den Servicebereich. In Zukunft wird hier ein *Videomanagementsystem* eingesetzt, das sowohl den Prozess der Moodle-Integration realisiert, als auch den Lehrenden einfache Möglichkeiten des Schnitts und der Kapitelsetzung einräumt. Die Videos werden erst nach Sichtung der Lehrenden für Studierende freigeschaltet. Am Ende des Semesters findet eine Evaluation der Aufnahmen statt. Die Aufzeichnungen werden in der regulären Lehrveranstaltungsevaluation von den Studierenden evaluiert. Zudem reflektieren die Lehrenden mit den Servicemitarbeiterinnen und -mitarbeitern in einem Feedbackgespräch, ob sie ihre Ziele erreicht haben (auch in Hinblick auf die studentische Evaluation) und welche Weiterentwicklungsperspektiven sie sehen. Je nach Ergebnis der Evaluation werden die Aufzeichnungen beziehungsweise der Prozess der Vor- und Nachbereitung der Aufzeichnungserstellung angepasst und zentral weiterentwickelt. Die Realisierung von zurzeit noch händischen Prozessschritten durch die Übernahme eines Videomanagementsystems und zusätzliche Funktionserweiterungen, waren beispielsweise zentrale Weiterentwicklungswünsche, die sich aus den Feedbackgesprächen ergeben haben. Diese Weiterentwicklungswünsche wurden an die Senatskommission für Studium und Lehre weitergegeben und durch zentrale Mittel für die Weiterentwicklung finanziert.

Wie beschrieben, werden Vorlesungsaufzeichnungen auf der Lernplattform bereitgestellt. Die Integration von Moodle als zentrale Lernplattform ist das zweite Beispiel, auf das im Folgenden eingegangen wird.

Beispiel 2: Lernplattform Moodle

Moodle ist die zentrale Lernplattform der HRW seit dem Sommersemester 2017. Nach einem diskursiven Prozess zur Anforderungserhebung und zu Umsetzungsmöglichkeiten innerhalb der Hochschule wird die *Lernplattform* bedarfsorientiert bereitgestellt und stetig weiterentwickelt. Moodle verfügt über eine Schnittstelle zum *Campus-Management-System* der Hochschule und importiert automatisiert Lehrveranstaltungen aus dem zentralen Vorlesungsverzeichnis. Die Lehrveranstaltungen werden zunächst unsichtbar angelegt und durch die betreffenden Lehrenden den Studierenden zur Verfügung gestellt. Nutzerinnen und Nutzer werden automatisiert den jeweiligen Kursen hinzugefügt, sodass hier nach Anmeldung der Studierenden im zentralen Veranstaltungssystem keine weitere Anmeldung für einzelne Kurse erforderlich ist.

Des Weiteren werden weitere Systeme integriert, um Studierenden und Lehrenden einen möglichst medienbruchfreien Umgang zu ermöglichen. Beispielsweise werden digitale Ressourcen und Semesterapparate im Präsenzbestand in der Hochschulbibliothek angeboten. Diese werden nun für die entsprechende Lehrveranstaltung auch im jeweiligen Moodlekurs integriert und verlinkt.

Auch besteht eine Schnittstelle zur *Lehrveranstaltungsevaluation*. Sobald die Evaluation von der zentralen Evaluationsstelle der HRW freigeschaltet wird, sehen Studierende auf ihrer Moodlestartseite die Veranstaltungen, die sie evaluieren können und werden auf den entsprechenden Fragebogen verlinkt. In die Moodlekurse sind zudem Möglichkeiten zur Videokonferenz integriert, sodass Lehrende zum Beispiel Sprechstunden oder Webinare örtlich flexibel anbieten können.

Fazit

Diese (automatisierten) integrierten Strukturen setzen ein gutes Ineinandergreifen der Servicestrukturen und die Passgenauigkeit der Angebote auf die Bedarfe voraus. Nur durch eine gemeinschaftliche Planung und einem Bestreben, Prozesse zu zentralisieren, kann die HRW diesen Service anbieten. Dies setzt nicht nur eine gute technische Infrastruktur voraus, sondern auch begleitendende Aushandlungs- und Kommunikationsprozesse innerhalb der Hochschule. Zudem ist ein guter Support unabdingbar. Die Bereiche *E-Learning* und *IT* verfügen über einen zentralen Support, der via Ticketsystem und Telefonsupport Anfragen der Hochschulmitglieder aufnimmt, weiterleitet und bearbeitet. Erst durch die Kommunikation und Kooperation mit allen Bereichen der Hochschule sowie einer klaren Zielformulierung kommen die Vorzüge der automatisierten technischen Infrastruktur zum Tragen. Hierbei handelt es sich nicht um einen Selbstläufer, sondern um einen erforderlichen ständigen Abgleich mit bestehenden Zielen, Anforderungen und Entwicklungen. Auch wenn die HRW hier schon den Grundstein gelegt hat, so ist dies auch weiterhin eine große Herausforderung.

Aus diesem Grund sind auch die Kommunikationsanlässe institutionalisiert. In verschiedenen Formaten tauschen sich Lehrende und Mitarbeitende aus dem Servicebereich zur Digitalisierung in Studium und Lehre bzw. zum (digitalen) Lehren und Lernen aus (z. B. „E-Learning Day", „Tag der Lehre", „Gute Lehre HRW" und die „Stulle um 12") aus. Abgerundet wird der Servicegedanke durch ein breites Beratungsangebot für Lehrende, zum Beispiel durch die Hochschuldidaktik, den Bereich E-Learning und das Studiengangsqualitätsmanagement.

Literatur

Altieri, M.; Friese, N.; Köster, A. (2017): Nutzung von Präsenzübungen für tiefes Lernen durch Delegieren von Schema-Rechenaufgaben an ein eLearning-System. In: U. Kortenkamp; A. Kuzle (Hrsg): *Beiträge zum Mathematikunterricht*. Münster: WTM-Verlag, 1177–1180.
Altieri M.; Köster A.; Friese N.; Paluch D. (2018): Größerer Lernerfolg durch Pausen in Lernvideos? Eine Untersuchung zu segmentierten Lernvideos in der Ingenieurmathematik. In: Fachgruppe Didaktik der Mathematik der Universität Paderborn (Hrsg): *Beiträge zum Mathematikunterricht 2018*. Münster: WTM-Verlag, 149–152.
HRW – Hochschule Ruhr West (2017a): *Hochschulentwicklungsplan*. Unveröffentlichtes Dokument.
HRW – Hochschule Ruhr West (2017b): *Leitbild Guter Lehre* https://www.hochschule-ruhr-west.de/die-hrw/lehre-an-der-hrw/leitbild-lehre/.
HRW – Hochschule Ruhr West (2018): *E-Learning Strategie*. https://www.hochschule-ruhr-west.de/die-hrw/lehre-an-der-hrw/e-learning/hochschulstrategie/.

Alexa Böckel
Studentische Perspektiven auf die digitale Transformation der Hochschulen

Strukturen, Vernetzung und Partizipation

Die digitale Transformation

> Digitalisation plays a role in all areas of society and we recognise its potential to transform how higher education is delivered and how people learn at different stages of their lives. We call on our higher education institutions to prepare their students and help them to act creatively in a digitalised environment. (Paris Communiqué 2018)

Diese Aussage der Ministerinnen und Minister im *Paris Communiqué* verdeutlicht die Rolle der Hochschulen in der digitalen Transformation den Studierenden gegenüber: Die digitale Transformation wird als Chance betrachtet, eine Lernumgebung zu schaffen, die Studierende gestalten können. Durch die Einbeziehung in Gestaltungs- und Entscheidungsprozesse wird es den Hochschulen ermöglicht, zukünftige Entwicklungen an die Bedürfnisse ihrer Nutzerinnen und Nutzer anzupassen – den Studierenden. Wie Studierende bislang an ihren Hochschulen eingebunden sind, digitale Entwicklungen zu prägen, zeigt die Umfrage der studentischen Arbeitsgruppe des *Hochschulforums Digitalisierung* – mehr als 60 Prozent der deutschen Studierenden sind nicht der Meinung, dass sie aktuelle Veränderungsprozesse mitgestalten können.

Innerhalb der ersten Kohorte der *#DigitalChangeMaker* des *Hochschulforums Digitalisierung* wurde deutlich, dass es in den Hochschulen an vielen Stellen an grundständiger Ausstattung und Infrastruktur mangelt und dass Innovations- und Experimentiermöglichkeiten fehlen, die von Perspektiven und Bedürfnissen der Studierenden geprägt sind.

Im Folgenden werden die Erfahrungen aus der studentischen Arbeitsgruppe *#DigitalChangeMaker* genutzt, um die Frage zu beantworten: Was ist notwendig, damit der Prozess zum digital gestützten Studieren einen Mehrwert erzeugt und sichergestellt werden kann, dass der Prozess im Sinne der Nutzerinnen und Nutzer abläuft?

Digitale Strukturen

Strukturen bestehen auf verschiedenen Ebenen und können sowohl materieller als auch immaterieller Natur sein. Beide sind die Grundlage für eine ganzheitliche digitale Transformation der Hochschule inklusive der Forschung, Lehre und Verwaltung.

Auch wenn die Relevanz der basalen Ausstattung der Hochschulen keine Überraschung birgt, so ist es dennoch wichtig, ein Augenmerk darauf zu legen. Denn: Die *digitale Infrastruktur* ist die notwendige Voraussetzung für alle weiterführenden Entwicklungen und für grundständiges Lehren und Lernen. Es beginnt mit der Verfügbarkeit von kostenlosem *WLAN* über den gesamten Campus, in der Bibliothek und in den Arbeitsräumen. WLAN-Netze müssen auch für Studierende anderer Hochschulen zur Verfügung stehen, damit auch das Besuchen anderer Bibliotheken erleichtert wird. Europäische Initiativen wie *Eduroam* machen es möglich, in mehr als 101 Ländern kostenlos WLAN zu nutzen, ohne sich erneut einloggen zu müssen (Eduroam 2019) und tragen damit zu einer besseren Mobilität von Studierenden bei.

Weiterhin sind Serverkapazitäten ein Thema, welches nicht im momentanen Fokus der Debatte steht, jedoch ebenfalls Bedingung für zukünftige Entwicklung und Experimentierräume ist. Sobald Studierende oder Lehrende eigeninitiativ *digitale Lehr-Lernumgebungen* aufbauen, ein *soziales Netzwerk* innerhalb der Hochschule entwickeln oder kollaborativ an Dokumenten arbeiten wollen, sind Serverkapazitäten vonnöten. Hochschulleitungen sollten also sichergehen, dass einerseits finanzielle Ressourcen dafür vorgesehen sind, aber auch personelle Kapazitäten, die bei der experimentellen Entwicklung unterstützen können.

Es ist zu erwarten, dass Studierende in der Nutzung ihrer Geräte diverser werden, das bedeutet, dass nicht nur Laptops zum Studieren genutzt werden, sondern auch Tablets und Smartphones (Sevillano-Garcia/Vázquez-Cano 2015). Bislang werden von den Lehrenden hauptsächlich PDFs und PowerPoint-Folien angeboten. Was spricht dagegen die Vorlesung als Podcast oder Video zur Verfügung zu stellen? Zudem sind Studierende nicht zwangsläufig auditive oder visuelle Typen, sondern es benötigt diverse Zugänge, um Inhalte zu verinnerlichen. Auch dafür müssen Hochschulen Infra- und Supportstrukturen bereitstellen.

In Ergänzung zur grundständigen Ausstattung benötigt es neue Mechanismen, wie Lizenzen für Software und Programme erworben werden. Einerseits braucht es regelmäßige Kommunikation mit den Studierenden, ob die zur Verfügung gestellte Software den benötigten Standards entspricht. Andererseits braucht es einen Abgleich mit den Standards außerhalb der Hochschule, damit das Studium auch auf die Nutzung von verschiedenen Programmen in der Wirtschaft oder im öffentlichen Sektor vorbereitet. Eine Möglichkeit ist, ein bestimmtes Budget für die Studierenden freizugeben und diese entscheiden zu lassen, welche Lizenzen als Nächstes erworben und welche nicht mehr benötigt werden. Insgesamt sollte jeglicher Prozess darauf überprüft werden, ob sie den Nutzerinnen und Nutzern dienen und nicht, ob der Prozess in sich schlüssig ist, denn: „Digitalisation of education is not a goal in itself but can be used as a mean to achieve other goals" (European Student Union 2019).

Von den Voraussetzungen zum Mehrwert

Digitalisierung als Mittel, um Mehrwert zu erzeugen – diese Hoffnung treibt einige Hochschulen an, ihre Strukturen zu überdenken. Was digitale Innovationen wie das Internet bislang geschafft haben, ist die *Vernetzung* von Menschen, die bislang nicht verbunden waren. Dies lässt sich auch auf Lernende übertragen – Vernetzung innerhalb von Studiengängen, innerhalb der Hochschule, von Inhalten und Innovationen. *Problemorientiertes Lernen und Lehren*, die Entwicklung von Lösungen für realweltliche Probleme im internationalen Kontext und das Aufbrechen von disziplinären Grenzen sind nur einige Anwendungsfelder. Doch wie können Hochschulen diese Vernetzung unterstützen?

Es beginnt mit der Vernetzung innerhalb der Hochschule. Einerseits braucht es analoge, physische Räume für Studierende, die frei genutzt werden können. Diese müssen sich jedoch auch im digitalen Raum widerspiegeln. Es sollte Möglichkeiten geben, innerhalb von Seminaren gemeinsam an Dokumenten zu schreiben, Literatur abzulegen, zu brainstormen, Meilensteine festzulegen und Aufgaben zuzuordnen. So lange Hochschulen keine eigenen Lösungen anbieten, greifen Studierende auf privatwirtschaftliche Angebote zurück und sind damit gezwungen, ihre Daten unter fragwürdigen Bedingungen freizugeben. Es sollten sich allerdings nicht nur die Lernenden vernetzen, sondern auch die Hochschulen und ihre Supportstruktur. Auch wenn *Moodle*, *Stud-IP* und Co. dies versuchen, können sie bislang nicht mit der Usability der wirtschaftlichen Angebote mithalten. Andererseits stellt sich die Frage, ob Studierende digital bei der Gründung von Initiativen und Unternehmen unterstützt werden. Dazu bedarf es sozialer Netzwerke, eines Eventkalenders, der von Studierenden frei genutzt werden kann, oder eines Kommunikationskanals, der individuell eingerichtet werden kann. Dabei wäre entscheidend, dass studentische Initiativen nicht auf Facebook und Instagram angewiesen sind, um über ihr Angebot zu kommunizieren, sondern dass sie ohne Verwaltungsaufwand eine eigene Subdomain auf der Hochschulwebsite anlegen und dort regelmäßig Inhalte einspielen können.

Zusätzlich können Hochschulen bestehende soziale Netzwerke nutzen, um zu verstehen, was aktuelle und relevante Themen sind. Beispielsweise wird die Plattform *Jodel* genutzt, um sich über prüfungsrelevante Fragen, wie die Anmeldefrist für die nächste Klausurenphase, auszutauschen oder welche Professorinnen und Professoren eine herausragende oder besonders schlechte Vorlesung gehalten haben. Hier können Hochschulen einerseits Informationen korrigieren, andererseits auch nachvollziehen, an welchen Stellen Fragen offenbleiben oder Verbesserungen nötig sind.

Weiterhin ist die Vernetzung zwischen Studiengängen relevant, um flexibel in der eigenen Perspektive zu bleiben und interdisziplinär an realweltlichen Problemen zu arbeiten. Eine Möglichkeit, dies zu unterstützen, wäre die Entwicklung eines Algorithmus, der eigene Präferenzen in der Kurswahl analysiert und auf Basis dessen, neue Seminare in anderen Studiengängen vorschlägt. Voraussetzung dafür ist natürlich die flexible Ausgestaltung der Rahmenprüfungsordnung.

Die Vernetzung zwischen den Hochschulen benötigt Standardisierung und Öffnung von *Learning-Management-Systemen* und Offenheit für eine neue Rolle der Hochschulen (Schärtl 2019). Vor allem in geographischen Gebieten, wo Hochschulen nah beieinanderliegen, bietet es sich an, zusammenzuarbeiten. Studierende würden stark davon profitieren, an benachbarten Hochschulen Kurse besuchen und Prüfungen ablegen zu können. So ist eine stärkere Spezialisierung möglich, vor allem wenn die Hochschulen nicht zu den Größeren gehören. Dies wird erst durch eine digitale Infrastruktur möglich: Es könnten Informationen aus dem Transcript of Records von der einen Hochschule zur anderen übertragen werden. Vorlesungsverzeichnisse wären einsehbar und Studierende könnten sich einen individuellen Stundenplan auf der Basis der Angebote der verschiedenen Hochschulen erstellen.

Darüber hinaus sind das Belegen und Anerkennen von Online-Kursen beziehungsweise *MOOCs* (Massive Open Online Course) an den wenigsten Hochschulen Normalität. Dabei können *MOOCs* vor allem dazu beitragen, sich in einzelnen Bereichen zu spezialisieren oder den Horizont durch neue disziplinäre Zugänge zu erweitern. Studierende werden das Angebot von Onlinekursen erst vollständig nutzen, wenn sie es für ihr Studium anerkennen lassen können.

Ähnlich wie in Bezug auf Lehrangebote verhält es sich mit wissenschaftlicher Literatur. *Sci-Hub* und *researchgate* gehören bei vielen Studierenden und jungen Forschenden zum Alltag (Nicholas et al. 2019), denn ihre Hochschulen stellen ihnen nicht ausreichend Zugang zu wissenschaftlichen Journals und

Verlagen zur Verfügung. Es sollte nicht notwendig sein, dass Studierende auf halblegale Plattformen angewiesen sind, um relevante Inhalte zu bekommen. Wissen muss an jedem Ort zu jedem Zeitpunkt und für alle Menschen zur Verfügung stehen, was sich mit der Perspektive der DINI AG deckt (DINI 2018).

Kriterien der Ausgestaltung

An welchen Kriterien sollten sich die zukünftigen Strukturen der Hochschulen orientieren? Das Mantra der *Open Source*- und *Open Education Resource*-Communities sollte zum Mantra der Hochschulen werden. Denn das Ziel sollte nicht sein, Wettbewerbsfähigkeit herzustellen, sondern relevantes Wissen zu generieren, Wissen zu vermitteln und Fähigkeiten zu entwickeln. Dafür braucht es Offenheit innerhalb der eigenen Hochschule, aber auch gegenüber anderen Hochschulen. Das Mindset der Kollaboration statt Rivalität hilft dabei, Synergien zu schaffen, anstatt eigene Vorteile auszubauen und dennoch hintenan zu sein. Werden innerhalb der Hochschule eigene Programme oder Learning-Management-Systeme aufgebaut, sollten diese nachvollziehbar dokumentiert sein, damit andere sie nutzen und zur Weiterentwicklung beitragen können.

Jedwede Struktur sollte es allen Studierenden ermöglichen, zu studieren, unabhängig von psychischen und physischen Voraussetzungen, biologischem Geschlecht, sexueller Orientierung, religiöser Überzeugung oder kulturellen Hintergründen. Digitalisierung kann dabei helfen, individuelle Bedürfnisse flexibler zu befriedigen und gleichzeitig ein größeres Angebot bereitzustellen.

Dabei dürfen die benötigten Ressourcen nicht aus den Augen verloren werden. Oftmals werden die bereits bestehenden Geräte nicht zur Gänze genutzt, flexible Lehr- und Lernräume sind über Fakultätsgrenzen hinweg nicht bekannt und deswegen nicht ausgelastet oder Lösungen bestehen in ähnlicher Form an anderer Stelle bereits. Bevor ressourcenaufwändige Veränderungen angegangen werden, sollten Testläufe durchgeführt werden, um die Eignung und die Nutzungsfrequenz der Neuerung zu überprüfen. Zudem sind nicht alle Strukturen oder Prozesse besser, nur weil sie digital zur Verfügung stehen. Ein reflektierter Umgang mit Veränderung in Verbindung mit Offenheit, Transparenz und Kollaboration sollten die Werte der Digitalisierung der Hochschulen sein. Und diese Werte gelten auch für das Verhältnis zu ihren Studierenden und sollten Partizipation ermöglichen.

Digitale Partizipationsformen

Partizipation und Digitalisierung begegnen sich auf zwei Ebenen: Wie bereits erwähnt, benötigt es auf der einen Seite die Einbindung von Studierenden, um zu garantieren, dass die digitale Transformation den Nutzerinnen und Nutzern dient. Die *DINI AG* fordert ebenfalls, dass die Ausgestaltung der Lernräume, und dies nicht nur in Bezug auf physische Lernräume, von Studierenden mitgestaltet werden muss (DINI 2018). Auf der anderen Seite ist Digitalisierung nicht nur Gegenstand der Diskussion, sondern kann auch Mittel sein, da digitale Tools dabei helfen können, Studierende partizipieren zu lassen. Grundsätzlich ist Partizipation auf einer Skala zu betrachten, beispielsweise der *Participation Ladder* (Arnstein 1969). Diese spannt sich von der Manipulation bis hin zur absoluten Kontrolle der partizipierenden Gruppe. Es geht folglich nicht darum, ob Studierende eingebunden wurden oder nicht, sondern auf welche Art und Weise.

Je nach Entscheidungsgegenstand und Fortschreitungsgrad im Innovationsprozess bieten sich verschiedene Formate an. Zu Beginn des Prozesses, wenn noch keine Konzepte bestehen, können Hackathons und Workshops genutzt werden, um Ideen von den Studierenden aufzunehmen. Über diese Aktivitäten und Ergebnisse kann online berichtet werden, und weitere Studierende können die neuen Konzepte kommentieren. Wenn neue Orte an der Hochschule gestaltet werden sollen, kann eine Verbindung von Digitalem und der örtlichen Einbindung erfolgen: Die Universität Konstanz hat zum Beginn der Umgestaltung ihrer Bibliothek die Studierenden eine Wand mit ihren Wünschen und Ideen beschreiben lassen. Hierfür eignet sich auch ein digitales Äquivalent, wie ein Smartboard oder ein Tablet, welches an einem stark frequentierten Ort aufgestellt wird. Sobald Gelder für Innovationen zur Verfügung stehen, können Studierende über Crowdfundingkampagnen ihre Ideen vorstellen und die Hochschulgemeinde entscheiden lassen, welche Idee finanziell unterstützt werden soll. Und wenn die Auswahl der Optionen, zum Beispiel bei der Neuanschaffung von Geräten oder Software, bereits feststeht, können Online-Umfragen verwendet werden. Dies sind nur einige Ideen, wie digitale Tools genutzt werden können, um Studierende stärker an Gestaltungs- und Entscheidungsprozessen an ihrer Hochschule teilhaben zu lassen.

Fazit

Dieser Beitrag soll ein Denkanstoß für Hochschulen sein, die sich in der Umbruchphase befinden oder auf den Weg dorthin aufmachen. Es ist keinesfalls eine evidenzbasierte Ausarbeitung der aktuellen Situation, sondern der Beitrag soll dazu anregen, bestehende Strukturen zu hinterfragen und zukünftige Strukturen auf den genannten Prinzipien fußen zu lassen. Dabei können Studierende eine hilfreiche Quelle für Kritik und Ideen beziehungsweise – im besten Sinne – Changemaker sein. Dieses Potenzial sollte von den Hochschulen genutzt werden.

Literatur

Arnstein, S. R. (1969): A Ladder of Citizen Participation. *Journal of the American Institute of Planners* 35/4, 216–224.

DINI (2018): *Thesen zur Informations- und Kommunikationsinfrastruktur der Zukunft.* Göttingen: Deutsche Initiative für Netzwerkinformation e. V.

Eduroam (2019): *What is eduroam?* https://www.eduroam.org/what-is-eduroam/.

European Student Union (2019): *BM76 Statement on Digitalisation.* https://www.esu-online.org/?policy=digitalisation-statement.

Nicholas, D.; Boukacem-Zeghmouri, C.; Xu, J.; Herman, E.; Clark, D., Abrizah, A.; Rodríguez-Bravo, B.; Świgoń, M. (2019): Sci-Hub: The new and ultimate disruptor? View from the front. *Learned Publishing* 32/2, 147–153.

Paris Communiqué (2018): *Paris, May 25th 2018.* URL: http://www.ehea2018.pans/Data/ElFinder/s2/Communique/EHEAParis2018-Communique-final.pdf.

Schärtl, C. (2019): Die fortschreitende Digitalisierung als Herausforderung für die moderne Hochschullehre. *ZDRW Zeitschrift für Didaktik der Rechtswissenschaft* 5/4, 336–348.

Sevillano-Garcia, M. L.; Vázquez-Cano, E. (2015): The impact of digital mobile devices in higher education. *Journal of Educational Technology & Society* 18/1, 106–118.

Teil IV: **Physische Lehr- und Lernräume**

Bernd Vogel
Das Selbststudium der Studierenden
Ergebnisse einer Befragung zur zeitlichen und räumlichen Organisation des Lernens

Einleitung

Zu einem Studium gehört nicht nur der Besuch von Lehrveranstaltungen, sondern auch das selbstorganisierte Lernen. Mit der Einführung der Bachelor- und Masterstudiengänge ist der komplette Workload der Studierenden (Lehrveranstaltungen plus Selbststudium) in den Fokus der *Studienanforderungen* gerückt. Hinzu kommen neue kombinierte Lehr- und Lernformen wie etwa das projektorientierte Lernen. Die Hochschulen benötigen daher nicht nur eine bedarfsgerechte Ausstattung an Lehrräumen (Hörsäle, Seminarräume etc.), sondern auch ein passendes Angebot an studentischen Arbeitsplätzen für das *Selbststudium*.

Unter dem Begriff „Selbststudium" werden im Folgenden alle im Zusammenhang mit dem Studium erforderlichen Tätigkeiten außerhalb des Besuchs von Lehrveranstaltungen zusammengefasst: beispielsweise das Vor- und Nachbereiten von Lehrveranstaltungen, die Anfertigung schriftlicher Arbeiten, die Ausleihe und Lektüre von Fachliteratur oder die Prüfungsvorbereitungen.

Bereits 2013 wurde vom *HIS-Institut für Hochschulentwicklung* (HIS-HE) in Kooperation mit dem *Deutschen Zentrum für Hochschul- und Wissenschaftsforschung* (DZHW) eine bundesweite empirische Online-Befragung durchgeführt. Ziel war es, Daten darüber zusammenzutragen und auszuwerten, an welchen Orten und mit welchem zeitlichen Aufwand die Studierenden ihr Selbststudium verbringen und welche Rolle hierbei speziell die Hochschulbibliotheken spielen. Diese Befragung wurde 2018, also eine Generation von Studierenden später, wiederholt. Der vorliegende Beitrag fasst die zentralen Ergebnisse der Studie zusammen. Zunächst wird der zeitliche Aufwand für das Studium und für das Lernen dargelegt. Daran an schließt sich die Analyse, an welchen Orten die Studierenden lernen.

Dieser Beitrag verfolgt primär das Ziel, die Ergebnisse der Befragung deskriptiv darzulegen, um die Diskussionen über das Thema *Selbststudium* und

Open Access. © 2020 Bernd Vogel, published by De Gruyter. This work is licensed under the Creative Commons Attribution-NonCommercial-NoDerivatives 4.0 License.
https://doi.org/10.1515/9783110653663-015

über den Bedarf an Arbeitsplätzen für das selbstorganisierte Lernen der Studierenden in der Hochschule zu versachlichen.[1]

Präferenzen der Studierenden

Die Studierenden wurden zu Beginn danach gefragt, welche Präferenzen sie grundsätzlich bei der Wahl ihres Lernortes haben: „In Situationen, in denen Sie den Ort des Selbststudiums frei wählen können: Für welchen Ort entscheiden sie sich vorzugsweise?". Im Ergebnis zeigt sich, das rund zwei Drittel der Studierenden am liebsten zu Hause lernen, rund ein Drittel dagegen in der Hochschule. An Fachhochschulen wird weniger in der Hochschule gelernt als an Universitäten. Insgesamt lassen sich vier Präferenztypen identifizieren (Abbildung 1).

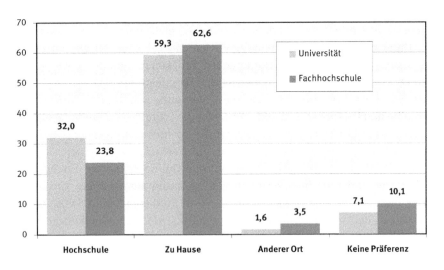

Abb. 1: Bevorzugter Ort des Selbststudiums (eigene Darstellung).

Die Bevorzugung des *Homeoffice* vor dem Lernen in der Hochschule zeigte sich bereits in der letzten Studie von 2013 und gilt für Universitäten wie Fachhochschulen und für alle Fächergruppen. Allerdings gibt es von Fach zu Fach deutliche Unterschiede: Bei den Fächergruppen Recht und Medizin finden sich die

---
[1] Die komplette Studie „Orte des Selbststudiums 2018" findet sich unter: https://his-he.de/publikationen/detail/publikation/orte-des-selbststudiums-2018/.

höchsten Werte für das Lernen in der Hochschule (40%), der niedrigste Wert entfällt auf Lehramtsstudiengänge (16%).

Als wichtigste Gründe für das Selbststudium zu Hause werden genannt:
- flexible Zeiteinteilung,
- Ruhe,
- Verpflegungsmöglichkeiten.

Folgende Gründe sprechen aus Sicht der Studierenden für das Lernen in der Hochschule:
- Kontakt mit Kommilitoninnen und Kommilitonen,
- Fachliteratur vor Ort,
- fachlicher Austausch.

Zu Hause wird vor allem dann gelernt, wenn es auf Ruhe und flexible Einteilung der Lernzeiten ankommt. Das Lernen in der Hochschule steht dann im Vordergrund, wenn kommunikative Aspekte im Mittelpunkt stehen.

Die Befragung zeigt auch, dass die Studierenden in der großen Mehrheit mit den aktuell vorhandenen Bedingungen zum Selbststudium in der Hochschule zufrieden sind (Abbildung 2).

Zufriedenheit mit den Möglichkeiten zum Selbststudium an der Hochschule (Angaben in %)

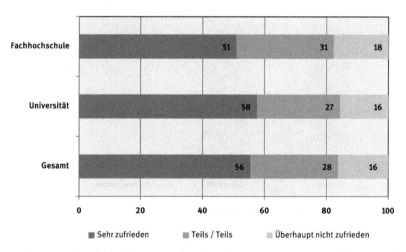

Abb. 2: Zufriedenheit mit den Möglichkeiten des Selbststudiums an der Hochschule (eigene Darstellung).

Lediglich 16 bis 18 Prozent der Studierenden sind mit den Möglichkeiten für das Selbststudium in der Hochschule überhaupt nicht zufrieden.

Zeitbudget: Studium gesamt

Die Auswertung der Befragung „Orte des Selbststudiums 2018" hat für das Wintersemester 2017/2018 zunächst den Gesamtumfang des studienbezogenen Zeitaufwands erhoben. Der Gesamtaufwand der Studierenden für Lehrveranstaltungen und Selbststudium beträgt im Mittel 30,9 Stunden (plus 6,0 Stunden Verteilzeit). Im Vergleich zur Befragung von 2013 bedeutet dies einen Rückgang des Zeitaufwandes für Lehrveranstaltungen um rund 4,0 Stunden/Woche. Alle übrigen Aufwände sind etwa konstant. Dieser Rückgang des Zeitaufwandes der Studierenden für Lehrveranstaltungen korrespondiert mit den Ergebnissen der 21. Sozialerhebung des Deutschen Studentenwerks (Middendorf et al. 2017). Zu den Gründen für diesen signifikanten Rückgang des Zeitaufwandes für Lehrveranstaltungen können keine Aussagen getroffen werden.

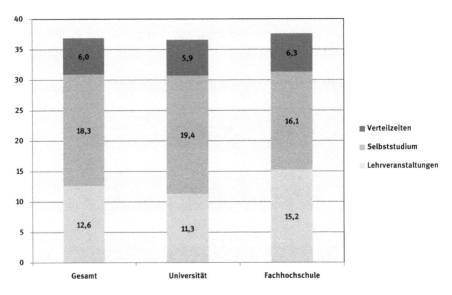

Abb. 3: Zeitbudget Studium (eigene Darstellung).

Auf die Lehrveranstaltungen entfallen den Angaben der Studierenden zufolge 12,6 Stunden, auf das Selbststudium 18,3 Stunden (Abbildung 3). Zusätzlich wurden die Verteilzeiten abgefragt (Anfahrt, Wartezeiten etc.), die im Mittel bei rund 6 Stunden pro Woche liegen, so dass sich ein Gesamtaufwand von knapp 37 Wochenstunden ergibt.

Der zeitliche Aufwand für Lehrveranstaltungen und Selbststudium ist von Fächergruppe zu Fächergruppe sehr unterschiedlich. Die aktuelle Erhebung weist eine Streuung des zeitlichen Aufwandes für das Studium von 41,7 Stunden/Woche für Studierende der Medizin an Universitäten bis 26,0 Stunden für Studierende der Rechtswissenschaften an Fachhochschulen aus. An Universitäten ist der Aufwand für das Selbststudium deutlich höher als für Lehrveranstaltungen.

Zeitbudget: Selbststudium

Aufschlussreich ist zunächst die Differenzierung danach, ob das Selbststudium grundsätzlich zu Hause oder in der Hochschule stattfindet. Insgesamt betrachtet werden die rund 19 Stunden Selbststudium zu rund 60 Prozent zu Hause und zu rund 40 Prozent in der Hochschule verbracht. Die Verteilung des Selbststudiums auf häusliche Tätigkeit oder Zeiten in der Hochschule variiert nur wenig im Vergleich zwischen Universitäten und Fachhochschulen. Allerdings liegt der absolute Zeitaufwand für das Selbststudium bei den Studierenden der Fachhochschulen sowohl in der Hochschule als auch zu Hause im Mittel rund 2,5 Stunden unter dem Aufwand der Studierenden an Universitäten (Abbildung 4).

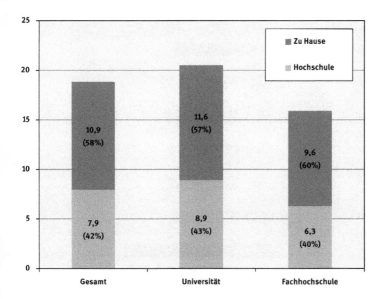

Abb. 4: Zeitbudget Selbststudium (eigene Darstellung).

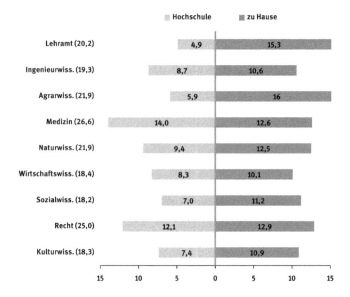

Abb. 5: Zeitbudget Selbststudium Universität (eigene Darstellung).

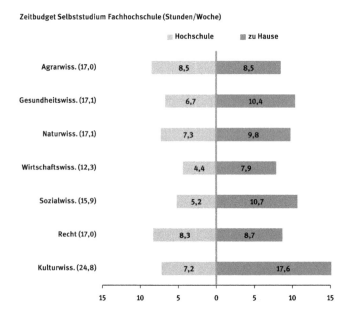

Abb. 6: Zeitbudget Selbststudium Fachhochschule (eigene Darstellung).

Betrachtet man die Verteilung des Selbststudiums auf die Orte „zu Hause" und „Hochschule" differenziert nach Fächergruppen, so zeigen sich deutliche fächerspezifische Unterschiede (Abbildungen 5 und 6).

Die Bandbreite des zeitlichen Aufwands für das Selbststudium reicht an Universitäten von 18,2 Stunden/Woche in den Sozialwissenschaften bis zu 26,6 Stunden/Woche in der Medizin. Für das Lernen in der Hochschule wenden die Studierenden der Medizin und der Rechtswissenschaften die meiste Zeit auf. An den Fachhochschulen sind die Zeitbudgets für das Lernen zu Hause oder in der Hochschule signifikant niedriger und betragen zwischen 4,4 und 8,5 Stunden/Woche.

Die Betrachtung der Mittelwerte vermittelt nur ein unzureichendes Bild der tatsächlichen Situation des Lernens: Hinter den Mittelwerten verbirgt sich eine erhebliche empirische Streuung: Ein großer Teil der befragten Studierenden erbringt nur einen geringen oder sogar keinen Aufwand für das Selbststudium. Ein kleiner Teil der Studierenden dagegen erbringt sehr hohe zeitliche Aufwände, so dass von einer starken Polarisierung der Studierenden gesprochen werden kann. Der Blick auf die Streuung des Zeitaufwandes für das Selbststudium in der Hochschule verdeutlicht diese Situation (Abbildung 7).

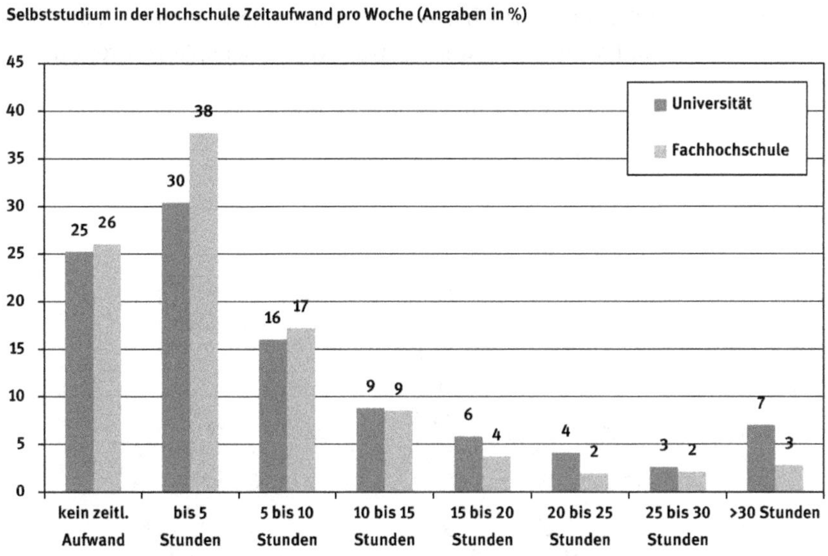

Selbststudium in der Hochschule Zeitaufwand pro Woche (Angaben in %)

Abb. 7: Selbststudium in der Hochschule – Zeitaufwand (eigene Darstellung).

Auf der einen Seite lernen 55 Prozent (Universität) beziehungsweise 64 Prozent (Fachhochschule) der Studierenden maximal 5 Stunden/Woche in der Hochschule; auf der anderen Seite der Skala lernen 14 Prozent (Universität) beziehungsweise 7 Prozent (Fachhochschule) mehr als 20 Stunden/Woche in der Hochschule. Nur eine kleine Gruppe von etwa 16-17 Prozent der Studierenden erbringt einen Aufwand, der dem Mittelwert entspricht. Eine ähnliche Verteilung zeigt sich, wenn man auf die zeitliche Streuung des Zeitbudgets für das Lernen zu Hause schaut.

Dieser wichtige Befund verdeutlicht, dass der Bedarf an Arbeitsplätzen für das Selbststudium in der Hochschule vor allem von einer kleinen Gruppe von Studierenden generiert wird, die intensiv in der Hochschule lernen. Wenn man die Grenze bei 10 Stunden/Woche Selbststudium in der Hochschule zieht, dann beträgt der Anteil dieser Gruppe von „Intensivnutzerinnen und -nutzern" an Universitäten rund 30 Prozent, an Fachhochschulen rund 20 Prozent.

Orte des Selbststudiums in der Hochschule

Für die Hochschulen ist nicht nur von Bedeutung, in welchem zeitlichen Umfang die Studierenden in der Hochschule lernen, sondern auch, welche Räumlichkeiten hierfür aufgesucht und welche Arten von Arbeitsplätzen genutzt werden.

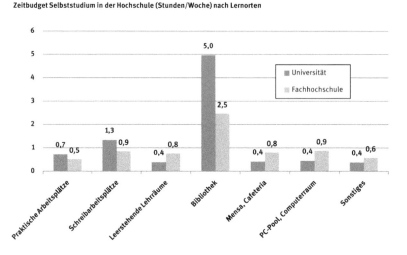

Abb. 8: Selbststudium in der Hochschule – Zeitbudget nach Lernorten (eigene Darstellung).

Wie oben dargelegt, beträgt der mittlere zeitliche Aufwand für das Selbststudium in der Hochschule 8,9 Stunden/Woche an Universitäten und 6,3 Stunden/Woche an Fachhochschulen. Dieses Zeitbudget verteilt sich auf die wichtigsten Orte des Selbststudiums in der Hochschule wie in Abbildung 8 zu sehen ist.

Ein Großteil des Zeitbudgets für das Selbststudium wird in den Bibliotheken abgedeckt: Durchschnittlich 5,0 Stunden/Woche verbringen die Studierenden an Universitäten in der jeweiligen Hochschulbibliothek. Demgegenüber ist an Fachhochschulen der Stellenwert der Bibliotheken deutlich geringer, der zeitliche Aufwand liegt im Mittel nur bei 2,5 Stunden/Woche. Den übrigen möglichen Orten des Selbststudiums kommt gegenüber der Bibliothek eine relativ geringe Bedeutung zu. Dies ist natürlich auch darauf zurückzuführen, dass gegenwärtig die meisten Plätze für das Selbststudium in den Bibliotheken angeboten werden. Dieser generelle Befund hat sich gegenüber der Studie von 2013 nicht verändert.

Zwischen den Fächergruppen variiert der Stellenwert der einzelnen Orte des Selbststudiums in der Hochschule erheblich. Den unterschiedlichen Stellenwert der einzelnen Lernorte verdeutlicht beispielhaft die Analyse des Lernverhaltens von Studierenden der Naturwissenschaften. In dieser Fächergruppe ist die Fachkultur des Lehrens und Lernens stark durch experimentelle Studienanteile geprägt. Die Studierenden der Naturwissenschaften müssen große Anteile ihres Studiums in Lehrlaboren (Praktikumsräumen) und den angrenzenden Auswerteplätzen verbringen. Die Hochschulbibliotheken spielen eine deutlich geringere Rolle als bei den „klassischen" Buchwissenschaften (Abbildung 9).

Zeitbudget Selbststudium in der Hochschule (Stunden/Woche) nach Lernorten: Fächergruppe Naturwissenschaften (Universität)

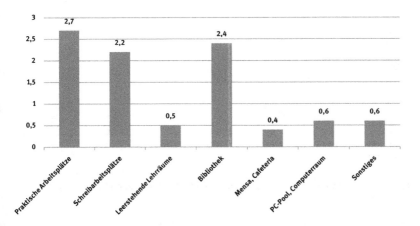

Abb. 9: Zeitbudget Selbststudium nach Lernorten in der Fächergruppe Naturwissenschaften (eigene Darstellung).

Studierende der Naturwissenschaften lernen durchschnittlich nur 2,4 Stunden/ Woche in der Hochschulbibliothek, dagegen werden praktisch-experimentelle Arbeitsplätze und Schreib-/Ausweurteplätze in der Nähe der Labore in annähernd gleichem Umfang genutzt. Alle übrigen möglichen Lernorte spielen nur eine untergeordnete Rolle.

Nutzung von Hochschulbibliotheken

Wie oben dargelegt, beträgt der mittlere Zeitaufwand für das Lernen in der *Bibliothek* 5,0 Stunden an Universitäten beziehungsweise 2,5 Stunden an Fachhochschulen. Bei der Betrachtung des Gesamtaufwandes für das Selbststudium zeigt sich, dass eine starke Polarisierung des Zeitbudgets zu beobachten ist: Über die Hälfte der Studierenden lernt wenig oder gar nicht in der Hochschule, nur 14 Prozent an Universitäten beziehungsweise 7 Prozent an Fachhochschulen lernen mehr als 20 Stunden/Woche in der Hochschule. Dieses heterogene Bild wiederholt sich beim zeitlichen Aufwand für das Lernen speziell in der Hochschulbibliothek (Abbildung 10).

Abb. 10: Zeitlicher Aufwand zum Selbststudium in der Bibliothek (eigene Darstellung).

An den Universitäten verbringen fast 70 Prozent der Studierenden maximal 2 Stunden/Woche in der Bibliothek, an den Fachhochschulen sind es sogar über 80 Prozent. Die Nutzungsdauer von bis zu einer Stunde legt die Vermutung nahe, dass überwiegend Bücher ausgeliehen oder abgegeben werden, Literatur recherchiert oder Texte kopiert werden; ein kontinuierliches Selbststudium an den Arbeitsplätzen der Bibliothek findet dagegen aufgrund des geringen Zeitbudgets nicht statt. Am anderen Ende des Spektrums lernen rund 18 Prozent (Universität) beziehungsweise 5 Prozent (Fachhochschule) mehr als 8 Stunden in der Hochschulbibliothek. Studierende, deren wöchentliches Zeitbudget um den jeweiligen Mittelwert herum liegt, sind dagegen deutlich in der Minderheit. Insgesamt zeigt sich, dass die meisten Studierenden kaum oder gar nicht in der Bibliothek lernen, ein kleiner Anteil dagegen sehr intensiv seine Lernzeit in der Bibliothek verbringt.

Diesem generellen Befund entsprechen auch die Antworten auf die Frage nach den überwiegenden Tätigkeiten in der Bibliothek. 23 Prozent der Studierenden an Fachhochschulen und 39 Prozent der Studierenden an Universitäten geben an, während der Vorlesungszeit an den vorhandenen Arbeitsplätzen in den Bibliotheken zu lernen. Diese Angaben haben sich im Vergleich zur Studie von 2013 erhöht.

Demgegenüber geben rund 47 Prozent der Studierenden an Universitäten und rund 62 Prozent der Studierenden an Fachhochschulen an, die Bibliotheken überwiegend für die Ausleihe von Büchern, für die Literaturrecherche und für Kopiertätigkeiten zu nutzen. Für die Mehrheit der Studierenden ist die Bibliothek offensichtlich primär kein Ort des Lernens, sondern ein Ort, um sich Materialien für das Lernen zu Hause zu beschaffen (Abbildung 11).

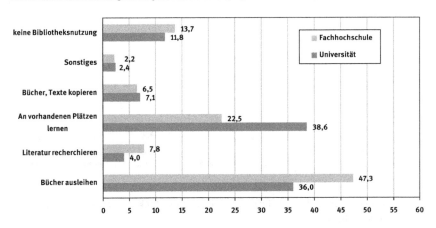

Abb. 11: Überwiegende Tätigkeit beim Selbststudium in der Bibliothek (eigene Darstellung).

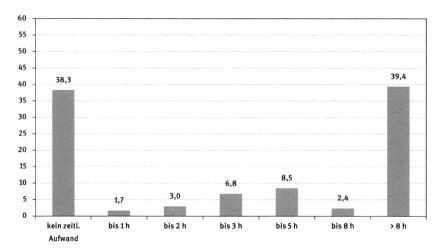

Abb. 12: Zeitlicher Aufwand zum Selbststudium in der Bibliothek im Bereich Recht (eigene Darstellung).

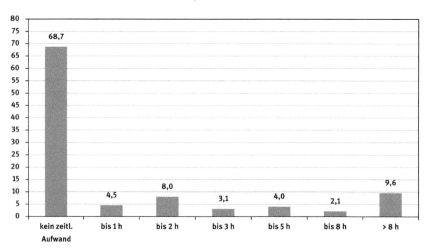

Abb. 13: Zeitlicher Aufwand zum Selbststudium in der Bibliothek im Bereich Naturwissenschaften (eigene Darstellung).

Das gespaltene Verhältnis der Studierenden zum Lernen in der Hochschule zeigt sich auch bei einer differenzierten Betrachtung nach Fachkulturen. Um die Unterschiede herauszuarbeiten, zeigen die Abbildungen 12 und 13 den zeitlichen Aufwand, den Studierenden der Rechtswissenschaften und der Naturwissenschaften in der Bibliothek erbringen.

Bei den Jura-Studierenden ist der Anteil, der mehr als 8 Stunden/Woche in der Bibliothek lernt, mit 40 Prozent wesentlich höher als der mittlere Aufwand aller Studierenden. Trotzdem zeigt sich auch hier eine deutliche Polarisierung: eine fast ebenso große Gruppe erbringt keinen zeitlichen Aufwand in der Bibliothek.

Bei der Fächergruppe der Naturwissenschaften dagegen ist die Bedeutung der Hochschulbibliotheken als Lernort erheblich geringer als der Durchschnitt: fast 70 Prozent der Studierenden erbringen keinen zeitlichen Aufwand in der Bibliothek, lediglich 10 Prozent lernen über 8 Stunden/Woche in der Hochschulbibliothek.

Seit Jahren wird darüber spekuliert, ob die zunehmenden Online-Angebote der Hochschulbibliotheken Auswirkungen auf die Nutzung der Bibliotheksgebäude haben. Neu in die Befragung aufgenommen wurde daher der Aspekt, ob die neuen digitalen Angebote der Hochschulbibliotheken durch die Studierenden angenommen werden und an welchem Lernort diese Angebote genutzt werden.

Bei der Frage nach der Nutzung digitaler Angebote der Hochschulbibliotheken gibt die große Mehrheit der Studierenden an, dass diese Angebote umfangreich genutzt werden, und zwar 82 Prozent an Universitäten und 76 Prozent an Fachhochschulen (Abbildung 14).

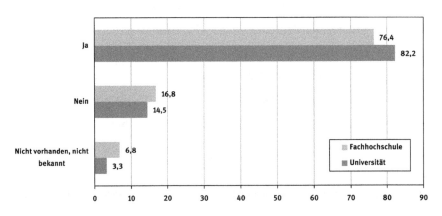

Abb. 14: Nutzung digitaler Angebote der Bibliothek (eigene Darstellung).

Welche Angebote werden genutzt? Sowohl an Universitäten als auch an Fachhochschulen werden *E-Books* und der *OPAC* am meisten genutzt. Über die Hälfte der Studierenden nutzen diese digitalen Angebote sehr häufig. Sehr selten werden E-Learning-Angebote genutzt (Abbildungen 15 und 16).

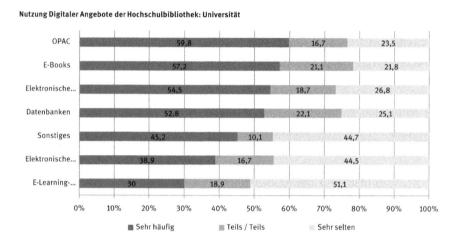

Abb. 15: Nutzung digitaler Angebote der Bibliothek in Universitäten (eigene Darstellung).

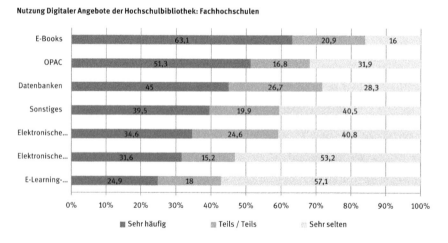

Abb. 16: Nutzung digitaler Angebote der Bibliothek in Fachhochschulen (eigene Darstellung).

Wo werden die digitalen Angebote der Hochschulbibliotheken von den Studierenden genutzt? Die Möglichkeit, bibliothekarische Dienstleistungen ubiquitär nutzen zu können, ohne das Bibliotheksgebäude betreten zu müssen, wird von vielen Studierenden im Studienalltag umgesetzt: 67 Prozent (Universität) beziehungsweise 77 Prozent (Fachhochschule) der Studierenden nutzen die digitalen Angebote von zu Hause aus (Abbildung 17).

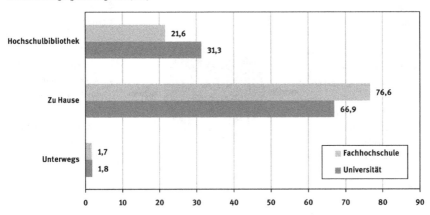

Abb. 17: Orte der Nutzung digitaler Angebote (eigene Darstellung).

Fazit

Wie sieht die zukünftige Gestaltung von physischen, digitalen und hybriden Lernräumen an den Hochschulen aus? Neue Lehrmethoden und veränderte didaktische Konzepte sollten auf die unterschiedlichen Bedürfnisse der Studierenden reagieren und die verschiedenen Fachkulturen berücksichtigen. Die *Lernwelt Hochschule* gibt es nur im Plural.

Grundsätzlich kann festgehalten werden, dass derzeit der überwiegende Teil des Selbststudiums zu Hause stattfindet. Begründet wird dies von den Studierenden mit den Arbeitsbedingungen und der Flexibilität der Arbeitsorganisation, aber auch mit der Verpflegungssituation zu Hause.

Sowohl der Blick auf die Zeitbudgets als auch auf die gewählten Orte des Selbststudiums zeigt, dass sich die Studierenden bei der zeitlichen und räumlichen Organisation ihres Selbststudiums deutlich unterscheiden. Insbesondere ist die Polarisierung zwischen zwei Gruppen von Studierenden hervorzuheben: Am einen Ende der Bandbreite eine große Gruppe von Studierenden, die nur wenig Zeit in das Selbststudium insgesamt und das Lernen in der Hochschule speziell investieren; auf der anderen Seite eine kleine Gruppe von Studierenden, die sehr zeitintensiv lernen. Diese Gruppe generiert den Bedarf an studentischen Arbeitsplätzen für das Selbststudium

Die Wahl der *Lernorte* hängt letztlich von einer ganzen Reihe von Einflussfaktoren ab (Abbildung 18).

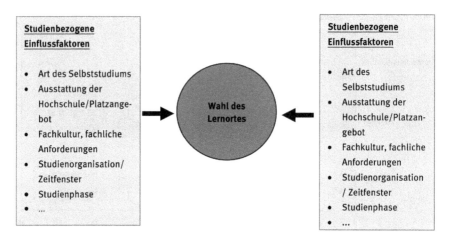

Abb. 18: Faktoren bei der Wahl des Lernorts (eigene Darstellung).

Zum einen handelt es sich um Einflussfaktoren, die im Studium/in den Studienbedingungen selbst zu verorten sind (studienbezogene Einflussfaktoren), zum anderen lassen sich auch in den persönlichen Rahmenbedingungen der Studierenden Einflussgrößen finden (individuelle Einflussfaktoren).

Aus der Perspektive der Hochschulforschung liefern die Befunde zu den Zeitbudgets und den Präferenzen beim Selbststudium sowie das hier dargestellte Modell der Einflussfaktoren auf die Wahl der Lernorte einen guten Überblick darüber, wie Studierende ihr Selbststudium organisieren. Die Studie verweist aber zugleich unmittelbar auf weiteren Forschungsbedarf: Aufgrund des Erhebungsdesigns können nur Aussagen für die Vorlesungszeit getroffen werden. Inwieweit sich in der vorlesungsfreien Zeit oder in speziellen Prüfungsphasen im Semester Umfang und Organisation des Selbststudiums verändern, insbesondere mit Blick auf die Wahl des Lernortes, muss somit im Rahmen dieser Untersuchung offenbleiben. Des Weiteren stellt sich die Frage, wie sich die hier vorgestellten Befunde im Zeitverlauf (weiter-)entwickeln werden, insbesondere vor dem Hintergrund studienstruktureller Veränderungen und des steigenden Angebotes an alternativen Lehr- und Lernorten.

Karin Ilg
Zentrale Lernflächen für die Fachhochschule Bielefeld

Strategie, Umsetzung und Erfahrungen

Ausgangslage

Als die Fachhochschule Bielefeld 2015 ihren Neubau am Campus Bielefeld bezog, war dies für sie ein epochaler Schritt. Mit dem Campus Bielefeld entstand im Bielefelder Westen ein Zentrum für die Wissenschaft mit einer modernen Infrastruktur für Studium, Lehre und Forschung. Vier Standorte der Fachhochschule wurden hier in direkter Nachbarschaft zur Universität räumlich konzentriert. Der Neubau bildet als Hauptgebäude seitdem das identitätsstiftende „Gesicht" der Fachhochschule auf dem Wissenschaftscampus und für die Stadt (Abbildung 1).

Abb. 1: Fachhochschulhauptgebäude (Foto: Andreas Jon Grote/Resort Hochschulkommunikation).

ə Open Access. © 2020 Karin Ilg, published by De Gruyter. This work is licensed under the Creative Commons Attribution-NonCommercial-NoDerivatives 4.0 License.
https://doi.org/10.1515/9783110653663-016

> **Zentrale Lernflächen der FH am Campus Bielefeld**
> - Start des Betriebs: 01.09.2015
> - Baubeginn: November 2010
> - Bauherr: Bau- und Liegenschaftsbetrieb NRW
> - Planung: Auer+Weber+Assoziierte GmbH, München/Stuttgart, Andreas Schüring Architekten, Münster
> - Hauptnutzfläche: 2.854 qm (Hochschulbibliothek einschl. Mitarbeiterbereiche und Lernzentrum)
> - Lernzentrum: Raumcluster aus 8 Gruppenräumen à 25 qm, 1 Gruppenraum à 60 qm, 1 Medialounge à 100 qm, 3 Rechnerpools à 60 qm
> - Anzahl der Nutzerarbeitsplätze: ca. 400 (Hochschulbibliothek und Lernzentrum)
> - Studierende am Campus: ca. 8.100, FH gesamt: rd. 10.000 (WS 2019/20)
> - Am Campus vertretene Fachbereiche und Studienfächer: Ingenieurwissenschaften und Mathematik, Sozialwesen, Wirtschaft und Gesundheit.

Auch für die *Hochschulbibliothek* begann mit dem Campusneubau eine neue Ära, zogen dort doch vier der zuvor über die gesamte Stadt verteilten fünf Bielefelder Bibliotheksstandorte zusammen. Damit ist die Hochschulbibliothek erstmals in der fast fünfzigjährigen Geschichte der Fachhochschule auch räumlich als zentraler Bezugspunkt eines umfassenden Serviceportfolios für Studium, Lehre, Forschung und Weiterbildung erlebbar. Nicht umgezogen sind neben der Bibliothek für den Fachbereich Gestaltung in Bielefeld auch der Bibliotheksstandort am Campus Minden. Der dortige Fachhochschul-Standort erhielt 2015 im Rahmen des Fachhochschul-Ausbauprogramms in NRW einen eigenen Campusneubau mit integrierter Bibliothek (Ilg 2017).

In besonderer Weise haben die zentralen Einrichtungen Hochschulbibliothek und zentrale IT die Chance genutzt, mit den neuen *Gebäude- und Raumkonzepten* auch neue *Servicekonzepte* zu realisieren. So betreiben beide Einrichtungen zusammen im Fachhochschulhauptgebäude mit großem Erfolg ein *Lernzentrum* genanntes Selbstlernareal als erstmals geschaffenen Servicebereich für lehr- und lernunterstützende Angebote, die *Learning Services*. Die Entwicklung des zugrundeliegenden Lernzentrumskonzepts setzte auf eine breite Abstimmung nicht allein mit dem eigens beauftragten Architekturbüro, sondern auch mit den Fachbereichen, Studierendenvertretungen, der Hochschulleitung sowie einschlägigen Expertinnen und Experten der Hochschule. *Learning Services* steht inzwischen für ein breites und intensiv genutztes Dienstleistungsportfolio, das von infrastrukturellen Services (z. B. Lernplattform, Medienportal, Bereitstellung von digitalen Medien) über unterschiedliche Vernetzungsangebote (u. a. jährliche E-Learning-Konferenz der Fachhochschule) bis zu mediendidaktischen Lehrenden-Workshops etwa zum Einsatz von *Open Educational Ressour-*

ces (OER) in der Lehre oder zur Produktion von Lehrvideos reicht (Ilg 2013; Ilg 2016).

Der Beitrag stellt die mit dem Bielefelder Campusneubau entstandenen zentralen Lernflächen und die damit geschaffenen Konzepte, deren kooperative Umsetzung und das „Sharing" von Zielen, Strategien und Kompetenzen an der Fachhochschule Bielefeld vor und zieht eine Bilanz bisheriger Erfahrungen.

Neues Gebäude, neue Strukturen, neue Konzepte

Lernzentrum und Bibliothek, zusammen „zentrale Lernflächen" der Fachhochschule, setzen die Hochschule als Ort des Lehrens und Lernens in Szene – mit einem innenraumgestalterischen Gesamtkonzept, einer hohen Aufenthaltsqualität und innovativen Services. Strategisch-planerischer Ausgangspunkt ist das Verständnis von Flächen und Ausstattung als Drehscheibe für digitale wie analoge Dienstleistungen mit dem Ziel, Lehren, Lernen und Forschen wirksam und innovativ zu unterstützen. Für die *Hochschulbibliothek* wurden durch das neue Raumkonzept und den Ausbau von RFID-Selbstbedienungsfunktionalitäten verlängerte Öffnungszeiten ebenso realisierbar wie etwa ein verbessertes Auskunfts- und Beratungsangebot. Vielfach geschieht der Auf- und Ausbau von Services über den Tellerrand der Hochschulbibliothek hinaus und im Rahmen von Dienstleistungskooperationen mit anderen. Mit der Bildung des Serviceverbunds MIND (Medien- und Informationsdienste) aus Bibliothek und zentraler IT schuf die Fachhochschule bereits 2013 eine wichtige Voraussetzung dafür, den Herausforderungen der *Lernwelt Hochschule* in den Campusneubauten strukturell zu begegnen.[1] Ziel der Zusammenarbeit in MIND ist es, Services nutzerorientiert auszubauen, ein gemeinsames Serviceverständnis zu entwickeln und die Digitalisierung der Hochschule vorantreiben. 2016 startete die Fachhochschule das auf fünf Jahre angelegte hochschulweite Programm *Digitalisierung*, das die Leitungen von Hochschulbibliothek und zentraler IT mit anstießen und als Mitglieder in der Programmleitung seitdem mitgestalten.[2]

---

[1] https://www.fh-bielefeld.de/mind.
[2] https://www.fh-bielefeld.de/hochschule/organisation/hochschulverwaltung/dezernat-qm/programm-digitalisierung.

Raum- und Architekturkonzepte

Die *Lernwelt Hochschule* ist für den Serviceverbund MIND ein zentrales Handlungsfeld, für das entsprechende strategische Ziele sowie Architektur- bzw. Raum- und Servicekonzepte fortlaufend (weiter-)entwickelt und umgesetzt werden (Abbildung 2). Die Geschichte der Fachhochschule als Hochschul-Konglomerat in Streulage, dessen Raumkonzepte den Bedürfnissen einer wissenschaftlichen Einrichtung oftmals nicht entsprachen, ist in den Neubauten der Fachhochschule überwunden. Gerade Flächen für *freies studentisches Lernen, Arbeiten in Projektgruppen* etc. konnten in den Vorgängergebäuden oftmals erst nachträglich und mit entsprechenden räumlich-technischen Beschränkungen eingerichtet werden. Im bewussten Gegenakzent ist der Gebäudesockel des neuen Fachhochschulhauptgebäudes als „kommunikative Plattform" konzipiert, die Hörsäle, Konferenzbereich, Hochschulbibliothek, Lernzentrum, zentrale IT, Cafeteria etc. umfasst und durch die 200 Meter lange, „Magistrale" genannte Hauptverkehrsfläche im Erdgeschoss erschlossen wird. Aus dem Sockelkörper erheben sich die einzelnen Fachbereichs- und Verwaltungsgeschosse.

Abb. 2: Handlungsfeld „Lernort Hochschule" am Beispiel der zentralen Lernflächen der Fachhochschule Bielefeld.

Auch die neue Campusbibliothek wurde vom Generalplaner AWA raumgeometrisch konzipiert und repräsentativ im Erdgeschoss des Fachhochschulhauptgebäudes verortet. 2012 startete das darauf aufbauende Projekt der Innenraumgestaltung von Bibliothek und Lernzentrum unter dem programmatischen Titel „Stripes & Silhouettes" in Zusammenarbeit mit dem Büro Andreas Schüring Architekten, das nachträglich mit der Leistung beauftragt wurde. Ein eigener Fachplaner für die Bibliothek war ursprünglich nicht vorgesehen, doch konnte die Hochschulleitung angesichts der Bedeutung der zentralen Lernflächen für die Campusattraktivität vom Erfordernis einer professionellen Innenraumgestaltung rasch überzeugt werden.

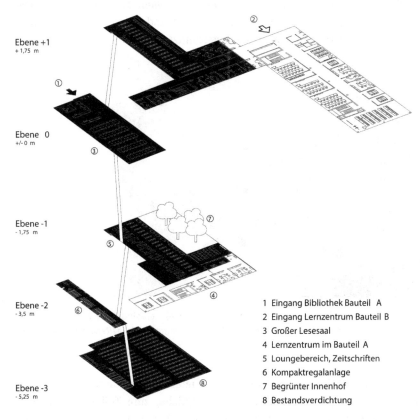

1 Eingang Bibliothek Bauteil A
2 Eingang Lernzentrum Bauteil B
3 Großer Lesesaal
4 Lernzentrum im Bauteil A
5 Loungebereich, Zeitschriften
6 Kompaktregalanlage
7 Begrünter Innenhof
8 Bestandsverdichtung

Abb. 3: Hochschulbibliothek und Lernzentrum Campus Bielefeld, isometrischer Grundriss (Skizze: Andreas Schüring).

Die öffentlichen Nutzungsbereiche, die es zu gestalten galt, sind in fünf Ebenen angeordnet, die als offene Split-Levels durch ein gemeinsames Treppenhaus verbunden sind (Abbildung 3). Lange Sichtachsen durchziehen das Raumkontinuum über die einzelnen Ebenen hinweg, welche sie optisch miteinander in Beziehung setzen. Dadurch entsteht eine großzügige, offene Lernatmosphäre, die als Stimulans den Ausblick auf den Teutoburger Wald ebenso integriert wie die eigens für diese Umgebung gestaltete Möblierung in den frischen, reinen Farben Cyan und

Weiß. Durch ihr wiederholtes Auftreten auch in den Lernzentrumsräumen verstärkt diese *Möblierung* die Zusammengehörigkeit der Bereiche und wirkt markenbildend. Die Leitfarbe Cyan ist im Campusneubau einzigartig. Die raumgliedernden Split-Levels wurden im Planungsprozess als unterschiedliche Zonen definiert und mit spezifischen Nutzungs- und Aufenthaltsszenarien verknüpft. Es entstanden klassische *Lesebereiche* und *flexibel möblierte Loungezonen*, extrovertierte „Sitzränge", auf denen man weithin sieht und gesehen wird, wie auch durch Raumgeometrie und Regalbestand geschützte Nischen (Abbildung 4).

Abb. 4: Gruppenarbeit in der Hochschulbibliothek. Kennzeichen sind die eigens entworfenen blauen Zeitschriftenschränke und Loungemöbel (Foto: Susanne Freitag/Resort Hochschulkommunikation).

Das *Lernzentrum* bildet einen 540 Quadratmeter großen Raumcluster, dessen Gruppen- und Schulungsräume offen zugängliche, zum Teil IT-gestützte Arbeitsumgebungen für freies studentisches Lernen bieten. Einige der Räume sind in die Nutzungsflächen der Bibliothek integriert, andere liegen in kurzer Distanz im benachbarten Gebäudeteil. Über die bloße Bereitstellung von Räumen und Ausstattung hinaus sind Lernzentrum und Bibliothek zusammen der „Umschlagplatz" für das innovative Gesamtkonzept von MIND für lehr- und lernunterstützende Dienste, die *Learning Services*.

Servicekonzepte

Das Gesamtservicekonzept (Abbildung 5) wurde noch vor dem Campusumzug mit der Hochschulleitung, den Dekanen und anderen Fachbereichsangehörigen (z. B. Studiengangsleitungen), dem Allgemeinen Studierendenausschuss und weiteren Studierenden sowie mit ausgewählten „Lernexpertinnen und -experten" aus einschlägigen Projekten der Fachhochschule in zahlreichen Gesprächsrunden diskutiert. Auch formierte sich ein beiratsähnliches Resonanzgremium bestehend aus der Bauplanungsleitung für den Campusneubau, dem Vizepräsidenten für Studium und Lehre, einem Professor aus dem Bereich Wirtschaft[3], dem Leiter der zentralen IT, der Bibliotheksleiterin und Bibliotheksmitarbeitenden.

Ziel	Profil
Unterstützung von • selbstorganisiertem studentischen Lernen • Entwicklung von Medien- und Informationskompetenz • multimedialen Arbeits-, Lehr- und Lernformen • Fort-/Weiterbildung für Studium, Lehre, Forschung, Verwaltung • wissenschaftsbezogener Kommunikation (Peer Learning, Peer Teaching, Netzwerke)	• „Open Space" für wissenschaftliches Lernen • Raum für Begegnung • Anlaufstelle für Medien- und Informationsdienste
	Intention • Verbesserung der Lernumgebungen • Kooperation mit Fachbereichen, Einrichtungen, Projekten • Professionelle Innenraumgestaltung (Architekt)
Angebotsbereiche • Lernzentrum mit buchbaren Räumen + Ausstattung	• Digitales Lehren und Lernen • Workshops, Trainings, Schulungen für Lehrende und Studierende

Abb. 5: Lernzentrum: Gesamtservicekonzept.

Die Diskussionsrunden trugen nachhaltig zur Abrundung des Lernzentrumskonzepts und der zentralen Idee als *Open Space* für studentisches wissenschaftliches Lernen bei. Beispielsweise wurden Pläne, mehrere Räume mit festinstallierten Rechnern und gegebenenfalls spezieller Software auszustatten, zum Teil fallen gelassen zugunsten flexiblerer Nutzungsszenarien und eines Grundstocks ausleihbaren Equipments wie mobilen Beamern oder Zubehörs etwa für die Videoproduktion. Dass die Lernzentrumsräume durch Studierendengruppen verbindlich buchbar sein sollten, kam durchgängig sehr gut an.

Als überraschend wichtiges Thema stellten sich bereits in diesen Gesprächen die konkreten Spielregeln für die Raumbuchungen heraus: wie soll mit Nichterscheinen trotz Buchung umgegangen werden, wie viele Buchungen sol-

---

[3] In seiner damaligen Rolle als wissenschaftlicher Leiter von MIND. Vor mehreren Jahren wurde die MIND-Leitungsstruktur neu konzipiert; die MIND-Leitung besteht nun ausschließlich aus dem Leiter der zentralen IT und der Leiterin der Hochschulbibliothek.

len pro Person möglich sein etc. Tatsächlich erwiesen sich nach Aufnahme des Lernzentrumbetriebs entsprechende klare Regelungen als unabdingbar.[4] Die Buchungen werden durch ein selbstprogrammiertes *Raumbuchungstool* verwaltet, und allein Studierende und Tooladministrierende können Raumbuchungen vornehmen, nicht aber zum Beispiel Lehrende. Die Buchungen erreichten bald nach Start des Lernzentrumbetriebs und seitdem regelmäßig das Kapazitätsmaximum. Bibliothek und zentrale IT müssen angesichts akuten Raummangels immer wieder deutlich machen, dass die Räume nicht für Lehrveranstaltungen, als Büros für Mitarbeiterinnen und Mitarbeiter oder etwa für institutionelle Angebote des Betrieblichen Gesundheitsmanagements zur Verfügung stehen. Auch Nutzungsformen, die Kompetenzen und Kernzielsetzungen anderer Einrichtungen und Gremien berühren, wie die Nutzung für psychosoziale Beratung, (studentische) politische Gruppen oder als Gebetsräume, entsprechen den Zielen nicht.

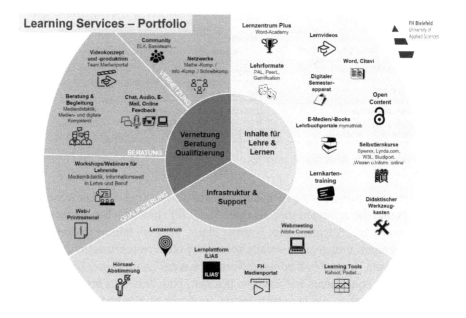

Abb. 6: Learning Services: aktuelles Serviceportfolio.[5]

---

4 https://www.fh-bielefeld.de/bib/lernzentrum.
5 Grafik: Linda Halm, Dr. Karin Ilg, Sascha Kaiser, Frederike Lewe, Martin Wollschläger-Tigges. Einige Icons wurden im Rahmen des Noun Project erstellt (CC-BY): Lernkartentraining:

Zudem waren die Dienstleistungen, die im Lernzentrum erbracht werden, von Anfang an als Features konzipiert, die die grundständige Lehre und Angebote in den übrigen Einheiten ergänzen sollten, ohne mit ihnen zu konkurrieren. Dienstleistungskooperationen mit anderen Akteurinnen und Akteuren der Hochschule, zum Beispiel Veranstaltungsreihen, Workshops, Fortbildungen gemeinsam mit Fachbereichen, dem International Office oder der Zentralen Studienberatung, erwiesen sich immer wieder als „Impact Factor" auf dem Weg, neue Akzente für die Lehr- und Lernkultur an der Fachhochschule Bielefeld zu setzen. Der Erfolg des Konzepts bemisst sich nicht zuletzt daran, dass die zentrale Qualitätsverbesserungskommission unter studentischem Vorsitz der Hochschulleitung noch in der Planungsphase empfahl, eine nicht unerhebliche Summe für die Finanzierung der Ausstattung der zentralen Lernflächen bereitzustellen.

Das Portfolio der *Learning Services* fächerte sich immer weiter auf und konkretisiert sich inzwischen in drei große Bereiche: Vernetzung/Beratung/Qualifizierung, Inhalte für Lehren und Lernen, Infrastruktur und Support (Abbildung 6). Seit Installation des Bereichs *Learning Services* 2014 und Aufnahme des Lernzentrumbetriebs 2015 entwickelt sich beides sehr dynamisch, auch durch Zuwächse im Personal durch Drittmittel. Das Programm *Digitalisierung* trägt dazu bei, den Fokus der *Learning Services* verstärkt auf die Unterstützung digitalisierter Hochschulbildung zu legen. Insbesondere wird, wie andernorts auch, die Unterstützung *digitaler Kompetenzen* zum Beispiel im medientechnischen oder mediendidaktischen Bereich immer bedeutsamer. Im Rahmen des Programms *LernzentrumPlus* werden Studierenden Workshop- und individuelle Beratungsangebote zur Unterstützung im Umgang mit Software wie Word, Excel, PowerPoint oder SPSS gemacht. Lehrende werden seit mehreren Jahren ebenfalls unterstützt durch eine Workshop-Reihe zu Themen wie Videos in der Lehre, *Creative Commons* oder *Open Access*.[6] Besonderes Highlight ist die jährliche E-Learning-Konferenz, zu der der Vizepräsident für Studium und Lehre und der Serviceverbund MIND seit 2014 einladen, mehrfach im Verbund mit landes- und

---

Bence Bezeredy, HU, https://thenounproject.com/search/?q=1981384&i=1981384, Netzwerke: Daouna Jeong, US, https://thenounproject.com/term/networking/138311/, Community: Wawan Hermawan, ID, https://thenounproject.com/search/?q=1577857&i=1577857, Beratung und Begleitung: Chameleon Design, IN, https://thenounproject.com/search/?q=551978&i=551978, Lernzentrum: Magicon, HU, https://thenounproject.com/search/?q=117834&i=117834, Hörsaalabstimmung: Maxim Kulikov, https://thenounproject.com/search/?q=1893230&i=1893230, Workshops/Webinare für Lehrende: Arijit Adak, IN, https://thenounproject.com/search/?q=1726228&i=1726228
6 https://www.fh-bielefeld.de/learningservices/lehrende; https://www.fh-bielefeld.de/bib/digitales-lernen.

bundesweit aktiven Kooperationspartnern wie E-Learning NRW oder dem Hochschulforum Digitalisierung und mit überregionalem Fokus.[7]

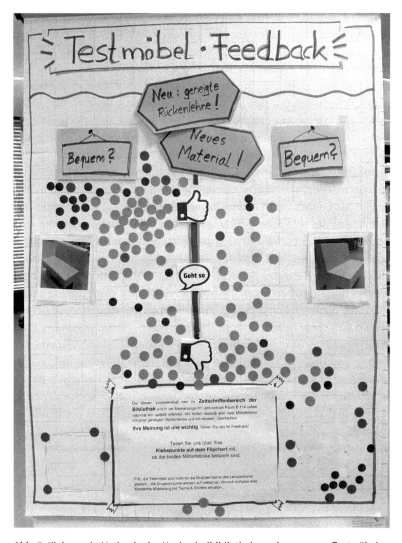

Abb. 7: Klebepunkt-Voting in der Hochschulbibliothek zu einem neuen Testmöbel.

---

7 https://www.fh-bielefeld.de/elearningkonferenz.

Perspektiven

Die Hochschulbibliothek und die zentrale IT evaluieren ihre Angebote nutzendenpartizipativ und verfolgten insbesondere im Nachgang des Campusumzugs dazu mehrere Ansätze. Diese reichen von der systematischen Auswertung der Raumbuchungsstatistiken und Feedbackkästen über niederschwelliges Klebepunkt-Voting (Abbildung 7) und die regelmäßige Evaluation der Unterstützungsprogramme für Studierende und Lehrende bis zum Praxisprojekt im Rahmen des Studiengangs Wirtschaftspsychologie. Über punktuelle Weiterentwicklungen und Verbesserungen der Services hinaus startete MIND 2018 ein extern begleitetes Beratungsprojekt zur Neuausrichtung des Serviceportfolios im Ausgang von den strategischen Zielen der Hochschule. Aktuell führt MIND eine extern beauftragte hochschulweite Bedarfserhebung im Hinblick auf *digitales Lehren und Lernen* unter den Lehrenden und Studierenden durch.

Die bisherigen Evaluationsergebnisse bestätigen, dass das Thema *Lernwelt Hochschule* an der Fachhochschule Bielefeld weitreichend angekommen ist. Zugleich impliziert das Thema eine Entwicklungsaufgabe und einen permanenten Lernprozess, gerade angesichts des digitalen Wandels. Wie für die Herausforderungen, die sich den Hochschulen im Kontext der Digitalisierung stellen, kommt es auch für die Lernwelten der Zukunft darauf an, Ziele, Strategien und Kompetenzen miteinander zu teilen.

Literatur

Ilg, K. (2013): Zentrale Lernflächen im Neubau der Fachhochschule Bielefeld. Zukunftskonzepte für die Campushochschule. *Zeitschrift für Bibliothekswesen und Bibliographie* 60/3–4, 176–183.

Ilg, K. (2016): Learning Services. Die Bibliothek als Service Hub. *b. i. t. online* 19/5, 423–428.

Ilg, K; Schüring, A. (2017): Architektonische Konzepte der Hochschulbibliothek Bielefeld. *Pro Libris* 1, 14–17.

Katja Ninnemann, Julia Rózsa und Carolin Sutter
Zur Relevanz der Verknüpfung von Lernen, Raum und Organisation

Paradigmenwechsel vom Lehren zum Lernen an der SRH Hochschule Heidelberg

Motivation für Veränderungen in der Lehre

Mit den gesellschaftlichen Forderungen zum Erwerb von *fachübergreifenden Kompetenzen*, wie Methoden-, Sozial- und Selbstkompetenz, sowie den Anforderungen zur Ausbildung von 21st *century skills*, mit *Kommunikations-* und *Kooperationsfähigkeit* sowie *Kreativität* und *kritischem Denken*, geht der *Shift from Teaching to Learning* (Barr/Tagg 1995; Wildt 2004) an Hochschulen einher. Dieser steht für eine grundlegend veränderte Haltung und einem neuen Selbstverständnis der Lehrenden in Richtung *Lernendenorientierung* und der eigenen Rolle als *Lerncoaches*. Vor diesem Hintergrund wurden in den letzten Jahren zahlreiche Projekte, Initiativen, Netzwerke und Förderungen zur Verbesserung der Qualität in der Lehre in der deutschen Hochschullandschaft initiiert und durchgeführt.

Die SRH Hochschule Heidelberg hat sich bereits 2010 auf den Weg gemacht und 2012 als Studienmodell das *CORE-Prinzip*, Akronym für Competence Oriented Research and Education, eingeführt. Dabei stehen das Lernen und Lehren im Mittelpunkt und die Frage, wie man Lernende in ihrem Lernprozess optimal darin unterstützen kann, die Lernziele zu erreichen. Das Studienmodell integriert neueste Erkenntnisse der *Lehr-Lern-Forschung*, sowie die Erfahrungen beispielgebender europäischer Hochschulen und ist konsequent an Kompetenzen im Sinne des *Bologna-Prozesses* ausgerichtet. Dieses Engagement wurde in 2018 mit der Verleihung des Genius Loci-Preis für Lehrexzellenz des Stifterverbandes als innovatives Hochschulkonzept gewürdigt. Mit dem Preis, welcher erstmals im Jahr 2017 verliehen wurde, werden exzellente Leistungen von Hochschulen zur Konzeption und Umsetzung von Innovationen in der Lehre gewürdigt.

Diese Auszeichnung und die Einladung als Best Practice-Beispiel zur Konferenz „Zukunft Lernwelt Hochschule" in 2019 war Anlass, um die vorangegangenen Prozesse und Maßnahmen an der SRH Hochschule Heidelberg zu rekapitulieren. Dies ist auch vor dem Hintergrund der Erkenntnisse sinnvoll, dass auch in der Zukunft die Gestaltung der Hochschule als Lernraum weiter aktiv gestal-

---

∂ Open Access. © 2020 Katja Ninnemann, Julia Rózsa und Carolin Sutter, published by De Gruyter. This work is licensed under the Creative Commons Attribution-NonCommercial-NoDerivatives 4.0 License.
https://doi.org/10.1515/9783110653663-017

tet werden muss, um die Studierenden bei der Erreichung ihrer Ziele und Lernerfolge unterstützen zu können. Mit diesem Beitrag wird aus einer ganzheitlichen Perspektive gezeigt, welche zentralen Maßnahmen an einer Hochschule notwendig sind, um den Paradigmenwechsel von Lehren zu Lernen nachhaltig realisieren zu können.

Lernen: Einführung des CORE-Prinzips

> Durch das CORE-Prinzip ändert sich nicht nur die Rolle der Lehrenden, sondern auch die der Studierenden grundlegend. Sie werden gefordert mehr Verantwortung für den eigenen Lernprozess zu übernehmen und diesen aktiv zu gestalten. (Rózsa 2017, 12)

Dieser Rollenwechsel korrespondiert mit den Ergebnissen einer Studie der deutschen Industrie- und Handelskammer:

> Die Top-Kompetenzen, die die Unternehmen von Hochschulabsolventen erwarten, sind Einsatzbereitschaft, Verantwortungsbewusstsein, selbstständiges Arbeiten, Kommunikationsfähigkeit und Teamfähigkeit. (Heidenreich 2011)

Diese Erkenntnisse bestätigen sich auch in der nachfolgenden Studie von 2015 (Deutscher Industrie- und Handelskammertag 2015). Dabei wird deutlich, dass es sich bei den Bildungszielen nicht allein um fachliche Kompetenzen handeln kann, die eine Hochschule ihren Studierenden vermitteln muss.

> Die Aufgabe, Studierende gut auf das Berufsleben vorzubereiten, sollte stärker in den Mittelpunkt rücken. Eine aktive Lernkultur besteht nicht aus Frontal-Vorlesungen, sondern versetzt die Studierenden in die Lage, sich forschungs- und praxisbezogen das Wissen selbst anzueignen [...] Die Gestaltung von Studiengängen sollte sich am learning outcome orientieren, denn wichtig ist, was die Studenten am Ende des Studiums können. (Deutscher Industrie- und Handelskammertag 2015, 4)

Eine höhere Anwendungsorientierung sollte deshalb ein integraler Bestandteil aller Studiengänge sein (Deutscher Industrie- und Handelskammertag 2015). Die Umfrage zeigt außerdem, „dass insbesondere bei Bachelor-Absolventen häufig methodische, soziale und persönliche Kompetenzen vermisst werden" (Deutscher Industrie- und Handelskammertag 2015, 4).

Aber nicht nur die Industrie- und Handelskammer, sondern auch die *Hochschulrektorenkonferenz* fordert schon seit längerer Zeit eine Modernisierung der Lehre an deutschen Hochschulen:

Die Hochschul- und Unterrichtsforschung zeigt, wie viel effektiver eine studierendenzentrierte Lehre im Verhältnis zur traditionellen reinen Wissensvermittlung ist. Sie ist Kern eines geänderten Grundverständnisses von Lehre in den Hochschulen und Grundlage der Umgestaltung der Lernumgebungen. [...] Dieser Wandel konkretisiert sich für alle Beteiligten im Studiengang. Hier müssen sorgfältig erarbeitete Qualifikationsziele, angemessene Lehr-, Lern- und Prüfungsformen, die Weiterqualifikation der Lehrenden und eine aktivere Rolle der Studierenden abgestimmt werden und zusammenwirken. (Hochschulrektorenkonferenz 2008)

Durch aktivierende Lehre werden Lernende dabei unterstützt, den Lernprozess selbstständig mitzugestalten. Dies ist eine der wesentlichsten Voraussetzungen für das Lernen, denn Lernen kann nicht von Lehrenden erzeugt, sondern nur aktiviert und angeregt werden. Dazu kommt die entscheidende Orientierung am Lernergebnis. Und vielen Überlegungen und Erkenntnissen folgend, kann es im Studium nicht mehr nur um reine Wissensvermittlung, sondern in erster Linie um *Kompetenzentwicklung* gehen (Stelzer-Rothe 2008).

Die zentralen Maßnahmen der SRH Hochschule Heidelberg bei der Einführung des Studienmodells zeigen den ganzheitlichen Ansatz zur Ausrichtung der Lehre auf das Lernen: Das *CORE-Prinzip* ...

- ... richtet anhand des *Constructive Alignment* die Lehr-Lernmethoden, sowie Prüfungsformen an den intendierten Lernzielen des jeweiligen Moduls aus,
- ... basiert auf 5-Wochen-Blöcken, in denen sich Studierende intensiv innerhalb eines Moduls mit einer bestimmten Fragestellung/einem bestimmten Thema auseinandersetzen,
- ...richtet sich bei der *Kompetenzentwicklung* der Studierenden an dem Kompetenzmodell mit den fünf Dimensionen Fach-, Methoden-, Sozial-, Selbst- und der resultierenden Handlungskompetenz aus.
- ... integriert unterschiedlichste *kompetenzorientierte Prüfungsformen*,
- ... orientiert sich an einer Vielzahl von Lehr- und Lernmethoden wie beispielsweise Gruppenarbeiten, Fallstudien, Teamteaching, Lerntagebüchern etc.,
- ... zielt auf die Förderung der Eigenverantwortlichkeit der Studierenden, die durch praxisorientierte Veranstaltungen und ein ergebnisorientiertes Studium realisiert wird (Rózsa et al. 2017).

Die neue Ausgestaltung aller Studiengänge folgt dabei den Grundgedanken des *Constructive Alignment*. Vereinfacht ausgedrückt, richtet sich die Konzeption eines ganzen Studiengangs, eines Studienjahres, eines Moduls und auch einer Veranstaltung konsequent an den *kompetenzorientierten Lernzielen* aus. Dazu ist die Nutzung einer *Lernzieltaxonomie*, etwa nach Bloom (1976) im kognitiven oder in Anlehnung an Krathwohl und Bloom (1964) oder Dave (1970) im affektiven beziehungsweise psychomotorischen Bereich hilfreich. Aus diesen Überlegungen und den Festlegungen der Lernziele leitet sich im nächsten Schritt die Wahl der passenden kompetenzorientierten Prüfungsform ab, die so zu wählen ist, dass die Studierenden in der Prüfung die Möglichkeit haben, zu zeigen, dass und in welchem Umfang sie die Kompetenzen erworben haben. Erst im letzten Schritt dieses Gestaltungsprozesses wird oder werden die geeigneten *Lehr-Lernmethoden* gewählt, die ebenfalls konsequent an den Lernzielen ausgerichtet sind und auf die gewählte Prüfungsform vorbereiten.

Diese *Lehr-Lernprinzipien* lassen sich im Studienalltag am besten verwirklichen, wenn zum Beispiel nach schwedischem oder niederländischem Vorbild auch die zeitlichen Rahmenbedingungen angepasst werden. Für das *CORE-Prinzip* heißt das, dass die Semesterstruktur aufgelöst und das Studienjahr in 5-Wochen-Blöcke unterteilt ist, in denen jeweils ein Modul gelehrt und geprüft wird. Dies steht im klaren Kontrast zur klassischen, fraktionierten Wissensvermittlung in herkömmlichen Studienmodellen, in denen zahlreiche Fächer ohne direkten Bezug zueinander parallel gelehrt werden. Was häufig im sogenannten ‚Bulimie-Lernen' für zu viele Prüfungen in einem kurzen Zeitraum endet.

> Nachdem der Prüfungserfolg letztlich entscheidend ist, richten Studierende ihr Lernen an den angekündigten, erwarteten oder unterstellten Prüfungsanforderungen aus. Dabei ist nicht nur relevant, was die Inhalte der Prüfungen sein werden, sondern welche Art von Wissen und Können getestet werden. (Prenzel 2015, 9)

Die zeitliche Neugestaltung im *CORE-Prinzip* ermöglicht ein vertieftes, kontinuierliches Arbeiten an einem Thema und hilft den Studierenden auch, sich gezielt und konzentriert jeweils auf nur eine kompetenzorientierte Prüfung vorzubereiten

Sieben Jahre nach der hochschulweiten Einführung des *CORE-Prinzips*, lässt sich beobachten, dass sowohl die Lehrenden als auch die Studierenden das Studienmodell sehr gut annehmen. Das Lehren und Lernen ist aktiver und selbstständiger geworden. Selbstverständlich werden weiterhin die Veranstaltungen evaluiert und eine langzeitlich angelegte, begleitende *Kompetenzmessung* der Studierenden soll Aufschluss über die Entwicklung in den fokussierten Kompetenzbereichen geben. Festhalten lässt sich, dass das Studienmodell als intensiver und zum Teil auch anstrengender erlebt wird, aber dass das Lernen offensichtlich mehr Spaß macht und zu guten Ergebnissen führt. Vor diesem Hintergrund wird das *CORE-Prinzip* zum Wintersemester 2019/2020 nun auch an den anderen SRH Hochschulen eingeführt.

Raum: Realisierung des Projektes *Lernraum Campus*

Bei der strategischen Umsetzung des *CORE-Prinzips* in Heidelberg zeigte sich für alle Akteurinnen und Akteure an der Hochschule umgehend und deutlich spürbar, dass sich mit den Veränderungen an Lehren, Lernen und Prüfen auch die Anforderungen an physische *Lernumgebungen* wandeln. Von Seiten der Lehrenden wurde zunehmend mehr Vielfalt und Nutzungsflexibilität des Mobiliars, eine auf die Fachkultur zugeschnittene Raumausstattung sowie Raum für experimentelles Lehren und Lernen eingefordert. Bei der hochschulweiten Befragung zur Bewertung der *Lernarbeitsbedingungen* und *-bedarfe* auf dem Hochschulcampus wurden von den Studierenden unter anderem mehr Lernarbeitsplätze in räumlicher Nähe zur jeweiligen Fachdisziplin für Gruppenarbeiten sowie Informationen über frei zugängliche Lernraumangebote gewünscht (Kirschbaum/Ninnemann 2016). Aufbauend auf diesen ersten Erkenntnissen wurde im Juli 2015 das Projekt *Lernraum Campus* initiiert, um zeitnah notwendige Maßnahmen auf dem Campus herbeizuführen und damit den *Shift from Teaching to Learning* auch räumlich zu übersetzen und zu leben. Im Rahmen des Projektes wurden innerhalb von zwei Jahren an der SRH Hochschule Heidelberg formelle und informelle Lernräume mit 1 300 Lernarbeitsplätzen entsprechend den Anforderungen für aktivierendes Lehren und Lernen fakultätsübergreifend realisiert.

Mit dem Beginn des Projektes wurden die Lernräume in den verschiedenen Gebäuden auf dem Campus zunächst aufgenommen und hinsichtlich der Raumgröße in die Kategorien S, M und L unterteilt. Dabei wurde deutlich, dass für eine durchschnittliche Gruppengröße von 36 Studierenden sehr unterschiedliche Raumflächen, von ca. 80 qm bis 120 qm, zur Verfügung stehen. Insbesondere die Feststellung, über teilweise sehr viel Fläche verfügen zu können, eröffnete neue Perspektiven und erlaubte, neben den Standardkonzepten auch unkonventionelle *Lernraumsettings* zu konzipieren und umzusetzen (Abbildung 1). Bauliche Maßnahmen waren für die Anpassung der Räumlichkeiten nicht notwendig, da bereits vor der Einführung des *CORE-Prinzips* mit kleinen Gruppengrößen gearbeitet wurde. Auch bei der ergänzenden Einrichtung von informellen *Lernarbeitsplätzen*, vornehmlich an strategischen Punkten wie im Eingangsfoyer oder in Flurbereichen, waren lediglich Maßnahmen, wie zum Beispiel die Erneuerung des Bodenbelags und der Elektrik, erforderlich, die im Rahmen der Revitalisierung der Gebäude bereits als notwendig eingestuft gewesen waren.

Abb. 1: 360° VR Videos zur Verknüpfung von Lernen und Raum.

Ausgangsbasis für die Entwicklung von *Lernraumkonzepten* war ein fakultätsübergreifender Abstimmungsprozess mit akademischen wie auch administrativen Organisationseinheiten, um unterschiedliche Hochschulakteurinnen und -akteure sowie Stakeholdergruppen einzubinden und dabei hochschul- wie auch disziplinspezifische Anforderungen an die Einrichtung und die *Lernraumsettings* identifizieren zu können. Anhand dieser Informationen wurden mit einem transparenten Auswahl- und Beschaffungsprozess Produkte über eine Ausschreibung ausgewählt sowie sukzessive die Realisierung in den Fakultäten durchgeführt. Im Rahmen der Ausschreibung wurden die Nutzerinnen und Nutzer, Studierende, Lehrende sowie Mitarbeitende, mit Hilfe einer Bemusterung in den Auswahlprozess integriert. Anhand der Bewertungskriterien *Nutzerinnen-/ Nutzerakzeptanz* und *Gebrauchseigenschaften* konnten 149 Produkte in 12 Produktlosen beurteilt werden. Über einen Zeitraum von zwei Wochen hatten hochschulübergreifend alle Studierenden, Lehrenden und Mitarbeitenden Ende 2015 die Möglichkeit, diese Produkte in den Gruppenarbeitsräumen sowie im Foyer und in der Galerie des Hauptgebäudes auf dem Campus zu testen. Mittels Produktetiketten konnten die Produkte benotet beziehungsweise Hinweise dazu gegeben werden. Die Beurteilungen und Anmerkungen wurden ausgewertet und bei der qualitativen Bewertung zur Vorbereitung der Vergabeempfehlung berücksichtigt.

Im Frühjahr 2016 wurden die ersten *Lehr- und Lernräume* im Gebäude der School of Engineering and Architecture neu eingerichtet. Bei der Neuausstattung der Modellfakultät hat sich gezeigt, dass bei einer Neuausstattung mit innovativen *Lernraumsettings* eine Nachverdichtungsphase einzuplanen ist. Hier wurden in einer zweiten Stufe ergänzendes Mobiliar angeschafft, Produkte ausgetauscht und Settings gemäß den methodischen Anforderungen nachträglich angepasst. Mit der Nachverdichtung in der Modellfakultät sowie auch bei den Planungen für die nachfolgenden Fakultäten hatte sich beispielsweise die Anforderung gezeigt, dass verschiedene Lernarbeitsplätze in einem Setting angeboten werden sollten. So wurde beispielsweise von den Lehrenden und Studierenden zurückgemeldet, dass die probeweise eingesetzten Steharbeitsplätze als Ergänzung sehr gut angenommen werden. Insbesondere in den Lernräumen der Kategorie M und L war ausreichend Platz vorhanden, um ergänzend diese Lernarbeitsplätze anbieten zu können.

Für das Projekt *Lernraum Campus* war es im Projektverlauf wichtig, Zwischenschritte zu evaluieren. Mit dem Verständnis der Lernraumgestaltung als einen iterativen Prozess, konnten somit innerhalb des Projektes wichtige Erkenntnisse empirisch ermittelt und damit nachfolgende Maßnahmen auf einem höheren Niveau gesteuert werden. So wurde auf Basis der Evaluierung des neuen Mobiliars und der Lernraukonzepte sowie der Rückmeldungen und Erfahrungen an der Modellfakultät die folgenden Maßnahmen für die Fakultät für Information, Medien und Design, die Fakultät für Sozial- und Rechtswissenschaften sowie für die Fakultät für Wirtschaft geplant und realisiert.

Mit der Konzeptionierung und Realisierung differenzierter Lernraum-Settings können an der Hochschule vielfältige Lehr- und Lernmethoden umgesetzt werden, die unterschiedlichste Formen der Kollaboration und Kooperation zwischen den Studierenden und damit selbstständige Lernprozesse unterstützen können (Abbildung 1). Im Folgenden werden fünf zentrale Erkenntnisse im Projekt *Lernraum Campus* zusammengefasst (Ninnemann 2016, 2018a, 2018b):

- *Strategische Lehr- und Lernkultur als entscheidungsförderndes Fundament*: Ein entscheidender Faktor für die konsequente Entwicklung und Umsetzungstauglichkeit der verschiedenen *Lernraumsettings* war das gemeinsame Fundament des *Studienmodells CORE* und damit das Wissen um Erfordernisse bei der räumlichen Unterstützung aktivierender Lehr-, Lern- und Prüfungsmethoden.
- *Berücksichtigung der Bedeutung von Fachkulturen*: Eine wichtige Grundlage für die Konzeptentwicklung der *Lernraumsettings* waren die bereits mit der Einführung des *CORE-Prinzips* vorliegenden Erkenntnisse, dass die Lehr- und Lernkulturen in den einzelnen Fakultäten an der SRH Hochschule Heidelberg unterschiedlich gelebt und über die Gestaltung der Lernräume auch eingefordert werden.
- *Zeitliche Entzerrung der Umsetzungsmaßnahmen*: Aufgrund der Rückmeldungen seitens der Nutzerinnen und Nutzer wurde im laufenden Prozess die Entscheidung getroffen, die geplanten Maßnahmen nicht auf einmal in allen Fakultäten umzusetzen. So dient die im Frühjahr 2016 zuerst ausgestattete Modellfakultät School of Engineering and Architecture zunächst als Experimentier- und damit ‚Lernraum' für das Projekt.
- *Relevanz von Einführungsveranstaltungen für Lehrende*: Es hat sich gezeigt, dass Lehrende Unterstützung bei der Aneignung und Nutzung aktivierender *Lernraumsettings* bedürfen. Mit der Durchführung von Einführungsveranstaltungen konnten die Lernraumkonzepte im Zusammenhang mit Lehr-, Lern- und Prüfungsmethoden diskutiert sowie in einem sicheren Rahmen ausprobiert werden. Mittlerweile ist das Thema *Lernraumgestaltung* in den Lehrtrainings der SRH Akademie für Hochschullehre integriert.
- *Kommunikation von Lernraumgestaltungsmaßnahmen*: Die Befragung der Studierenden an der Modellfakultät hat gezeigt, dass diese räumlichen Veränderungen skeptisch gegenüberstanden. Hier war die Kommunikation in der Fakultät wichtig, um zu zeigen, dass Investitionen in Mobiliar, welches aktive Lehr-, Lern- und Prüfungsmethoden unterstützt, direkt der Lehrqualität und damit auch dem Lernerfolg der Studierenden zu Gute kommt.

Anhand der Darlegungen zum Projekt *Lernraum Campus* zeigen sich zum einen die enge Verknüpfung von Lernen und Raum und zum anderen neue Anforderungen und Herausforderungen bei der Organisation von Lernen und Raum. Anders als bei der Konzeption und Umsetzung singulärer Innovationen bei der didaktischen wie auch räumlichen Gestaltung von Lehrveranstaltungen, bedarf eine hochschulweite Lern- wie auch Lernraumstrategie die Berücksichtigung umfassender *Organisationsstrategien*.

Organisation: Lessons Learned bei Veränderungsprozessen

Eine zentrale Erkenntnis im Prozess zur ganzheitlichen Veränderung von Lernen und Raum und damit der hochschulweiten Umsetzung des Paradigmenwechsels ist das Commitment auf allen Führungsebenen – zentral sowie dezentral – der Hochschule. Die Einführung des *CORE-Prinzips* und auch das Projekt *Lernraum Campus* haben an der SRH Hochschule Heidelberg eindrücklich gezeigt, dass die Hochschul- und Fakultätsleitungen eine große Verantwortung für den nachhaltigen Erfolg von Veränderungen dieser Tragweite innehaben.

So galt es beispielsweise mit der Einführung des *CORE-Prinzips* die Veränderungen der *Zeitstruktur* durch die Anpassung *organisationaler Strukturen* und *Prozesse* zu flankieren. Bei der Durchführung des Projektes *Lernraum Campus* wurde die zeitliche Umsetzung und damit strukturelle Prozesse während des Projektes nachjustiert, um Nutzerinnen-/Nutzerbedürfnissen und einer iterativen Vorgehensweise entsprechen zu können. Um das *CORE-Prinzip* nachhaltig in der Organisation zu verankern, wurde dieses als Leitmotiv in die *Hochschulstrategie* aufgenommen. Des Weiteren erfolgte eine Anpassung der rechtlichen Rahmenbedingungen, indem das *CORE-Prinzip* als Leitgedanke sowohl in der Grundordnung der Hochschule als auch in den dahinterliegenden Ordnungen, wie zum Beispiel Berufungsordnung und Evaluationsordnung, verankert wurde. Darüber hinaus ist das *CORE-Prinzip* in die Funktionsbeschreibungen von Ämtern und Aufgaben, wie zum Beispiel Studiendekane, Studiengangleitende und Modulverantwortliche, eingeflossen.

Der Bereich Organisation umfasste neben den rechtlichen und strukturellen Aspekten aber auch kulturelle Faktoren, die einen wesentlichen Einfluss auf die Durchsetzungskraft der Veränderungen hatten. So wurde mit der Einführung des *CORE-Prinzips* ein *Code of Conduct* implementiert, der alle internen Stakeholder – Leitung, Lehrende, Verwaltung und Studierende – einbezieht; auch wurde das *Lehr-Lernverständnis* im Berufungsverfahren sowohl inhaltlich integriert wie auch personell durch die Teilnahmen der Leitung der SRH Akademie für Hochschullehre unterstützt. Des Weiteren wurden alle Sitzungen und Lenkungskreise an der Hochschule entsprechend dem hochschulischen Verständnis und Konzepts aktivierender Settings umgestellt, indem das *CORE-Prinzip* als Regel-Top 1 auf die Tagesordnung einer jeden Sitzungsagenda – zentral und dezentral – gesetzt und das Format von Tagungen und Sitzungen *CORE*-gerecht umgestellt wurden. Wesentlich für einen erfolgreichen *Chance-Prozess* und das Gelingen des kulturellen Wandels war die Einbeziehung aller Status-Gruppen im Sinne eines gut verzahnten *Top-down-/Bottum-up-Prozesses*.

Die Erkenntnisse an der SRH Hochschule Heidelberg zur Relevanz organisationaler Aspekte bei Veränderungen von Lernen und Raum stehen nicht nur für sich allein, sondern bestätigen sich auch aus theoretischer und empirischer Perspektive, wie eine aktuelle Studie zu Innovationsprozessen bei der Gestaltung des Lernraums an Hochschulen im internationalen Kontext zeigt: „Über strategische Entscheidungen und Organisationsstrukturen wirkt das Hochschulmanagement, neben den Lernenden und Lehrenden, als dritter Pädagoge" (Ninnemann 2018a, 90). Ein entscheidender Faktor zur erfolgreichen *Lernraumgestaltung* – und damit der Zukunft der *Lernwelt Hochschule* – ist dabei nicht nur die Erkenntnis zur Bedeutung des Hochschulmanagements bei Innovationsprozessen, sondern das damit einhergehende Selbstverständnis und die Übernahme von Verantwortung durch die Leitungsebene als aktive Gestalterin von Lehr- und Lernprozessen:

> Durch strategische Managemententscheidungen auf der organisational-strukturellen Raumebene können Veränderungen [...] initiiert werden, welche die Integration von Innovationen bei Lernraumgestaltungsmaßnahmen unterstützen bzw. behindern und damit direkt und indirekt Einfluss auf Lehr- und Lernprozesse und somit den Lernerfolg der Studierenden nehmen. (Ninnemann 2018a, 251)

Auf Basis der beschriebenen Erkenntnisse und Erfahrungen kann zusammenfassend konstatiert werden, dass sich mit der integrativen Betrachtung und Verknüpfung von Lernen, Raum und Organisation ein ganzheitlicher Handlungsraum an der SRH Hochschule Heidelberg entwickelt hat, welcher eine exzellente Ausgangsposition zur Bewältigung aktueller und zukünftiger Herausforderungen, wie zum Beispiel der *Digitalisierung* der *Lernwelt Hochschule*, bildet.

Literatur

Barr, R. B.; Tagg, J. (1995): From Teaching to Learning. A New Paradigm for Undergraduate Education. *Change: The Magazine of Higher Learning* 27/6, 13–25.

Bloom, B. (1976): *Taxonomie von Lernzielen im kognitiven Bereich.* 5. Aufl. Weinheim: Beltz Verlag.

Deutscher Industrie- und Handelskammertag (2015): *Kompetent und praxisnah – Erwartungen der Wirtschaft an Hochschulabsolventen.* Berlin: DCM Druck.

Dave, R. H. (1970): Psychomotor domain. In: R. J. Armstrong (Hrsg.): *Developing and writing behavioral objectives.* Tucson, Arizona: Educational Innovators Press, 20–21.

Hochschulrektorenkonferenz (2008): *Für eine Reform der Lehre in den Hochschulen.* Entschließung der 3. HRK-Mitgliederversammlung vom 22.4.2008. https://www.hrk.de/positionen/beschluss/detail/fuer-eine-reform-der-lehre-in-den-hochschulen/.

Heidenreich, K. (2011): *Erwartungen der Wirtschaft an Hochschulabsolventen.* Berlin: Deutscher Industrie- und Handelkammertag. https://www.uni-heidelberg.de/md/journal/2011/11/hochschulumfrage2011.pdf.

Kirschbaum, M.; Ninnemann, K. (2016): Spezifische Orte für selbstgesteuertes Lernen. Eine architekturtheoretische und empirische Perspektive. In: R. Arnold; M. Lermen; D. Günther (Hrsg.): *Lernarchitekturen und (Online-)Lernräume.* Baltmannsweiler: Schneider, 187–216.

Krathwohl, D. R.; Bloom, B. S.; Masia, B. B. (1964): *Taxonomy of educational objectives. Handbook II: Affective domain.* New York: David McKay Co.

Ninnemann, K. (2016): Lernraum Campus. Erkenntnisse zur räumlichen Umsetzung des „Shift from Teaching to Learning". In: J. Haag; J. Weißenböck; W. Gruber; C. F. Freisleben-Teutscher (Hrsg.): *Kompetenzorientiert Lehren und Prüfen. Basics – Modelle – Best Practices.* Tagungsband zum 5. Tag der Lehre an der Fachhochschule St. Pölten am 20.10.2016. Brunn am Gebirge: ikon, 153–163.

Ninnemann, K. (2018a): *Innovationsprozesse und Potentiale der Lernraumgestaltung an Hochschulen. Die Bedeutung des dritten Pädagogen bei der räumlichen Umsetzung des „Shift from Teaching to Learning".* Münster: Waxmann.

Ninnemann, K. (2018b): *Diversity and Change Management as Key Factors to Foster Innovations in Learning Space Design.* 2nd International Conference on Innovation in Higher Education „Learning Spaces – formal, informal, virtual, real". Heidelberg: SRH Hochschule Heidelberg. 27–30.

Prenzel, M. (2015): *Institutionelle Strategien zur Verbesserung der Lehre an Hochschulen: Ein Beispiel.* Herbstsitzung des Wissenschaftsrats (Bielefeld, 16. Oktober 2015).

Rózsa, J. (2017): *Aktivierende Methoden für den Hochschulalltag.* (3. Auflage). Heidelberg: Heidelberger Hochschulverlag.

Rózsa, J.; Edinger, E.; Schöler, S.; Kling, P.; S. Gusset-Bährer (2017): *CORE-gerechte Modulkonzeption. Ein Leitfaden.* Heidelberg: Heidelberger Hochschulverlag.

Stelzer-Rothe, T. (Hrsg.): (2005). *Kompetenz in der Hochschullehre. Rüstzeug für gutes Lehren und Lernen an Hochschulen.* Rinteln: Merkur.

Wildt, J. (2004): ‚The Shift from Teaching to Learning'. Thesen zum Wandel der Lernkultur in modularisierten Studiengängen. In: H. Ehlert; U. Welbers (Hrsg.): *Qualitätssicherung und Studienreform. Strategie- und Programmentwicklung für Fachbereiche und Hochschulen im Rahmen von Zielvereinbarungen am Beispiel der Heinrich-Heide-Universität Düsseldorf.* Düsseldorf: Grupello, 168–178.

Kerstin Dingfeld, Lara Fricke und Franz Vergöhl
Lehr- und Lernräume für Studierende gestalten

Anforderungen und Perspektiven

Die Förderung von studentischer *Partizipation* in der Hochschullehre ist eine Herausforderung für die Hochschulen. Aus einer studentischen Perspektive ergeben sich verschiedene Anforderungen, um durch Lehr- und Lernräume positiv auf studentische Partizipation einzuwirken. Im vorliegenden Beitrag sollen Vorstellungen zu zukünftiger Hochschullehre skizziert werden. Dabei richtet sich der Blick vor allem darauf, welche *Lehr- und Lernräume* sich Studierende wünschen.

Kontexte

Lernräume lassen sich als „Umgebungen, die Erwachsene zum Zweck des Lernens zeitlich begrenzt aufsuchen", beschreiben (Siebert 2006, 21). Dies kann beispielsweise ein Seminarraum, eine Ausstellung oder eine Bibliothek sein (Siebert 2006, 21). Diese Perspektive umfasst sowohl Räume für Lehrveranstaltungen als auch Räume für das Selbststudium von Lernenden. In einer zukunftsfähigen *Hochschulinfrastruktur* ist eine Unterscheidung zwischen Lehr- und Lernraum nicht notwendig, da Bildung – und das ist schließlich das, worum es am Ende geht – immer sowohl durch Lehre als auch Lernen entsteht. Für das studentische Lernen sind Lernumgebungen wichtig und effektiv, in denen die notwendigen Ressourcen zur Verfügung gestellt werden, die es ermöglichen, sich akademisch und sozial zu integrieren (Mayrberger 2017, 114).

Hochschulen präsentieren sich gerne als Orte mit einer besonders lernförderlichen Atmosphäre. Die Leuphana Universität verspricht zum Beispiel „eine Atmosphäre zu schaffen, die durch gelebte Diversität und gegenseitige Wertschätzung inspirierend wirkt" (Leuphana 2019). Die Universität Hamburg sieht sich als Ort der Offenheit des Zugangs zu Bildung und Wissenschaft (Universität Hamburg 2018). Um solchen Ansprüchen gerecht zu werden, sollte die Hochschule ein Ort sein, an dem alle Studierenden, Lehrenden sowie Besucherinnen und Besucher teilhaben können. Innen- und Außenräume müssen unterschiedlichen Bedürfnissen und Anforderungen entsprechen (Günter/Rauber 2019, 4).

Die Gebäude und Räume zum Lehren und Lernen sollten barrierefrei sein, damit sie auch von Menschen mit Behinderungen, mit jedweder Form von Beeinträchtigung, „in der allgemein üblichen Weise, ohne besondere Erschwernis und grundsätzlich ohne fremde Hilfe auffindbar, zugänglich und nutzbar sind" (§ 4 Gesetz zur Gleichstellung von Menschen mit Behinderungen).

In einer Veröffentlichung des *Centrums für Hochschulentwicklung* (CHE) wird ein Bild gezeichnet, in dem durch das ständige Anwachsen der Studierendenzahlen Hochschulen die Chance nutzen müssten, sich nach innen und nach außen zu profilieren (Ziegele et al. 2019). Dabei spielt die Entwicklung eines vielfältigen Systems eine zentrale Rolle, das als Ganzes der Vielfalt der Studierenden und der Vielfalt der Aufgaben der Hochschulen gerecht werden kann. Die Ausdifferenzierung der Hochschulen wird vermutlich auch räumliche Auswirkungen haben.

Anpassung der Lehr- und Lernräume an Bedürfnisse

Gleichzeitig sollen Hochschulen Lehrstrategien entwickeln, die neben klassischen Lehrformaten auch aktivierende Formen der Lehre enthalten. Hierzu zählen Ansätze des problem- und projektorientierten Lernens sowie die Vermittlung von innovativen Methodenkompetenzen wie *Design Thinking* (Stifterverband 2019, 26). Projektbasierte Lernmodule ermöglichen den Studierenden, kooperativ über die Grenzen der Hochschule hinaus zu denken und mit Partnerinnen und Partnern aus Wirtschaft und Zivilgesellschaft zusammenzuarbeiten (Stifterverband 2019, 27).

Darüber hinaus wird es in Zukunft vermutlich zu einer *Digitalisierung* vieler *Lehr-Lernprozesse* kommen. Da es trotzdem weiterhin physische, analoge Lehr- und Lernräume an Hochschulen geben wird, werden mit diesen neuen Entwicklungen besondere Anforderungen an die Lehr- und Lernräume gestellt. Ein Beispiel für eine innovative Unterrichtsmethode ist der *Flipped Classroom* („umgedrehter Unterricht"). Hierbei wird die Lehre umgedreht und die Lernenden bereiten das, was normalerweise im Unterricht gelehrt wird, bereits eigenständig vor. Dies passiert oftmals mithilfe von digitalen Tools. Der Flipped Classroom bietet den Vorteil, dass in der Präsenzlehre direkt tiefer in die Materie eingestiegen werden kann (Bergmann/Sams 2012, 13). Hierbei können die Grenzen zwischen Lehre und Lernen verschwimmen, wie oben bereits angedeutet.

Um den Anforderungen dieser neuen *Lehr-Lernformate* gerecht zu werden, muss die Gestaltung von Lehr- und Lernräumen stets agil bleiben. Egal ob Räume nur für das Selbststudium oder für Lehrveranstaltungen genutzt werden, sollten sie so gestaltet sein, dass sie ein optimales Umfeld für studentische Partizipation schaffen. Die meisten Seminarräume sind beispielsweise so ausgerichtet, dass die Dozierenden vorne hinter einem separaten Tisch stehen beziehungsweise sitzen. Dies kann unter Umständen dazu führen, dass Hierarchien reproduziert werden, was nicht für jedes Lehr-Lern-Format von Vorteil ist. Noch ausgeprägter gestaltet sich dies in Vorlesungssälen. Ein weiterer wichtiger Aspekt ist die Größe des Raumes: Ist er zu groß, setzen sich Studierende häufig nach hinten und somit wird gute Kommunikation erschwert. Ist er zu klein, wirkt sich dies allerdings auch negativ auf die Lehr-Lern-Situation aus, indem die Teilnehmenden sich beispielsweise eingeengt fühlen oder die Sicht nach vorne behindert ist. Dies ist im folgenden Erfahrungsbericht weiterführend skizziert.

Erfahrungsbericht

Ich war auf dem Weg zu meinem ersten Seminar an der Universität. Mit mir waren 32 Personen (die maximale Teilnehmeranzahl) dafür angemeldet. In meiner Abiturklasse waren wir 26 Lernende und damit eine der größten Klassen an der Schule.

Fünf Minuten vor Seminarbeginn betrat ich den Raum, in dem jetzt schon fast alle Stühle belegt waren. Die Tische waren in einem U angeordnet. Ich erinnerte mich an meinen ehemaligen Klassenraum, der fast genauso aussah, nur etwas größer. Um auf einen der zwei freien Stühle im hinteren Bereich des Raumes zu gelangen, musste ich entweder rechts oder links an den Tischreihen vorbeigehen. Der Durchgang war so eng, dass alle bereits Sitzenden ihren Stuhl vorrücken, ihre Taschen wegräumen und ihre Köpfe einziehen mussten, damit ich niemanden beim Vorbeigehen anstieß. Genauso ging es einem Kommilitonen, der zur gleichen Zeit wie ich eintraf und auf der anderen Seite versuchte zu dem letzten freien Stuhl zu gelangen. Alle, die den Raum danach betraten (ich zählte bereits fünf Personen), mussten sich Stühle aus dem Nebenraum holen und eine zweite Reihe hinter der letzten Reihe bilden oder sich in die Mitte des Raumes setzen. Beim Durchzählen kam ich jetzt auf 30 Personen, das heißt, es mussten noch zwei weitere Personen einen Platz finden. Mit der Seminarleitung kamen noch drei weitere Studierende in den Raum, die erst im Nachrückverfahren eine Studienzusage erhalten hatten und auch gerne am Seminar teilnehmen wollten.

So begann meine erste Uni-Veranstaltung mit 34 Mitstudierenden in einem Raum, der für höchstens 25 Lernende ausgelegt sein konnte. Beim Herausholen meines Notizblocks stieß ich zuerst meine rechte, dann meine linke Sitznachbarin an und versuchte anschließend, mich so wenig wie möglich zu bewegen. Die Studierenden in der „zweiten Reihe" hinter mir, hatten kaum Sicht nach vorn und beschäftigten sich bereits mit ihren Smartphones als ich mich das zweite Mal umsah. Die vier Studierenden in der Mitte versuchten sich so klein wie möglich zu machen, um die Studierenden darum herum nicht zu stören oder vielleicht um die Aufmerksamkeit von 32 Augenpaaren im Rücken nicht zusätzlich auf sich zu lenken. Die Beteiligung im Seminar war sehr gering.

Ich hatte das Gefühl, dass eine angespannte Atmosphäre im Raum lag, die von Unsicherheit der Studierenden, geringem Handlungsspielraum der Dozentin und schlechter Luft geprägt war und sich durch die gesamte Veranstaltung zog.

Flexible Nutzung und Nutzendenzentrierung

Die Lernräume sollen den unterschiedlichen studentischen Bedürfnissen entsprechen und Einzel- sowie Gruppenlernplätze und Raum für Austausch bereitstellen. Räume sollen variabel genutzt werden können. Ein kreatives und produktives Arbeiten der vielen studentischen Gruppen und Initiativen soll ermöglicht werden. Der Fokus muss voll und ganz auf der variablen Nutzung liegen, sodass auch mit begrenzter Fläche sowohl Plätze zum Studieren und Austauschen vorhanden sind, als auch studentische Gruppen in den Räumen kreativ und produktiv werden können.

Die Raumgestaltung außerhalb von Veranstaltungsräumen ist ebenfalls ein zentrales Thema, da laut der Studie „Gesundheit Studierender in Deutschland 2017" des Deutschen Zentrums für Hochschul- und Wissenschaftsforschung, der Freien Universität Berlin und der Techniker Krankenkasse ein Viertel der Studierenden ein erhöhtes Stresserleben angeben (Grützmacher et al. 2018, 48). Da Studierende häufig viele Freistunden zwischen ihren Veranstaltungen haben, verbringen sie viel Zeit an den Hochschulen, die unter Umständen nicht sinnvoll genutzt werden kann. Die Raumstruktur an Hochschulen sollte so angepasst sein, dass diese Zeitfenster effektiv für das Selbststudium genutzt werden können, aber auch Erholung möglich ist. Dafür sind Räume nötig, in denen eine geringe Lautstärke und wenig Ablenkung, zum Beispiel durch vorbeilaufende Personen, vorherrschen.

Ausstattung

Für die Zukunft einer partizipativen Hochschule müssen *Lehr- und Lernräume* vorhanden sein, die in erster Linie eine Ausstattung besitzen, die nicht neu erscheint und trotzdem teilweise nicht vorhanden ist. Dazu zählen Fenster, die die Möglichkeit bieten Tageslicht herein zu lassen, aber ebenfalls durch Rollos oder Vorhänge Schutz vor störender Sonneneinstrahlung bieten. Das Klima sollte der Jahreszeit entsprechend reguliert werden können. Die Räume sollten Internetzugang haben, sowohl über WLAN für mobile Endgeräte, als auch über den gegebenenfalls im Raum fest installierten Computer. Dies sind wichtige Voraussetzungen dafür, dass die oben bereits genannte *Digitalisierung* von *Lehr-Lernprozessen* aktiv umgesetzt werden kann und nicht durch technische Schwierigkeiten behindert wird. Es sollten ebenfalls ausreichend Steckdosen an den Tischen vorhanden sein.

Ausblick

Die Hochschulen sind in der Umsetzung der in diesem Text beschriebenen Anforderungen an Lehr- und Lernräume gefragt. Dies ist eine Voraussetzung dafür, dass Studierende erfolgreich an Hochschulen lernen und sich bilden können. Damit die Lernenden aktiv ihre eigenen Lern- und Bildungsprozesse gestalten können, sind selbstverständlich nicht nur die Räume ausschlaggebend, denn dazu gehören viele weitere Aspekte, die beachtet werden müssen. Nichtsdestotrotz können Lehr- und Lernräume einen Beitrag dazu leisten, dass studentische Partizipation in der Lehre und somit auch die Qualität von *Lehr-Lernprozessen* gesteigert werden.

Ein *Online-Self-Assessment* (OSA), in dem getestet werden kann, inwiefern Lehr- und Lernräume partizipativ gestaltet sind und Sensibilisierung für eine partizipative Gestaltung entwickelt werden kann, ist zum Beispiel an der Universität Hamburg[1] zu finden.

Literatur

Bergmann, J.; Sams, A. (2012): *Flip your Classroom: Reach every student in every class every day*. London: International Society for Technology in Education.

Günther, C.; Rauber, C. (2019): Ausbildung von Querdenkern. Bauliche Infrastruktur. Ein Weg zur Inklusion. *HIS-HE: Medium 3*. https://his-he.de/publikationen/detail/publikation/ausbildung-von-querdenkern/.

Grützmacher, J.; Gusy, B.; Lesener, T.; Sudheimer, S.; Willige, J. (2018): *Gesundheit Studierender in Deutschland 2017. Ein Kooperationsprojekt zwischen dem Deutschen Zentrum für Hochschul-und Wissenschaftsforschung, der Freien Universität Berlin und der Techniker Krankenkasse*. https://www.ewi-psy.fu-berlin.de/einrichtungen/arbeitsbereiche/ppg/

---

1 https://studpart.check.uni-hamburg.de/partizipative-lehr-lernraeume/.

bwb-2017/_inhaltselemente/faktenblaetter/Gesamtbericht-Gesundheit-Studierender-in-Deutschland-2017.pdf.

Leuphana (2019): *Leitbild der Universität Leuphana*. https://www.leuphana.de/universitaet/leitbild.html.

Mayrberger, K: (2017): Partizipatives Lernen in der Online-Lehre. Anspruch, Konzept und Ausblick. In: H. R. Griesehop; E. Bauer (Hrsg.): *Lehren und Lernen online. Lehr- und Lernerfahrungen im Kontext akademischer Online-Lehre*. Wiesbaden: Springer Fachmedien, 109–129.

Siebert, H. (2006): Stichwort „Lernorte". *DIE Zeitschrift für Erwachsenenbildung* 4, 20–21. https://www.die-bonn.de/zeitschrift/42006/siebert06_01.htm.

Stifterverband für die Deutsche Wissenschaft (2019): *Hochschul-Bildungs-Report 2020*. Essen: Stifterverband. http://www.hochschulbildungsreport2020.de/.

Universität Hamburg (2018): *Leitbild der Universität Hamburg*. https://www.uni-hamburg.de/uhh/profil/leitbild.html.

Ziegele, F.; Neubert, P.; Mordhorst, L. (2019): Die Hochschule der Zukunft. Fels in der Brandung? *Hochschulsport* 2, 20–22.

Teil V: **Internationale Perspektiven**

Sybille Reichert
Innovation als Transformation
Neues Innovationsverständnis an Hochschulen in Europa

Einleitung

Spätestens seit den Universitätsgründungen im industriellen Gründeraufschwung des 19. Jahrhundert gelten Hochschulen als wichtige Motoren regionaler oder nationaler Innovation. In den letzten zwei Jahrzehnten wurde dieses Verständnis wieder ins Zentrum hochschulpolitischer Aufmerksamkeit gerückt. Das Bewusstsein, als *knowledge economy* und *Wissensgesellschaft* (ersterer Begriff ist im englischen Sprachraum verbreiteter als im deutschsprachigen) auf *Wissensressourcen*, hoch qualifizierte Arbeitskräfte und ein dynamisches Zusammenspiel von Wirtschaft und Forschung angewiesen zu sein, beschäftigt Hochschuldiskurse seit der Suche nach einem Ausweg aus den Wirtschaftskrisen der 1990er Jahre. Michael Porters Arbeiten zur Erhöhung von Wettbewerbsfähigkeit durch thematische und wirtschaftliche Cluster (Porter 2000) gegen Ende des Millenniums schlugen sich bald in entsprechenden staatlichen Unterstützungsinstrumenten und Unternehmensstrategien nieder; Fragen zur Bedeutung regionaler Nähe und lokaler Partnerschaften für eine erfolgreiche Interaktion zwischen Hochschulen und externen Partnerinnen und Partnern wurden bald zu zentralen Fragen der *Wissensökonomie* und -*gesellschaft*. So beschäftigen sich nationale und europäische Politikentwürfe gerade im Zeitalter fortschreitender *Globalisierung* und *Digitalisierung* zunehmend mit der Suche nach den Vorteilen regionaler Dichte und der damit erleichterten Interaktion verschiedenartiger Wissensakteurinnen und -akteure. Regionen schwärmen von *Innovation Hubs* an Hochschulen, in denen die physische Präsenz und reale Kooperation verschiedenartiger Innovatorinnen und Innovatoren gesucht und gefördert wird. Digitale und analoge Kommunikation scheinen sich nicht gegenseitig zu verdrängen, sondern eher zu verstärken.

Eine neue Studie (Reichert 2019), deren zentrale Ergebnisse im Folgenden dargelegt werden, analysiert die neue und entscheidende Rolle der Hochschulen in diesen kooperativen *Innovationsräumen*.

Wegen ihrer zunehmend engen Verschränkung werden die Interaktionen zwischen Hochschulen, staatlichen Institutionen und Unternehmen oft mit dem Bild einer DNA-ähnlichen „Triple Helix" beschrieben (Etzkowitz 2003) und mit stetig wachsender Aufmerksamkeit betrachtet, weil ihnen eine maßgebliche

---

∂ Open Access. © 2020 Sybille Reichert, published by De Gruyter. This work is licensed under the Creative Commons Attribution-NonCommercial-NoDerivatives 4.0 License.
https://doi.org/10.1515/9783110653663-019

Rolle in der *Innovationsdynamik* einer Region zugemessen wird. Gerade die Bedeutung der geographischen Nähe für den Austausch nicht kodifizierten Wissens, der – trotz oder vielleicht sogar wegen globalisiertem Wettbewerb – von dichten Beziehungsnetzen lebt, rückte in den letzten Jahren in den Fokus der Innovationsforschung (Bathelt et al. 2004; Huggins et al. 2012). Im Zentrum stehen dabei zumeist die Fragen nach den bestmöglichen Rahmenbedingungen für eine möglichst dynamische Interaktion zwischen Hochschulen, Unternehmen und staatlichen Akteurinnen und Akteuren. Zentrale Fragen sind dabei:

- Wie sollte den Bedarfen von Wirtschaft und Unternehmen an Hochschulen begegnet werden?
- Mit welchen Anreizen sollte eine enge Kooperation zwischen Universitäten und Unternehmen gefördert werden, vor allem im Hinblick auf die bestmögliche Verwertung akademischen Wissens?
- Wie verändern sie ihre Rollen durch neue Formen des Austauschs?

Die wachsende Zentralität der Wissensökonomie und -gesellschaft rückt diese Fragen in Bezug auf die Wettbewerbs- und Anpassungsfähigkeit ins Zentrum der Politikgestaltung und Institutionsentwicklung im Hochschulwesen. Die qualitative Vergleichsstudie (Reichert 2019) wirft ein neues Licht auf diese Fragen und erweitert das Blickfeld und den Wandel der Formen und des Wissenstransfers an Hochschulen. Im Zentrum der Studie steht die Rolle der Hochschulen in dynamischen Innovationssystemen und der Wandel der Interaktionen zwischen Hochschulen und ihren Partnerinnen und Partnern. Auf der Basis gewachsener *Kooperationen* entstehen neue Formate der Kooperation, die mit einem breiteren und systematischeren Innovationsverständnis der Hochschulen einhergehen. *Innovationsprozesse* werden mit neuen *Lehrformen, Studienprogrammen* und *Forschungsschwerpunkten* verzahnt, Fragen der *Technologieentwicklung* in größere systemische Zusammenhänge und gesellschaftliche Herausforderungen eingebettet. Externe Perspektiven werden systematisch in Lehr- und Forschungsprojekte integriert. So verstärkt das neue Innovationsverständnis institutionelle *Transformationsprozesse*, nicht nur inhaltlich, sondern auch im Hinblick auf interne Organisationsstrukturen. Die Studie zeigt, wie durch eine systematische Verknüpfung von *Lehr- und Forschungskooperationen* mit externen Partnerinnen und Partnern, durch *neue Formen des Wissenstransfers* und deren strategische Einbettung in langfristige Partnerschaften und gemeinsame Infrastrukturen, neue Innovationsräume entstehen, in denen technologische, ökologische und gesellschaftliche Herausforderungen multiperspektivisch und institutionsübergreifend adressiert werden können. Der *Wissenstransfer*, als dritte Dimension der Hochschulen (neben Lehre und Forschung) international als *Third Mission* bekannt, wird immer häufiger zu einem *ko-kreativen Wis-*

sensaustausch, in welchem Perspektiven von externen Partnerinnen und Partnern, Nutzerinnen und Nutzern sowie Bürgerinnen und Bürgern frühzeitig in Forschungsprojekte einbezogen werden und Innovationskulturen gemeinsam gefördert werden.

Methodischer Ansatz

Im Zentrum der Analyse der europäischen Vergleichsstudie zur Innovationsrolle der Hochschulen stehen die Interaktionen der Hochschulen mit ihren privatwirtschaftlichen und öffentlichen Partnerinnen und Partnern in Wirtschaft und Gesellschaft in neun verschiedenen Regionen der Europäischen Union (EU). Die Studie der *European University Association* (EUA) untersucht vor allem den Wandel der Rollen der Hochschulen und ihrer Partnerinstitutionen in den von ihnen gemeinsam gepflegten Netzwerken. Dabei versuchen die neun Fallstudien die ganze Vielfalt der *Innovationsökosysteme* in der EU und deren unterschiedliche Herausforderungen abzubilden – von Metropolregionen wie Paris, Helsinki, München, Barcelona, Manchester oder Warschau bis zu kleineren Ökosysteme wie Südmähren um Brünn oder der Region Val do Ave um die Stadt Braga und Guimarães im Norden Portugals.

Alle untersuchten Hochschulen zeichnen sich durch international besonders wettbewerbsfähige oder im letzten Jahrzehnt deutlich erstarkte *Innovationsdynamiken* aus – belegt durch Indikatoren des *European Regional Competitiveness Index* (Europäische Kommission 2016) –, um als Quelle von Anregungen aus einer vielfältigen europäischen Hochschul- und Innovationspraxis dienen zu können. Für alle ausgewählten Regionen wurden, neben der Auswertung regionaler Strategien, Hintergrunddaten und -dokumente, 160 semi-strukturierte Interviews mit Repräsentantinnen und Repräsentanten von Hochschulen (Präsidium, leitende Forschende von Clustern und Zentren, mit Wissensaustausch befasste Services, Studierende), großen und kleinen Unternehmen, staatlichen Akteurinnen und Akteuren (städtische und regionale Dienstleisterinnen und Dienstleister, Ministerien sowie Förderorganisationen), nichtstaatlichen intermediäre Organisationen und Venture Capital-Firmen geführt, um deren Erfahrung des Kooperationsalltags, der Rollen der Partnerinstitutionen und den damit verbundenen Herausforderungen multiperspektivisch und multidimensional abzubilden. Neben Fragen zu Kooperationsaktivitäten, Organisationsformen, Finanzierungsformen und -anreizen, regulatorischen Rahmenbedingungen sowie Strategieinhalten und -prozessen wurden auch sozio-kulturelle Faktoren und Narrative sowie Wahrnehmungen der Rolle von Führungspersonen und multiperspektivisch übereinstimmende Einschätzungen, Wertvorstellungen und Narrative zu besonderen Eigenschaften der Region beleuchtet.

Das neue Innovationsverständnis der Hochschulen

Die Studie zeigt deutlich, wie Hochschulen in den untersuchten *Innovationsökosystemen* eine zentrale und proaktive Rolle bei der Orchestrierung von Innovationsprozessen zukommt. Dabei hat sich das Innovationsverständnis der Hochschulen in vierfacher Hinsicht grundlegend geändert:

1. Dem traditionellen *Technologietransfer* kommt, trotz seines signifikanten Wachstums, strategisch eine weniger wichtige Rolle zu, als der Erleichterung und Unterstützung von Innovationsprozessen in Kooperationen mit externen Partnerinstitutionen. Neuerdings gilt auch der Förderung studentischer und akademischer Ausgründungen eine größere strategische Aufmerksamkeit, welche den traditionellen Technologietransfer in seiner strategischen Bedeutung sogar verdrängt hat. Dies schlägt sich auch in einer entsprechenden Ausweitung des Portfolios der *Forschungsservices* und *Technologietransferstellen* nieder. Trotz dieser Erweiterung betonen Hochschulleitungen sowie Wissenschaftlerinnen und Wissenschaftler, dass nicht so sehr die von der Hochschule selbst ausgehende Verwertungsmöglichkeit als die Erleichterung des Zugangs externer Partnerinnen und Partner zu akademischer Forschung und Unterstützung entsprechender Kooperationen als wesentliche *Innovationsrolle* der Hochschule angesehen wird. Zudem sichert die Rolle der Hochschule als *Facilitatorin* einen signifikanten Anteil an Forschungsmitteln, der in einigen Ländern (Tschechische Republik, Polen, Portugal und Spanien) zur wichtigsten Säule der Forschungsfinanzierung avanciert.

Die im Vergleich zur kooperativen Forschung verminderte Bedeutung des Technologietransfers (im engeren Sinne der Kommerzialisierung von wissenschaftlichen Erkenntnissen) für die strategische Entwicklung der Hochschulen ist sowohl dem Selbstverständnis öffentlicher Hochschulen als auch der veränderten Einschätzung der damit verbundenen Potentiale für die institutionellen Einnahmen geschuldet. Die großen Hoffnungen, die noch in den 1990er Jahren mit den möglichen Einnahmen aus der Verwertung wissenschaftlicher Erkenntnisse assoziiert wurden, haben sich inzwischen auf ein enttäuscht-realistisches Maß reduziert. Selbst die in der Verwertung besonders aktiven Hochschulen bringen es gerade über vier Millionen Euro an Einnahmen pro Jahr (Reichert 2019, 89). Die zentrale Bedeutung der Kooperation spiegelt sich auch in einem wachsenden Anteil der Einnahmen aus *Intellectual Property (IP)*, die zusammen mit industriellen Partnerinnen und Partnern in vertraglich geregelter gemeinsamer IP erwirtschaftet werden, wider, wie auch eine Analyse der OECD zur Industrie-Hochschulkooperation jüngst bestätigt (OECD 2019, 46).[1] So hat sich die *Innovationsrolle* der Hochschulen im Rahmen von Forschungskooperationen europaweit im letzten Jahrzehnt deutlich verstärkt, was sich auch in einem starken Anstieg der Einnahmen aus Forschungskooperationen mit Unternehmen niederschlägt. Die Interviews mit Hochschul- und Unternehmensvertreterinnen und -vertretern bekräftigen, dass diese ihren Beitrag zur Innovation primär in der Ermöglichung langfristiger Wettbewerbsfähigkeit durch Wissensvorsprung und den Zugang zu neuen Forschungsfeldern und in der Erleichterung der damit verbundenen Innovationsfähigkeit der Unternehmen sehen. Dass in diesen Kooperationen auch Verwertungen in Patenten und Lizenzen oder kurzfristigere Auftragsforschung erfolgen kann, wird eher als Nebeneffekt, nicht aber als Kerngeschäft der Hochschulen angesehen.

2. Die zentrale Rolle der Hochschulen wird vor allem mit der thematischen Moderation interdisziplinärer Forschungs- und Innovationscluster verbunden. In den Interviews der EUA-Studie wird dabei die wachsende Bedeutung der Entwicklung interdisziplinärer langfristiger Lösungen für gesellschaftliche und technologische Herausforderungen hervorgehoben. Zumeist sind es Hochschulforscherinnen oder -forscher, welche die Moderation großer thematischer Cluster übernehmen, zum einen wegen ihrer *Zukunftskompetenz*, das heißt ihrer Kenntnis der international vielversprechendsten wissenschaftlichen und technologischen Entwicklungen, zum anderen wegen ihrer Ausrichtung an langfristigen Perspektiven, die sie daher als Mediatorinnen und Mediatoren beziehungsweise Moderatorinnen und Moderatoren unterschiedlicher Perspektiven und Erwartungen, jenseits kurzfristiger Einzelinteressen, im Hinblick auf gemeinsame forschungsbasierter regionale *Innovationsprozesse* prädestinieren. Der entscheidende Mehrwert von Hochschulforschung für Unternehmen besteht, neben der langfristigen Ausrichtung, die auch risikoreiche Forschung umfasst, in der disziplinären Breite der Hochschulen und ihrer Fähigkeit, diese mit neuen zukunftsträchtigen interdisziplinären Verknüpfungen zu nutzen. Diese interdisziplinäre Inkubationsleistung wird von vielen Unternehmensvertrete-

---

[1] Die OECD-Studie zeigt, dass die durch Hochschulen und andere öffentliche Forschungsinstitute eingereichten Patente nach einem stetigen Anstieg über 15 Jahre nach 2007 stagnieren, während die mit der Industrie gemeinsam eingereichten Patente weiter steigen (OECD 2019, 46).

rinnen und -vertretern als der wichtigste Beitrag von Hochschulforschung und Hochschullehre zur Innovationsdynamik betrachtet. Wichtig ist für externe Partnerinnen und Partner auch die Verbindung interdisziplinärer Zusammenarbeit in Forschung und Lehre mit der Sichtung, Attraktion und Förderung von international ausgerichteten Talenten.

3. Die europäischen Fallbeispiele zeigen deutlich, dass der Beitrag zur Technologieentwicklung (und deren Verwertung in *Intellectual Property* oder Unternehmensgründungen) nur einen Teil der Innovationsrolle der Hochschulen ausmachen. Auch die Forschungskooperationen mit externen Partnerinnen und Partnern beschränken sich bei weitem nicht allein auf Technologieentwicklung oder deren wissenschaftliche Voraussetzungen. Betont wird auch die Einbettung technologischer und wissenschaftlicher Entwicklungen in die Lösung globaler Herausforderungen, vor allem im Hinblick auf *digitale Transformation*, *Globalisierung* (und die mit dieser verbundenen wachsenden sozialen Ungleichheit in Industrieländern) und *Klimawandel*, die systemische Lösungen benötigt. Für dieses weite Verständnis der Innovationsrolle von Hochschulen ist vor allem die unter den interviewten Personen – unabhängig von Region, Institution und Rolle – weit verbreitete Wahrnehmung verantwortlich, dass wir durch Digitalisierung, Globalisierung und Klimawandel in einem Zeitalter radikaler Transformationen leben, deren Herausforderungen nur in multi-perspektivischer Zusammenarbeit über disziplinäre, institutionelle, sektorielle und nationale Grenzen hinweg bewältigt werden können. In über 160 Interviews in ganz Europa wurde diese Einschätzung immer wieder hervorgehoben und als besonders dynamische Quelle neuer Innovationsansätze angesehen. Entsprechend mehrdimensional ist auch das damit verbundene Innovationsverständnis: sozio-kulturelle, ethische, wirtschaftliche, politische, rechtliche Bedingungen und Auswirkungen auf Bürgerinnen und Bürger werden mit technologischen und globalen Innovationen im Hinblick auf nachhaltige Entwicklung verknüpft.

4. Mit der *Innovationsrolle* wird auch eine transformative Wirkung für die institutionelle Entwicklung der Hochschulen verbunden (Reichert 2019, 47). Zum einen ist es die zentrale Bedeutung interdisziplinärer Ansätze, die Hochschulen auf vielfache Weise strukturell und strategisch herausfordert. Bestehende institutionelle Strukturen werden durch Vernetzungsanreize und neue strategisch häufig prioritäre fächerübergreifende horizontale Strukturen aufgeweicht, Berufungen und Lehrprogramme zunehmend departments- und sogar fakultätsübergreifend entwickelt und entschieden; Außendarstellung und Marketing der Stärken der Hochschule verlaufen betont transversal. Die Rolle der Hochschulen als *interdisziplinäre Inkubatorinnen*, die als entscheidender Erfolgsfaktor ihrer Kooperationsfähigkeit und Attraktivität angesehen wird, wirkt als Katalysator struktureller Veränderungen in *Forschungs- und Lehrprogrammen* und *Go-*

vernance-Strukturen. Zum anderen sind es aber auch Werte und Haltungen, die systematisch gefördert werden, damit radikale und disruptive Transformation initiiert und gemeistert werden kann. Dazu gehören unternehmerische Haltungen, Initiativgeist, kooperative Haltung und die Bereitschaft, bestehende Erwartungen und Ansätze in Frage zu stellen und bei der Entwicklung von Problemlösungen auch gänzlich neue Wege zu beschreiten. „We are educating gamechangers", beschreibt die Leitung der Aalto University ihren Bildungsanspruch. Ähnliche Aussagen zu „unternehmerischen" Haltungen unter Forschenden und Lernenden, die auf risikofreudiges, nicht an alten Erwartungen festhaltende Grundhaltung verstanden wird, finden sich an allen Hochschulen, die sich als zentrale regionale und internationale Innovationsmoderatorinnen verstehen.

Vom Tech-Transfer zur Ko-Kreation

Die Analyse von Innovationspraktiken in Hochschulen zeigt, wie diese von einer Akteurinnen- und Akteurübergreifenden gemeinsamen Definition und Lösung von gesellschaftlichen und technologischen Herausforderungen geprägt sind (*challenge-driven co-creative innovation*) (Reichert 2019, 32–46). Hochschulen moderieren die kooperative Wissensgenerierung nicht mehr als alleinige Quelle des Wissens, sondern im Hinblick auf die bestmögliche Ergänzung unterschiedlicher Expertisen, die sich im Innovationsprozess re-iterativ immer wieder austauschen und verschränken. Immer häufiger entwickeln sie dafür auch gemeinsame Zentren und Infrastrukturen für langfristige Kooperationen mit Unternehmen, die eine Vielzahl unterschiedlicher Kooperationsprojekte und -maßnahmen umfassen.

Jenseits ihrer traditionellen Rolle als Kooperationspartnerinnen und -partner werden Unternehmen immer häufiger zu strategischen Partnerinnen und Partnern. Diese Entwicklung wird sowohl von Unternehmen als auch von Hochschulen betont, da mit strategischen Partnerschaften eine langfristige gemeinsame Ausrichtung in ausgewählten Bereichen, ein verhandelter Rahmen für eine Vielzahl verschiedenartiger Kooperationen mit geringeren Transaktionskosten und zunehmend auch die Option gemeinsamer Trägerschaft von institutionellen Infrastrukturen verbunden werden können. Diese Partnerschaften setzen ein durch langjährige Kooperationen gewachsenes Vertrauen voraus, gehen aber über diese hinaus, indem sie Innovationsherausforderungen gemeinsam definieren und lösen.

Staatliche Institutionen werden in dynamischen Innovationsökosystemen nicht nur als Finanziers mit vielfältigen Förderinstrumenten, sondern auch für die Vergabe von Aufträgen und die Bereitstellung von Erprobungsräumen für neue systemische Lösungen gebraucht. So werden *Ko-Kreationsmodelle* auch in Partnerschaften mit staatlichen Akteurinnen und Akteuren verfolgt, zum Beispiel mit Städten, die bei der Entwicklung neuer Mobilitätssysteme ganze Versuchsquartiere als *living labs* zur Verfügung stellen, wie Beispiele in Barcelona, München oder Helsinki/Espoo zeigen. Immer häufiger versorgen nationale, regionale oder städtische staatliche Akteurinnen und Akteure auch Unternehmensgründer oder (viel seltener) -gründerinnen mit Infrastrukturen und Dienstleistungen, die Ko-Kreation ermöglichen sollen. Vor allem Städte spielen hierbei eine zentrale Rolle, indem sie, zusammen mit Universitäten und Unternehmen, sogenannte *Innovation Hubs* oder *Innovation Districts* entwickeln (Reichert 2019; Graham 2014; Katz/Wagner 2014). Diese zeichnen sich dadurch aus, dass sie jenseits der Infrastrukturen und ihrem Dienstleistungsangebot vor allem kulturelle Räume bieten, in denen neue Formen der Kollaboration erprobt und gemeinsames Lernen, Entwickeln und Design als kreativer Prozess orchestriert, das heißt tatsächlich gezielt inszeniert werden (Reichert 2019, 68/82). Hochschulen und Städte werden dabei zu gemeinsamen Infrastrukturentwicklerinnen. Sie verbinden gezielte Koordination, Zugang zu kollaborativen wissenschaftlichen Infrastrukturen und gemeinsames Lobbying, um die Standortvorteile systematisch auszubauen.

So räumt das neue Innovationsverständnis, welches sich in diesen neuen Formen der Kooperation widerspiegelt, mit althergebrachten Grenzziehungen auf. Dabei geht es stets darum, institutionelle und disziplinäre Grenzen zu überwinden und dadurch verschiedenen akademischen und privatwirtschaftlichen Institutionen Zugang zu neuen Ideen, Ansätzen und Talenten zu erleichtern. Aus den Universitäten ausgegründete *Start-Ups* oder *Spin-Offs* spielen in diesem Zusammenhang eine wichtige Brückenfunktion, da sie Opportunitäten zwischen neuen technologischen oder gesellschaftlichen Innovationen und Marktlogiken erkunden. Die einfache Vorstellung eines linearen Transfers wissenschaftlicher Erkenntnisse von der reinen Grundlagenforschung in die wertschöpfende industrielle Anwendung oder öffentliche Berufspraxis wird aufgelöst in einem viel komplexeren Innovationsbegriff, dem gemäß Hochschulforschende und ihre Partnerinnen und Partner schon frühzeitig Herausforderungen gemeinsam sichten und den Innovationsprozess in gemeinsamen Organisationsformen, Instituten, Laboratorien oder wissenschaftlichen Infrastrukturen gestalten. Es wird nicht zwischen akademischen Wissensträgerinnen und -trägern und externen Anwenderinnen und Anwendern unterschieden, sondern zwischen den unterschiedlichen Wissensräumen vermittelt. Fachexpertisen aus der Hochschulen öffnen sich Anwendungs- und Nutzungsexpertisen der privaten oder öffentlichen Partnerinnen und Partner in re-iterativen Prozessen, die zwischen erkenntnis- und nutzengetriebenen Fragen der Grundlagen- und angewandten Forschung und Entwicklung hin und her changieren. Überraschende Entdeckungen und neue Fragen ergeben sich für beide Seiten – auch für die erkenntnisgetriebene Grundlagenwissenschaft.

Auffällig ist an diesen *Innovationsprozessen* und *-rollen*, dass jenseits regionaler und institutioneller Spezifizität immer häufiger große technologische und gesellschaftliche Herausforderungen den Rahmen für einen gemeinsamen Innovationsraum setzen, in dem sich öffentliche und privatwirtschaftliche Interessen nicht widersprechen, sondern treffen und gegenseitig unterstützen können.

Nichtsdestotrotz bleiben, diesseits der neuen *Ko-Kreationsansätze*, wichtige identitätsstiftende und schwer überbrückbare Spannungsfelder. So verschränkt der *Innovationsalltag* der Kooperationspartnerinnen und -partner gerade in der regionalen Nähe sein mag, bleibt das Aufeinandertreffen der öffentlichen Rolle der Hochschulen und der Marktlogik der Unternehmen eine Quelle nicht nur von gegenseitigen Anregungen, sondern auch von Reibungen. Dennoch speist sich gerade die Glaubwürdigkeit der Hochschulen gerade aus dieser Andersartigkeit der Funktionslogik, das heißt aus ihrer langfristig ausgerichteten, überparteiischen, erkenntnisgeleiteten Perspektive, wie von Vertreterinnen und Vertretern der Unternehmen in allen untersuchten Regionen betont wird. Nur so kann Hochschule ihre internationale Forschungsexpertise vorantreiben und ihre Rolle als zentrale Wissens- und Entwicklungsmoderatorin in thematischen Innovationsclustern wahrnehmen. Doch müssen Akteurinnen und Akteure aus den Hochschulen immer wieder um diese Erkenntnislogik kämpfen. So beklagen Akteurinnen und Akteure aus Hochschulen – aber auch aus Unternehmen – in einer Mehrzahl der Regionen den Rückgang der Mittel für erkenntnisgetriebene langfristig ausgerichtete Hochschulforschung. Gerade diese ermögliche allerdings bahnbrechende Innovation in der akademischen Forschung und in zukünftigen Märkten und damit auch die Wettbewerbsfähigkeit der Privatwirtschaft, betonen sie (Reichert 2019, 56). Reibungsflächen bleiben auch die gut bekannten Streitzonen zwischen Hochschulen und privatwirtschaftlichen Partnerinnen und Partnern: die Fragen des geistigen Eigentums und der Grenzziehung zwischen *öffentlichen* und *privaten Ressourcen*. Hier weisen beide Seiten auf die Vorteile von Rahmenverträgen hin, um Abhilfe für langwierige Verhandlungen von immer wieder neuen Kooperationsprojekten zu verschaffen.

Zu den Spannungsfeldern gehört auch die schwierige Balance zwischen Engagement in gemeinsamen lösungsorientierten Partnerschaften auf der einen Seite und der Forderung nach Abstand, kritischer Distanz und Raum für langfristige Erkenntnissuche auf der anderen. Neben ko-kreativen Innovationsräumen braucht es auch immer wieder Innovationsräume und -zeiten des Abstands, Neuentwurfs und Rückzug – im Sinne der alten Praxis der *Sabbaticals* –

für das Erkunden völlig neuer Zugänge zu alten Wissensbeständen oder den Umgang mit „disruptiver" Innovation. Entsprechend wird die in den meisten Ländern erodierende Grundfinanzierung der Hochschulen (EUA 2018), die Gefahr laufen, immer leichter zu getriebenen statt zu strategisch handelnden Kooperationspartnerinnen und -partnern in gemeinsamen Innovationsprozessen zu werden, in allen Regionen beklagt.

Von Innovationsräumen zu neuen Lernwelten

Überraschend eindeutig sind die Ergebnisse im Hinblick auf die Implikationen eines neuen Innovationsverständnisses für die Hochschullehre: An Hochschulen, welche die Förderung der Innovation breiter definieren und als zentrale Aufgabe ansehen, entfaltet diese auch in der Lehre eine transformative Wirkung: die seit langem eingeforderte *studierendenorientierte Lehre* gewinnt neue Bedeutung durch die Betonung projekt- und teambasierter interaktiver Lehrformen, die Studierende auf Innovationsprozesse, deren *Interdisziplinarität* und *Integration externer Perspektiven* vorbereiten sollen. Betont wird, dass Studierende ihren Lernprozess selbst organisieren und in Teams über disziplinäre Grenzen hinweg, gemeinsame Lösungen für aus der Praxis gewonnene Probleme erarbeiten. Diese Formen der Lehre werden als zentrale Bausteine beim Erlernen der für Innovationsprozesse so zentralen *Problemlösungskompetenzen* angesehen. Selbstständiges Denken, Sichten und methodisches Ordnen von Problemen, eigenständige Organisation von Lösungsansätzen und Innovationsprozessen in Teams, interdisziplinäre Übersetzungsfähigkeit, Projektmanagement- und Präsentationskompetenzen – die Liste der zentralen *Innovationskompetenzen* ist lang. Die Hochschulen, die sich als Innovationsmotoren ihrer Region oder ihres Landes verstehen, sehen ihre tiefgreifenden *Lehr-Lernreformen* der letzten Jahre oder auch die noch unabgeschlossenen Reformen als entscheidende Voraussetzung für eine gelebte Innovationskultur und eine dynamische Rolle in ihren Innovationsökosystemen. Dies wird an der TU Eindhoven und der Aalto University in Helsinki genauso stark betont wie an der Universidade do Minho in Braga und Masaryk Universität in Brünn (Brno).

Zentral ist in diesem Zusammenhang die Rolle der Studierenden, deren *Partizipation*, *Initiativgeist* und *Selbstorganisation* in Studierendenprojekten. Deren Ermutigung und Förderung wird als wesentlicher Baustein einer *Innovationskultur* oder *entrepreneurial culture* angesehen.

Es mag daher nicht überraschen, dass viele der erfolgreichen Innovationsplattformen durch Studierende entworfen und befördert wurden: die erste Start-up-Förderung wurde an der Universidade do Minho in Portugal oder an der Aalto University von Studierenden aufgebaut. Die *Aalto Student Entrepreneurship Society* ist inzwischen so erfolgreich, dass sie den durch 3 000 freiwillige Studierende der Aalto University in Helsinki inszenierten größten internationalen Venture-Wettbewerb *Slush* auf die Beine stellt, der dort jedes Jahr den nasskalten November erhellt und Investoren aus aller Welt anzieht (Reichert 2019, 43)[2]. Aber auch an der Masaryk Universität in Brünn (Brno), der TU Eindhoven, der University of Manchester und der TU München wird auf die zentrale transformative Rolle der Studierenden als Innovatoren hingewiesen, auf ihre Suche nach dem Bewältigen von *Challenges* und dem Erzielen von *Impact* als Leitmotiven einer neuen Generationskultur.

Allerdings setzen die allseits geforderten Kompetenzen und deren Förderung voraus, dass Projektarbeit in kleinen Gruppen erfolgen kann – weit weg von deutschen Kapazitätsverordnungsschlüsseln und den in vielen kontinentaleuropäischen Ländern wenig förderlichen Betreuungsverhältnisse – und dass Lehrende auch eine professionelle Coaching-Rolle einnehmen können. Auch die dafür notwendige didaktische Fortbildung der Lehrenden ist in wenigen Hochschulen obligatorisch und insofern nicht unbedingt so verbreitet wie benötigt (Gover et al. 2019).

Die strategische Rolle der Infrastrukturen – aber nur für autonome Hochschulen

Bedeutsamer als gemeinhin angenommen ist die strategische Rolle der *Infrastrukturentwicklung* in den untersuchten Innovationssystemen. Zum einen können hochtechnisierte kostspielige wissenschaftliche Infrastrukturen die Attraktivität der Gegend für hochqualifizierte internationale Talente und technologiebasierte Firmen entscheidend steigern. Zum anderen können sich thematische Stärken der wissenschaftlichen und wirtschaftlichen Akteurinnen und Akteure durch gezielte öffentliche Infrastrukturplanung langfristig gegenseitig verstärken. Dabei braucht das Zusammenspiel von systematischer Entwicklung der Innovationsstärken und regionaler oder urbaner Revitalisierung ein enges strategisches Zusammenwirken von Führungspersonen aus den Hochschulen und den Regionen. Dies setzt allerdings zwei Rahmenbedingungen voraus: eine weitgehende Autonomie der Hochschulen bei der strategischen Planung ihrer Infrastrukturen voraus (wie sie zum Beispiel in Finnland, den Niederlanden

---

2 www.slush.org.

und Großbritannien gegeben ist) sowie eine wettbewerbsfähige Finanzierung durch nationale und regionale Infrastrukturfonds oder auch EU-Strukturmittel (wie in Polen, Portugal, der Tschechischen Republik oder Nordwestengland für Infrastrukturen nutzbar). Deutsche Hochschulen müssen wegen fehlender Autonomie im Hinblick auf bauliche Infrastrukturen und nur für wenige Regionen zugängliche Strukturmittel weitgehend passen. Auch wenn sich die in der Studie untersuchte TU München mit findigen Lösungen bei Public Private-Partnerschaften, Drittmitteloverheads, Schenkungen und einer gut orchestrierten politischen Vernetzung ihre strategische Vorreiterinnenrolle sichern kann, werden angesichts fehlender Autonomie und erheblicher Sanierungsstaus nur wenige deutsche Hochschulen die für den Standortwettbewerb so wichtige Campusentwicklung strategisch vorantreiben können.

Konnektivität auf allen Ebenen

Dynamische *Innovationssysteme* und ihre *Innovationsräume* zeichnen sich durch *Konnektivität* auf allen Ebenen aus: von der Vernetzung ihrer Führungspersonen auf inter-institutioneller und thematisch-fachlicher Ebene, über gemeinsame strategische Prozesse und *ko-kreative Organisationsformen*, bis hin zu gemeinsamen Infrastrukturen und Innovationsplattformen. All diese strukturellen und formalen Verbindungen leben von einer Einbettung in ein dichtes Netz von informellen sozialen Beziehungen, welche den Austausch nicht kodifizierten Wissens, neu gesichteter Chancen, gemeinsam erkannter Herausforderungen und das gegenseitige Verständnis von unterschiedlichen Institutionskulturen und Erfolgskriterien befördern. Nicht zuletzt gehören zum sozialen Gewebe gemeinsame Werte, kulturelle Identitäten und Narrative, die es regionalen Akteurinnen und Akteuren ermöglichen, externe Möglichkeiten zu nutzen, gemeinsame Strategien und Agenden zu entwickeln und Innovationsereignisse glaubwürdig und für andere motivierend zu inszenieren. So wird Vorgestelltes sagbar, Sagbares möglich, Mögliches greifbar und wirklich. Die viel beschworenen *Venture Competitions* werden nicht allein als Vernetzungsevents und Sprungbrett für unterschiedliche Innovatorinnen und Innovatoren wichtig, sondern auch als Ausdruck einer neuen *Ermöglichungskultur*, die sozial konstruiert wird. Dank eines neuen transformativen Innovationsverständnisses werden Hochschulen zu zentralen Moderatorinnen dieser inhaltlichen, kulturellen und sozialen Entwicklung. Sie bilden und vermitteln nicht nur die Talente oder eröffnen neue Forschungsfelder der Zukunft, sondern sie erweitern vor allem den

Umfang der Innovationspraxis auf interdisziplinär und systemisch durchdachte Herausforderungen und gesellschaftlich nachhaltige Lösungen.

Literatur

Bathelt, H.; Malmberg, A.; Maskell, P. (2004): Clusters and knowledge. Local buzz, global pipelines, and the process of knowledge creation. *Progress in Human Geography* 28/1, 31–56.

Bennetot Pruvot, E.; Estermann, T.; Lisi, V. (2019): *EUA Public Funding Observatory. Report 2018.* https://eua.eu/resources/publications/824:eua-public-funding-observatory-2018.html.

Etzkowitz, H. (2003): Innovation in innovation. The triple helix of university-industry-government relations. *Social Science Information* 42/3, 293–337.

EUA (2018): *Public Funding Observatory.* https://eua.eu/101-projects/586-public-funding-observatory.html.

European Commission (2016): *European Regional Competitiveness Index 2016.* https://ec.europa.eu/regional_policy/en/information/maps/regional_competitiveness/2016.

Gover, A.; Loukkola, T.; Peterbauer, H. (2019): *Student-centred learning. Approaches to quality assurance.* Brüssel: EUA Publications. https://eua.eu/downloads/publications/student-centred%20learning_approaches%20to%20quality%20assurance%20report.pdf.

Graham, R. (2014): *Creating university-based entrepreneurial ecosystems: Evidence from emerging world leaders.* Cambridge, MA: MIT Skoltech Initiative.

Huggins, R.; Johnston, A.; C. Stride, C. (2011): Knowledge networks and universities: Locational and organizational aspects of knowledge transfer interactions. *Entrepreneurship & Regional Development*, 1–28.

Katz, B.; Wagner, J. (2014): *The Rise of Innovation Districts: A New Geography of Innovation in America.* Washington: Metropolitan Policy Program at Brookings Institute.

Porter, M. (2000): Locations, clusters, company strategy. In: G. L. Clarke; M. P. Feldman; M. S. Gertler (Hrsg.): *The Oxford Handbook of Economic Geography.* Oxford: Oxford University Press, 253–275.

Reichert, S. (2019): *The Role of Universities in Regional Innovation Ecosystems.* Brüssel: EUA Publications. https://www.eua.eu/resources/publications/819:the-role-of-universities-in-regional-innovation-ecosystems.

Teil VI: **Baukasten Lernwelt Hochschule**

Anke Petschenka, Richard Stang, Alexandra Becker, Fabian Franke, Christine Gläser, Hans-Dieter Weckmann und Bert Zulauf

Die Zukunft der Lernwelt Hochschule gestalten

Ein Baukasten für Veränderungsprozesse

Einleitung

Die Gestaltung von Lernwelten an Hochschulen stellt eine multidimensionale Herausforderung dar. Auf der einen Seite ist sie ein zentraler Auftrag der Hochschule als Bildungsinstitution, auf der anderen Seite spielen die unterschiedlichsten Akteurinnen und Akteure eine bedeutende Rolle dabei. Ausgehend von den politischen Rahmenbedingungen gestalten Hochschulleitung, Hochschulverwaltung, IT- und Infrastrukturabteilungen, Bibliotheken und Medienzentren sowie ganz grundsätzlich die Lehrenden und Studierenden die Lernwelt einer Hochschule. Doch ist dies keine triviale Aufgabe.

Im Projekt *Lernwelt Hochschule* (LeHo) wurden die Handlungsstrukturen der einzelnen Akteurinnen und Akteure untersucht, sowie Good Practice-Beispiele genauer in den Blick genommen. Auf Basis der Analyse wurden zentrale Herausforderungen sichtbar (Stang et al. 2020). Im Projekt ging es auch darum, herauszufinden, welche Faktoren bei der Bewältigung dieser Herausforderungen eine besondere Rolle spielen und welche Stellschrauben gedreht werden können, um die jeweilige *Lernwelt Hochschule* zu gestalten. Aus den Forschungsergebnissen wurde ein *Baukasten* (Handlungskontext) gegossen, mit dem Anregungen zur Gestaltung der *Lernwelt Hochschule*, unter anderem auch von *Gebäuden mit Lernflächen* oder *Lernräumen*, für verantwortliche Akteurinnen und Akteure bereitgestellt werden sollen. Der Baukasten dient sowohl als Checkliste als auch als Anregung, über den Tellerrand zu blicken und umfassende zeitgemäße Konzepte zu realisieren. Dabei soll insbesondere die studentische Perspektive in allen Planungsphasen berücksichtigt werden.

Als theoretische Grundlage für weiterführende Überlegungen dient das PST Framework for Designing and Evaluation Learning Places (Radcliffe et al. 2009). Die von Radcliffe et al. angeführten Komponenten „Space – Technology – Pedagogy" sollen um weitere Komponenten erweitert beziehungsweise differenzierter betrachtet werden:

∂ Open Access. © 2020 Anke Petschenka, Richard Stang, Alexandra Becker, Fabian Franke, Christine Gläser, Hans-Dieter Weckmann und Bert Zulauf, published by De Gruyter. This work is licensed under the Creative Commons Attribution-NonCommercial-NoDerivatives 4.0 License.
https://doi.org/10.1515/9783110653663-020

1. Space: Bau und Lernraumgestaltung,
2. Technology: Digitale Struktur,
3. Pedagogy: Didaktik.

Nach Auswertung der Forschungsergebnisse des Projekts *Lernwelt Hochschule* wird als Erweiterung des PST Frameworks die Komponente *Hochschulorganisation* ergänzt.

Der neue Handlungsrahmen sieht folgende Struktur vor (Abbildung 1):
1. Hochschulorganisation,
2. Hochschuldidaktik,
3. Digitale Strukturen,
4. Physische Lehr- und Lernräume.

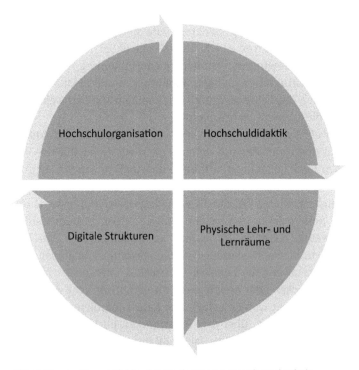

Abb. 1: Die vier Themenfelder des Baukastens *Lernwelt Hochschule*.

Gerahmt werden sie durch die übergeordnete Dachkonstruktion *Hochschulpolitik*. Ohne diesen entscheidenden Faktor sind alle weitergehenden Überlegungen auf operativer Ebene nur schwer umzusetzen. Die politischen Entscheidungsträ-

gerinnen auf Landesebene – für Hochschule zuständige Ministerien – sind zugleich auch für die Finanzierung von landesweiten beziehungsweise lokalen Hochschulaktivitäten zuständig. Deshalb spielt auch diese Ebene im Baukasten eine Rolle. Im Fokus stehen allerdings die vier Bereiche Hochschulorganisation, Hochschuldidaktik, digitale Strukturen und physische Lehr- und Lernräume. Dabei macht die Betrachtung dieser vier Bereiche deutlich,
- dass eine Verzahnung der vier Bereiche im Sinne einer ganzheitlichen Betrachtung nicht nur sinnvoll, sondern notwendig ist,
- dass jeder Bereich seine eigenen Logiken hat, die unter der Perspektive der jeweiligen Akteurinnen und Akteure und bezogen auf eine übergreifende *Hochschulstrategie* zu betrachten sind.

Die Herausforderungen, mit denen Hochschulen bei der Konzeption, Planung und Umsetzung von Lernwelten konfrontiert sind (Stang et al. 2020), werden in einen Baukasten eingegliedert und adressieren verschiedene Akteurinnen und Akteure an Hochschulen:
- Hochschulleitung,
- Organisationseinheiten der Hochschule (z. B. IT- und Infrastrukturabteilungen, Didaktikzentren, Bibliotheken und Medienzentren),
- Hochschullehrende,
- Studierende.

Die hier angeschnittenen Themen des Baukastens finden eine thematische Vertiefung im Wiki des Projektes *Lernwelt Hochschule*[1].

Im Folgenden soll eine Strukturierung der Herausforderungen in den vier Bereichen vorgenommen und im Überblick mögliche Perspektiven durch Handlungsempfehlungen eröffnet werden. Auch für das übergeordnete Themenfeld Hochschulpolitik sollen Handlungsempfehlungen formuliert werden. Den Autorinnen und Autoren ist bewusst, dass viele der aufgeführten Herausforderungen von Hochschulen bereits bearbeitet werden – auch dies ist ein Ergebnis des Projektes *Lernwelt Hochschule*. Doch handelt es sich oft um Einzelaktivitäten, die nicht selten auf der Basis von Projektförderung realisiert werden. Im Rahmen des Baukastens geht es nun darum, die verschiedenen Perspektiven zu bündeln, um die Hochschule als Lernwelt ganzheitlich zu betrachten.

---

1 https://leho-dini.de.

Auf einen Blick

Hochschulpolitik

Lernwelt Hochschule aufeinander abstimmen.	– Gesetzgebung aufeinander abstimmen. – Vergleichbarkeit im föderalen System verbessern.
Einheitliche Struktur von Entwicklungs- und Strukturplänen (ESPs) sowie Zielvereinbarungen schaffen.	– Gestaltung von Entwicklungs- und Strukturplänen aufeinander abstimmen. – Struktur von Zielvereinbarungen angleichen. – Bundesweiten Orientierungsrahmen zur Gestaltung der Lernwelt Hochschule entwickeln.
Zielvereinbarungen als Stellschrauben nutzen.	– Kriterien zur Bewertung der Vernetzungsaktivitäten entwickeln. – Fokus auf Vernetzung der zentralen Hochschulakteurinnen und -akteure legen.
Unterschiedliche Steuerungsmodelle berücksichtigen.	– Rahmenbedingungen für verschiedene Steuerungsmodelle schaffen. – Anreizstruktur für Lehre verbessern. – Studierendenorientierung in den Fokus rücken.
Selbstorganisation optimieren.	– Studierendenorientierung als Leitmotiv von Handlungskoordination zugrunde legen. – Studien zur Studierendenorientierung initiieren und durchführen. – Austausch der Akteurinnen und Akteure verbessern.
Finanzierungssituation verbessern.	– Finanzaustattung verbessern, um dem Shift from Teaching to Learning gerecht zu werden. – Langfristige Innovationen in der Lernwelt Hochschule sichern. – Neue Finanzierungskonzepte entwickeln.
Bologna-Prozess weiterentwickeln.	– Studierenden- und Kompetenzorientierung konsequent weiterverfolgen. – Traditionelle Leistungsmessungsstrukturen in Frage stellen. – Hochschulpolitische Impulse setzen.

Reformprozesse fördern.	– Ganzheitliche Innovationskorridore schaffen. – Konzertierte Aktivitäten von Hochschulpolitik und Hochschulen initiieren.
Transparente Datenstruktur erzeugen.	– Datenbasis zur Studierendenorientierung schaffen. – Entwicklungs- und Strukturpläne sowie Zielvereinbarungen bundesweit dokumentieren. – Lern-Management-Systeme und physische Lehr- und Lernräume kartieren. – Bundesweit agierende Forschungsinstitution etablieren.
Entwicklung dynamisieren.	– Hochschulpolitischer Entscheidungsprozesse effektivieren und beschleunigen. – Traditionelle Hochschulkulturen aufbrechen. – Verändertes Innovationsklima schaffen. – Bürokratische Strukturen reduzieren.

Aus der Perspektive der jeweiligen Hochschulakteurinnen und -akteure ergeben sich auf der Ebene der Hochschulpolitik kaum Handlungsoptionen. Gremien wie die *Hochschulrektorenkonferenz* könnten hier Veränderungen einfordern. Die letztendliche Entscheidung über gesetzliche Veränderungen treffen die Landesparlamente. Einzelne Regelungen können von den jeweiligen Landesministerien spezifiziert werden. Auch gibt es die Möglichkeit, mit Bund-Länder-Programmen die Rahmenbedingungen für die Arbeit der Hochschulen zu gestalten.

Hochschulorganisation

Gesamtstrategie in den Blick nehmen.	– Ganzheitliche Perspektive einnehmen. – Beteiligung aller Hochschulakteurinnen und -akteure sicherstellen. – Interne Kooperationsmodelle entwickeln.
Ungleichgewicht von Forschung und Lehre beseitigen.	– Gratifikationssystem für Lehrexzellenz entwickeln. – Kriterienraster zur Bewertung exzellenter Lehre entwickeln.

Strategische Hochschulentwicklung gestalten.	− Traditionelles Verständnis von Hochschule aufbrechen. − Veränderung der Strategie bei der Hochschulentwicklung zulassen. − Öffnung der Hochschule in den Blick nehmen. − Hochschulstrategie im Netzwerk aktueller und potentieller Stakeholder verankern.
Leitbilder sowie Entwicklungs- und Strukturpläne präzisieren.	− Qualitative Perspektiven einbeziehen. − Studierendenorientierung in den Fokus rücken. − Leitbild Lehre und Leitbild Lernen entwickeln. − Entwicklungs- und Strukturpläne anpassen.
Beteiligung der Hochschulakteurinnen und -akteure sicherstellen.	− Partizipation der Organisationsmitglieder stärken. − Einbindung von Studierenden in strategische Entscheidungsbildungsprozesse etablieren. − Partizipationsmodell entwickeln. − Einbindung von Studierenden auf Hochschulleitungsebene ermöglichen.
Zusammenarbeit der Hochschulakteurinnen und -akteure intensivieren.	− Trennung von Organisationseinheiten reduzieren. − Hochschulakteurinnen und -akteure stärker vernetzen. − Unterschiedliche Vorstellungen und Kulturen annähern. − Kooperationsmodell entwickeln.
Zugänglichkeit der Hochschule ermöglichen.	− Zugangskonzepte für Studierende optimieren. − Zugänglichkeit der Lehr- und Lernräume sowie Services verbessern. − Zugänge zu digitalen Services vereinheitlichen. − Konsistentes Zugangskonzept entwickeln.
Hochschule als multidimensionale Organisation koordinieren.	− Komplexitäten moderieren. − Unterschiedliche Beschäftigungsmodi berücksichtigen. − Koordination verbessern. − Orientierungsstrukturen entwickeln.

Ganzheitliche und integrierte Lernwelt entwickeln.	– Hochschule ganzheitlich steuern. – Beteiligung von Studierenden intensivieren. – Wissen über die Organisation Hochschule vermitteln. – Anreizstrukturen schaffen.
„Atmende" Hochschule denken.	– Den Wandel gestalten. – Agilität entwickeln. – Am Student-Life-Cycle in der Lernwelt Hochschule orientieren.

Aus der Perspektive der jeweiligen Akteurinnen und Akteure ergeben sich folgende Herausforderungen:

Hochschulleitung

– Studierendenorientierung in den Fokus rücken.
– Strategie ganzheitlich gestalten.
– Hochschulstrategie im Netzwerk aktueller und potentieller Stakeholder verankern.
– Interne Kooperationsmodelle entwickeln.
– Kriterienraster zur Bewertung exzellenter Lehre entwickeln.
– Leitbild Lehre und Leitbild Lernen entwickeln.
– Einbindung von Studierenden in strategische Entscheidungsbildungsprozesse etablieren.
– Partizipationsmodell entwickeln.
– Einbindung von Studierenden auf Hochschulleitungsebene ermöglichen.

Organisationseinheiten

– Zugänglichkeit der Lehr- und Lernräume und Services verbessern.
– Zugänge zu digitalen Services vereinheitlichen.
– Zugangskonzepte für Studierende optimieren.
– Orientierungsstrukturen entwickeln.

Hochschullehrende

– Leitbild Lehre und Leitbild Lernen entwickeln.

Studierende

- Interesse an strategischen Entscheidungsbildungsprozessen entwickeln.
- Interesse an Wissen über die Organisation Hochschule zeigen.

Hochschuldidaktik

Shift from Teaching to Learning in den Fokus rücken.	– Veränderte didaktische Ansätze gestalten.
	– Kollaboratives Arbeiten ermöglichen.
	– Rolle der Lehrenden in Richtung einer Lernbegleitung verändern.
	– Veränderte Lehr-Lernszenarien gestalten.
	– Rahmenbedingungen schaffen.
Verändertes Rollenverständnis der Lehrenden etablieren.	– Prozess des Lernens organisieren, initiieren und begleiten.
	– Didaktischen Rahmen gestalten.
	– Verantwortung der Lernenden für ihr Lernen hervorheben.
	– Lehre als Ermöglichungsraum verstehen.
	– Grundlegenden Perspektivwechsel auf Seiten der Lehrenden einfordern.
	– Fortbildungsaktivitäten verstärken.
	– Experimentierräume für innovative Lehre etablieren.
Wissensproduktion und Kompetenzentwicklung neu gestalten.	– Wissen und Kompetenzen in Kommunikation mit anderen generieren.
	– Vom Konsumieren zum Generieren anhalten.
	– Digitale, mobile Medien (BYOD) einbinden.
	– Methodenvielfalt gestalten.
	– Methodenportfolio entwickeln.
	– Offenheit der Lehrenden, aber auch der Studierenden fördern.

Didaktikzentren als Schlüsseleinrichtungen anerkennen.	– Vielfalt der Arbeit der Didaktikzentren erkennen. – Bedeutung der Didaktikzentren hervorheben. – Didaktikzentren als zentrale Schlüsseleinrichtungen etablieren. – Didaktikzentren in der Hochschulorganisation verankern. – Schnittstellenfunktion zu den relevanten anderen Abteilungen herstellen.
Leitbild Lehre als Qualitäts- und Kulturmerkmal positionieren.	– Bereich der Lehre fokussieren. – Leitbild für die Lehre entwickeln. – Bewusstsein für gute Lehrqualität entwickeln. – Leitbild Lehre für die Außendarstellung einsetzen. – Akzeptanz des Lehr-Lernkonzepts von allen Lehrenden fördern.

Aus der Perspektive der jeweiligen Akteurinnen und Akteure ergeben sich folgende Herausforderungen:

Hochschulleitung

– Rahmenbedingungen schaffen.
– Vielfalt der Arbeit der Didaktikzentren erkennen.
– Didaktikzentren als zentrale Schlüsseleinrichtungen etablieren.
– Bereich der Lehre fokussieren.
– Leitbild für die Lehre entwickeln.

Organisationseinheiten

– Rahmenbedingungen schaffen.
– Fortbildungsaktivitäten verstärken.
– Experimentierräume für innovative Lehre etablieren.

Hochschullehrende

- Veränderte didaktische Ansätze gestalten.
- Kollaboratives Arbeiten ermöglichen.
- Rolle als Lehrende in Richtung einer Lernbegleitung verändern.
- Innovative Lehr-Lernszenarien gestalten.
- Prozess des Lernens organisieren, initiieren und begleiten.
- Didaktischen Rahmen gestalten.
- Lehre als Ermöglichungsraum verstehen.
- Grundlegenden Perspektivwechsel vornehmen.
- Digitale, mobile Medien einbinden.
- Methodenvielfalt gestalten.
- Methodenportfolio entwickeln.
- Bewusstsein für gute Lehrqualität entwickeln.
- Akzeptanz des Lehr-Lernkonzepts von allen Lehrenden fördern.

Studierende

- Konsumentenhaltung aufgeben.
- Verantwortung für Lernen übernehmen.
- Wissen und Kompetenzen in Kommunikation mit anderen generieren.
- Lernverhalten vom Konsumieren zum Generieren verändern.
- Offenheit entwickeln.

Digitale Strukturen

Digitale Perspektive in Entwicklungs- und Strukturplänen präzisieren.	– Umsetzung einer digitalen Strategie mit konkreten Maßnahmen unterfüttert. – Qualität der Digital-Konzepte durch die Vereinbarung konkreter Ziele stärken.
Profilbildung und Kooperationen entwickeln.	– Profilbildung und Kooperationen innerhalb der Hochschule oder mit anderen Hochschulen anvisieren bzw. vereinbaren. – Anreize für profilbildende Kooperationen schaffen. – Anreizsysteme für digital angereicherte Lehre entwickeln. – Neue Lehrformate konzipieren und erproben.

Veränderungsprozesse mit Blick auf Digitalisierung gestalten.	– Ausgestaltung als Chance und Herausforderung betrachten. – Hochschulleitung adressieren. – Veränderungsprozesse aktiv gestalten. – Neues Rollenverständnis von Lehrenden und Lernenden moderieren. – Neue Professionsprofile in der Entwicklung der Lehre gestalten. – Moderne Infrastruktur bereitstellen. – Neue Finanzierungsmodelle entwickeln. – Anrechnung digitaler Lehre auf das Lehrdeputat in den Fokus nehmen. – Fokus auf Kompetenzorientierung mit Blick auf innovative Lehr- und Lernszenarien richten. – Raum und Anreize für Innovationen schaffen. – Bottom-up- und Top-down-Prozesse initiieren und gemeinsam umsetzen.
Verbesserung der Schnittstellen gewährleisten.	– Gesamtübersicht von Learning-Management-Systemen und Campus-Management-Systemen erstellen. – Technische Schnittstellen identifizieren. – Zusammenarbeit der beteiligten Akteurinnen und Akteure fördern. – Durchdringung digitaler Strukturen auf allen Ebenen steuern: Studium, Forschung, Lehre und Verwaltung. – Strukturelle Barrieren beim Übergang von Lehre zur Forschung abbauen. – Das Zusammenspiel zwischen Lehre, Forschung und Administration effizient, aber auch effektiv abbilden. – Stärkere Integration digitaler Technologien in der Lehre als zentrale Aufgabe betrachten.

IT-Infrastruktur als zentrale Stellschraube in den Blick nehmen.	– Informationstechnologie als einen unverzichtbaren Bestandteil nahezu aller Arbeitsabläufe an Hochschulen betrachten. – IT-Management an Hochschulen stärken und zukunftsgerichtet aufstellen. – Strategie, Governance, Portfolio und Budget für die IT-Infrastruktur zusammenhängend betrachten. – Prioritäten und Qualitätskriterien festlegen; IT-Sicherheit und Datenschutz mitdenken.
IT-Strukturen zwischen Zentralisierung und Dezentralisierung austarieren.	– Verantwortlichkeiten zwischen dezentraler und zentraler IT-Versorgung benennen. – Gemeinsame, regelmäßige Zusammenstellung und Entwicklung des IT-Portfolios als Bestandteil der IT-Strategie an Hochschulen betrachten. – Chief Information Officer (CIO) etablieren.
Campus-Management-Systeme als zentrale Instrumente integrieren.	– Effektive Weiterentwicklung unterstützen. – Gegebenenfalls neues Campus-Management-System einführen. – Anforderungen an das Projektmanagement, an die Kommunikation und an die effiziente Umsetzung der neuen (digitalen) Prozesse berücksichtigen. – Projektmanagement und IT-Projektmanagement als langfristige Aufgabe erkennen. – Entsprechende Ressourcen (Personal/Zeit/Schulungen) einplanen. – Enge Zusammenarbeit der Akteurinnen und Akteure (Verwaltung, IT, Fakultäten) fördern. – Barrieren zwischen der Linienorganisation (Service) und der Projektorganisation reduzieren.
E-Learning in den Fokus rücken.	– Erprobung und Nutzung von modernen Lehr- und Lernformaten möglichst hochschulweit denken. – Finanzielle und personelle Anreize schaffen. – Fehlende Kapazitäten ausgleichen. – Diskurs über Didaktik fördern. – Auseinandersetzung mit der Gestaltung innovativer Lehr- und Lernszenarien unter Einbezug digitaler Medien unterstützen. – Good Practice-Beispiele durch Öffentlichkeitsmaßnahmen sichtbar machen.

Aus der Perspektive der jeweiligen Akteurinnen und Akteure ergeben sich folgende Herausforderungen:

Hochschulleitung

- Veränderungsprozesse und Innovationsbereitschaft als Siegel der Hochschule deklarieren.
- Finanzierung ermöglichen.
- Lehrdeputat anpassen.
- Konzepte für eine gemeinsame digitale Infrastruktur vorantreiben.
- Digitalisierungsprozesse mit allen beteiligten Akteurinnen und Akteuren an Hochschulen abstimmen.

Organisationseinheiten

- Hardware- und Softwareinfrastruktur bereitstellen.
- Pflege, Wartung (inkl. Modernisierung) priorisieren.
- Support-Strukturen aufbauen und weiterentwickeln.
- Innovationsbereitschaft zeigen, neue Trends aufspüren.
- Anforderungen von Lehrenden und Studierenden an den Einsatz von Technik in den Blick nehmen.

Hochschullehrende

- Neuen Entwicklungen gegenüber aufgeschlossen sein, um kreative Lösungen umzusetzen.
- Veränderungsprozesse und Innovationsbereitschaft als Chance begreifen.
- Bei allen Veränderungen immer die Studierenden im Blick behalten.

Studierende

- Studienverlauf (Student-Life-Cycle) vereinfachen.
- Lehr- und Lernprozesse durch digital zur Verfügung stehende Inhalte mitgestalten.
- Kompetenzen im Umgang mit neuen Lehr- und Lernmethoden und den zugehörigen IT-Strukturen aufbauen.

Physische Lehr- und Lernräume

Raumgestaltung als strategischen Fokus erkennen.	– Hochschulstrategie zur Lernraumentwicklung gestalten. – Steigende Studierendenzahlen in den Blick nehmen. – Neue didaktische Konzepte berücksichtigen. – Digitale Herausforderungen bearbeiten.
Lehr- und Lernumgebungen an Lernbedürfnissen und Lernprozessen orientieren.	– Lernbedürfnissen und Lernprozessen der Studierenden bei der Entwicklung von digitalen und analogen Lehr-Lern-Settings in den Fokus rücken. – Aufenthaltsqualitäten fokussieren. – Vielfältige Lehr- und Lernraumangebote zur Verfügung stellen. – Kooperation, Kreativität und Identifikation im Studium befördern. – Hochschulspezifische Faktoren berücksichtigen.
Lehr- und Lernräume differenzieren, zonieren und flexibilisieren.	– Zonierungen sowie flexible Raum- und Möblierungselemente nutzen. – Unterschiedliche Nutzungsanforderungen berücksichtigen. – Innovative und explorative Konzeptelemente wie Makerspaces oder Learning Labs erproben. – Anpassung an sich verändernde Bedürfnisse vornehmen.
Zugang zu Lehr- und Lernräumen verbessern.	– 24/7-Lernräume einrichten. – Informationssysteme und Lernraumübersichten für die gesamte Hochschule erstellen. – Raumbuchungssysteme anbieten.
Hybride Raumstrukturen entwickeln.	– Hybride Angebote ausbauen. – Elektronische Dienstleistungen in den physischen Raum integrieren. – Im virtuellen Raum auf physischen Raum verweisen. – Schnittstellen von digitaler und physischer Lernwelt nutzen. – Verschiedene Interaktionskonzepte unter Berücksichtigung des jeweiligen Raumkonzepts erstellen.

Hochschulweite Entwicklung von Raumkonzepten implementieren.	– Lehr- und Lernraumkonzepte als strategisches Thema einstufen. – Experimentierräume in Fakultäten und in zentralen Einrichtungen einrichten. – Hochschulstrukturen zur sytematischen Entwicklung von Raumkonzepten schaffen bzw. vorhandene ausbauen.

Aus der Perspektive der jeweiligen Akteurinnen und Akteure ergeben sich folgende Herausforderungen:

Hochschulleitung

– Hochschulstrategisches Konzept in Zusammenarbeit mit allen an Lernraumplanung beteiligten Personen erarbeiten.
– Finanzressourcen für die Umsetzung von physischen Lernräumen bereitstellen.
– Nicht nur standardisierte Lernräume zur Verfügung stellen, sondern auch innovative Lehr- und Lernraumlösungen anstreben.
– Strukturen und Personalressourcen für die Lernraumentwicklung einrichten.

Organisationseinheiten

– Neue Lernraumkonzepte gestalten und Mut beweisen, Lernraumkonzepte anders zu denken.
– Neue Lernraumkonzepte bewerben.
– Marketingkonzept entwickeln.
– Kooperationen über Organisationsgrenzen hinweg initiieren.

Hochschullehrende

– Bereitschaft zum experimentellen Arbeiten zeigen.
– Infrastrukturen in neu eingerichteten Lernräumen nutzen.
– Lehre in Verbindung mit dem selbstbestimmten Lernen gestalten.
– Mit verschiedenen Serviceeinrichtungen in der Hochschule kooperieren.

Studierende

- Neu geschaffene Infrastrukturen für experimentelles Arbeiten und für Gruppenarbeit ausprobieren.
- In Gremien und Projekten zur Lernraumentwicklung engagieren.
- Verantwortung und Teilhabe für Lernraumentwicklungen übernehmen.

Zukunft gestalten

Hochschulpolitik

Lernwelt Hochschule aufeinander abstimmen

Deutschland profitiert von der föderalen Struktur, ermöglicht diese Struktur doch eine bessere Passung zwischen regionalen Bedarfen und der Steuerung der Regionen. Die daraus resultierende Uneinheitlichkeit der Gesetzgebungen und der Vereinbarungen der Länder mit den Hochschulen birgt eben dieses Potential, doch es erschwert gleichzeitig den Transfer von Good Practice. Hier gilt es seitens der Hochschulpolitik, das richtige Maß zwischen Vielfalt und Gleichartigkeit zu finden, um zum einen die Qualität des Studiums im ganzen Land verbindlich auf einem qualitativ hohen Niveau zu halten und die Vergleichbarkeit zu gewährleisten, zum anderen, um die Mobilität der Studierenden bei einem Wechsel des Bundeslandes im Rahmen ihres Studiums nicht zu erschweren. So empfehlen Babyesiza und Berthold die Zusammenführung von Vereinbarungen und Verträgen, um „ein Steuerungsmodell, das leicht vermittelt werden kann, und dessen Steuerungsimpulse sich nicht gegenseitig aufheben" (Babyesiza/Berthold 2018, 34). Dies gilt auch für die *Hochschulautonomie*. Dabei sollte den Hochschulen genug Handlungsspielraum zur Entfaltung gegeben, aber gleichzeitig die Einhaltung der gesellschaftlichen Verpflichtungen der Hochschulen im Blick behalten werden. Vor diesem Hintergrund wird vor allem Ausweitungsbedarf bei den Themen *Kapazitätsverordnung*, *Betreuungsverhältnis*, *tarifliche Flexibilisierung*, *Infrastrukturentwicklung* und *Public-Private-Partnership* gesehen (Weichert/Stang 2020, 169).

Einheitliche Struktur von Entwicklungs- und Strukturplänen (ESPs) sowie Zielvereinbarungen schaffen

Da es keine einheitliche Struktur von *Entwicklungs- und Strukturplänen* (ESPs) sowie Zielvereinbarungen gibt, erschwert dies die Vergleichbarkeit der Rahmenbedingungen der Gestaltung der *Lernwelt Hochschule* und die Aufstellung von Benchmarks. Um bundesweit vergleichbare Strukturen zu schaffen, bedarf es einer Angleichung des Aufbaus von *Entwicklungs- und Strukturplänen*. Auch wäre es hilfreich, wenn *Zielvereinbarungen* als individuelle Aushandlung zwischen dem jeweiligen Landesministerium und den Hochschulen (Weichert 2020) in ihrer Struktur vergleichbar und öffentlich zugänglich wären. Ein bundesweiter Orientierungsrahmen für die Gestaltung der *Lernwelt Hochschule* wäre hilfreich, um die Zielrichtungen besser vergleichen zu können. Es geht dabei weniger um die Vereinheitlichung, sondern um eine verstärkte Transparenz. Die *Hochschulautonomie* wäre dadurch nicht beeinträchtigt.

Zielvereinbarungen als Stellschrauben nutzen

Um die *Lernwelt Hochschule* ganzheitlich zu betrachten, bedarf es einer verstärkten Vernetzung der einzelnen Akteurinnen und Akteure, die an Hochschulen von Relevanz sind, wie unter anderen Hochschulleitung, Hochschulverwaltung, IT- und Infrastrukturabteilung, Bibliothek, Didaktikzentrum und besonders die Lehrenden und Studierenden. Im Rahmen von Zielvereinbarungen könnte ein Fokus auf dieser Vernetzung liegen. Dabei könnte eine Prioritätensetzung seitens der Hochschule ermöglicht werden. Es müssten allerdings Kriterien zur Bewertung der Vernetzungsaktivitäten festgelegt werden.

Unterschiedliche Steuerungsmodelle berücksichtigen

Die Hochschulpolitik sollte den Rahmen schaffen, der verschiedene Steuerungsmodelle darstellbar macht. Dabei sollte die Studierendenorientierung im Fokus der Steuerungsmodelle stehen. So ist die derzeitige Anreizstruktur, die vor allem die eingeworbenen Drittmittel im Blick hat, nicht dazu geeignet, die Entwicklung der Lehre zu befördern. Es gilt den Wandel von der organisationsfokussierten Perspektive zur studierendenorientierten Perspektive zu lancieren. Hierfür müssen Mittel und Methoden verfügbar gemacht werden, die dies ermöglichen.

Selbstorganisation optimieren

Die *Hochschulautonomie* ist ein wichtiges Gut und für die Gestaltung einer vielfältigen Hochschullandschaft unerlässlich. Will man allerdings die Studierendenorientierung stärker als Leitmotiv von Handlungskoordination von Hochschulen etablieren, bedarf es zunächst auch Studien zur Studierendenorientierung, um Bedarfe und Möglichkeiten, aber auch schon bestehende Good Practice systematisch zu erfassen und in die *Lernwelt Hochschule* zu transferieren. Es sollte auch Orientierung gegeben werden, wie in Hochschulen – jenseits teilweise formalstatischer Gremien – Austauschmöglichkeiten für alle Akteurinnen und Akteure geschaffen werden können. Dabei geht es vor allem darum, dass sich die Akteurinnen und Akteure über Fach- und Sachbezüge hinweg – besonders über die Schnittstellen und Verbindungen ihrer Kernexpertise zu anderen Themen – austauschen können. Hochschulpolitik sollte hier Orientierungen liefern.

Finanzierungssituation verbessern

Um die notwendigen Entwicklungen vorantreiben zu können, bedarf es einer langfristig ausgelegten Förderung, da dieser grundlegende Wahrnehmungswandel der *Lernwelt Hochschule* historisch gewachsene Vorstellung bricht und sowohl die Strukturen wie auch die Prozesse der Organisation Hochschule in allen Bereichen verändern wird. Der *Shift from Teaching to Learning* (Barr/Tagg, 1995) spielt in die Hochschulpolitik hinein und erfordert zusätzliche – auch finanzielle Anstrengungen – der Bundesländer. Dabei geht es um die langfristige Sicherung von Innovationen in der *Lernwelt Hochschule*. Dazu bedarf es neuer Finanzierungskonzepte.

Bologna-Prozess weiterentwickeln

Der Perspektivwechsel zur Studierendenorientierung tangiert auch die Bologna-Reform, die auf Ergebnisse (Outcomes) und Kompetenzen abzielt, indem sich die Prozesse ändern müssen, wie diese Outcomes zustande kommen, Prüfungsformen überdacht werden müssen, da sich „trotz umfassender Bemühungen, [...] die erwünschten Effekte [...] nicht eingestellt haben" (Brahm et al. 2016, 25). Die Perspektive der Kompetenzorientierung sollte konsequent weiterverfolgt und traditionelle Leistungsmessungsstrukturen, die sich durch eine starke Klausurenorientierung auszeichnen, kontinuierlich reduziert werden. Hier bedarf es auch von Seiten der Hochschulpolitik klarer Hinweise, ohne die Freiheit von Forschung und Lehre einzuschränken.

Reformprozesse fördern

Betrachtet man die Entwicklung der Hochschullandschaft in Deutschland, wird deutlich, dass zwar in vielen Teilbereichen an Reformen gearbeitet wird, es aber keine grundlegenden Reformprozesse in Bezug auf die *Lernwelt Hochschule* gibt. Auch wenn hier einiges in den letzten Jahren angestoßen wurde, gibt es einen erhöhten Bedarf, die *Lernwelt Hochschule* in der Gesamtheit zu reformieren. Für *Hochschulpolitik* – auf Länder- und Bundesebene – gilt es, ganzheitliche Innovationskorridore zu entwickeln, in deren Rahmen Hochschulen ihren Weg finden können. Allerdings wird es ohne intensives Engagement der Hochschulen schwierig, die deutschen Hochschulen international konkurrenzfähig zu machen. Hier bedarf es konzertierter Aktivitäten.

Transparente Datenstruktur erzeugen

Die Perspektive der Studierendenorientierung ist bislang nicht im Fokus der Hochschulforschung. Vor diesem Hintergrund ist es erstrebenswert, eine Datenbasis zu schaffen, in der diese Perspektive transparent dokumentiert wird und die Daten zugänglich macht. Hier würde schon helfen, wenn Entwicklungs- und Strukturpläne sowie Zielvereinbarungen gebündelt vorliegen würden. Auch eine Kartierung bezogen auf *Lern-Management-Systeme* oder *physische Lehr- und Lernräume* würde dabei unterstützen, Problembereiche zu erkennen und bearbeiten zu können. So könnten effektivere und effizientere Lösungen gefunden werden sowie doppelte Aufwände und Fehlversuche reduziert oder ganz vermieden werden. Dazu bedürfte es allerdings einer bundesweit agierenden Institution.

Entwicklung dynamisieren

Da Deutschland in Europa im Kontext der innovativen Gestaltung von Hochschulentwicklung eher zu den „latecomern" gehört (Becker/Stang 2020a), bedarf es verstärkter Anstrengungen, hier aktiv zu werden. Hochschulpolitische Entscheidungsprozesse müssten effektiviert und beschleunigt, bürokratische Hindernisse aus dem Weg geräumt und die traditionelle *Hochschulkultur* grundlegend verändert werden. Vor allem staatliche Hochschulen benötigen ein verändertes *Innovationsklima*. Dieses Klima muss durch die Hochschulpolitik geschaffen werden. An einzelnen Hochschulen werden äußerst innovative Wege begangen, oft unter Nichtberücksichtigung hemmender bürokratischer Strukturen. Diese bürokratischen Strukturen müssen auf ein Minimum reduziert werden.

Good Practice[2]

- Bundesländer: Die Wissenschaftsministerien der Bundesländer setzen die Rahmenbedingungen und fördern Projekte[3].
- Bundesministerium für Bildung und Forschung (BMBF): Diverse Projekte zur Entwicklung der Hochschullandschaft[4].
- Bund und Bundesländer: Vereinbarungen wie zum Beispiel beim Qualitätspakt Lehre[5] oder dem Hochschulpakt[6].
- Centrum für Hochschulentwicklung (CHE): Wirft den Blick auf ein leistungsstarkes und faires Hochschulsystem und liefert Studien und Rankings[7].
- Deutsche Initiative für Netzwerkinformation e. V. (DINI): Möchte die Informations- und Kommunikationsdienstleistungen und die dafür notwendige Entwicklung der Informationsinfrastrukturen an den deutschen Hochschulen fördern, u. a. auch bezogen auf die Gestaltung von Lernräumen[8].
- European University Association (EUA): Vertritt über 800 Hochschulen in Europa und liefert Studien und Übersichten zu Good Practice[9].
- Hochschulforum Digitalisierung (HFD): Versteht sich als Think Tank, der den Diskurs zur Hochschulbildung im digitalen Zeitalter fördert und Studien und Arbeitspapiere für die Hochschulpraxis zur Verfügung stellt[10].

---

2 Die Hinweise im Bereich Good Practice sind Ergebnisse der Recherchen im Rahmen des Projektes Lernwelt Hochschule. Dabei konnten sicher nicht alle Good Practice-Beispiele berücksichtigt werden. Es geht hier um Hinweise, die sicher noch ergänzt werden können.
3 https://www.kmk.org/kmk/mitglieder.html.
4 https://www.bmbf.de/de/studium-70.html.
5 https://www.bmbf.de/de/qualitaetspakt-lehre-524.html.
6 https://www.bmbf.de/de/hochschulpakt-2020-506.html.
7 https://www.che.de/.
8 https://dini.de/.
9 https://eua.eu/.
10 https://hochschulforumdigitalisierung.de/de.

- Hochschulinformationssystem e. G. (HIS): Liefert Daten zur Hochschulplanung und -entwicklung[11].
- Hochschulrektorenkonferenz (HRK): Versteht sich als Repräsentanz der Hochschulen und als institutionelles Zentrum des deutschen Wissenschaftssystems[12].
- Kultusministerkonferenz (KMK): Sieht ihre Aufgabe darin, durch Konsens und Kooperation für die Lernenden, Studierenden, Lehrenden und wissenschaftlich Tätigen das erreichbare Höchstmaß an Mobilität zu sichern[13].
- Stifterverband für die Deutsche Wissenschaft e. V.: Bringt Unternehmen und Hochschulen zusammen, vergibt Preise und veröffentlicht Studien und liefert einen Überblick über Good Practice[14].

Hochschulorganisation

Gesamtstrategie in den Blick nehmen

Hochschulintern ist es von großer Bedeutung, alle Akteurinnen und Akteure zusammenzubringen, die Hochschule ganzheitlich zu denken, einzelne Lösungen miteinander zu verweben, Querschnittsstellen einzurichten und die Information und Kommunikation in der gesamten Hochschule zu verstetigen. Dazu gehört auch, die Beteiligung aller Hochschulakteurinnen und -akteure sicherzustellen, indem feste Strukturen und Prozesse geschaffen werden, die über „Arbeitsgruppen" und „projektinterne Kommunikation" (Becker/Stang 2020b) hinausgehen. Dabei sind entscheidungsfähige Gremien nur ein Weg, die Zusammenarbeit der Beteiligten zu intensivieren. Hier gilt es Kooperationsmodelle zu entwickeln, die alle Interessensgruppen berücksichtigen. Wichtig ist es dabei, die Gesamtstrategie nicht aus den Augen zu verlieren.

Ungleichgewicht von Forschung und Lehre beseitigen

Die derzeitige Schieflage in der Bewertung von Forschung und Lehre im deutschen Hochschulsystem liegt unter anderem darin begründet, dass es für For-

---

[11] https://www.his.de/willkommen.html.
[12] https://www.hrk.de/.
[13] https://www.kmk.org/themen/hochschulen.html.
[14] https://www.stifterverband.org/.

schung und den daraus resultierenden Publikationen und Drittmitteln Gratifikationen für die Hochschulen und für die Forschenden gibt. Es gilt für die Zukunft den Stellenwert von Lehre nicht nur über *Preise für gute Lehre* deutlich zu machen, sondern auch hier ein Gratifikationssystem zu entwickeln, das *Lehrexzellenz* auch monetär für die Hochschulen und die Lehrenden auszeichnet. Hierzu gilt es auch Kriterienraster zu entwickeln, die als Orientierung zur Bewertung exzellenter Lehre dienen können. Lehre soll nicht nur zur Qualitätssicherung, sondern auch zu einer besseren Reputation der Hochschule beitragen.

Strategische Hochschulentwicklung gestalten

Hochschulen sind in vielen Bereichen gekennzeichnet von einem traditionellen Verständnis, wie Hochschulen gestaltet sein sollen, wie zum Beispiel Fakultätsstrukturen, Orientierung der Lehre etc. Um den Anforderungen bezüglich der Bewältigung zukünftiger Herausforderungen der Gesellschaft gerecht zu werden, bedarf es allerdings einer veränderten Strategie bei der Hochschulentwicklung. Die Öffnung der Hochschule auch im Kontext *Public Private Partnership* (PPP) hat in den letzten Jahren zugenommen und wird auch im Ausland intensiviert (Weichert/Stang 2020). Eine solche Öffnung ermöglicht es, die *Lernwelt Hochschule* so zu gestalten, dass Projekte mit realer Aufgabenstellung in Partnerschaft mit Wirtschaftsunternehmen oder Institutionen studiengangübergreifend und interdisziplinär bearbeitet werden können. Dabei muss allerdings gewährleistet sein, dass keine Abhängigkeit in der *Lehre* von den Unternehmen oder Institutionen entsteht. Die Strukturen und Prozesse bei der Zusammenarbeit müssen deshalb so geregelt werden, dass die Freiheit von Lehre nicht eingeschränkt wird. Der Gestaltung der Hochschulstrategie im Netzwerk aktueller und potentieller Stakeholder kommt dabei eine besondere Bedeutung zu.

Leitbilder sowie Entwicklungs- und Strukturpläne präzisieren

Leitbilder sowie Entwicklungs- und Strukturpläne sind die Basis für die strategische Ausrichtung in Bezug auf die *Lernwelt Hochschule* (Becker/Stang 2020b; Weichert 2020). Neben quantitativen Betrachtungen, wie anvisierte Studierendenzahlen, bedarf es einer verstärkten Berücksichtigung qualitativer Kriterien. Die Frage, wie Lehre an der Hochschule gestaltet sein soll und wie – unter der Perspektive der Studierendenorientierung – Lernen unterstützt werden soll, ist dabei zentral. Dies bedeutet, dass neben einem *Leitbild Lehre* auch ein *Leitbild Lernen* entwickelt wird, an dessen Formulierung alle Hochschulakteurinnen und -akteure beteiligt werden. Diese Leitbilder könnten dann die Basis für veränderte Entwicklungs- und Strukturpläne sein. Diese Dokumente könnten dann auch die Grundlage für die Zielvereinbarungen mit den jeweiligen Trägerinnen und Trägern darstellen.

Beteiligung der Hochschulakteurinnen und -akteure sicherstellen

Durch die Hochschulgesetzgebung vorgegebene Gremien bilden die formale Beteiligungsstruktur von Hochschulen. Dabei werden nur ausgewählte Hochschulakteurinnen und -akteure berücksichtigt. Um die Entwicklung der Hochschule auf eine breite Basis zu stellen, bedarf es einer stärkeren Partizipation der Organisationsmitglieder der Hochschule. Vor allem die Einbindung von Studierenden in strategische Entscheidungsbildungsprozesse der Hochschule stellt dabei eine große Herausforderung dar. Die Entwicklung eines *Partizipationsmodells* gehört zu den zentralen Elementen einer veränderten Hochschulorganisation. Hier werden in Zukunft neue Wege gestaltet werden müssen, wie zum Beispiel die Einbindung von Studierenden auf Hochschulleitungsebene.

Zusammenarbeit der Hochschulakteurinnen und -akteure intensivieren

Die Organisationseinheiten von Hochschulen agieren oft noch getrennt voneinander (Becker/Stang 2020b). Um die Hochschule als ganzheitliche *Lernwelt Hochschule* zu entwickeln, bedarf es einer stärkeren Vernetzung der verschiedenen *Verwaltungsabteilungen, Fakultäten, Institute* sowie nicht zuletzt auch der Lehrenden und der Studierenden. Dabei geht es in erster Linie darum, die sehr unterschiedlichen Vorstellungen und Kulturen bezogen auf die *Lernwelt Hochschule* anzunähern und den Austausch zu fördern. Die Entwicklung eines *Kooperationsmodells* bezogen auf die verschiedenen Hochschulakteurinnen und -akteure und auch auf externe *Stakeholder* könnte hier ein Ansatz sein. Alleine bei der Entwicklung eines solchen Kooperationsmodells könnten Problembereiche, die bearbeitet werden müssten, sichtbar werden.

Zugänglichkeit der Hochschule ermöglichen

Die Zugangskonzepte bezogen auf Studierende sind in Hochschulen sehr unterschiedlich gestaltet. Dabei wird zum Beispiel die Zugänglichkeit der Lehr- und Lernräume und des Hochschulgebäudes teilweise sehr restriktiv – Lehrräume können nur im Kontext von Lehrveranstaltungen genutzt werden und sind sonst verschlossen – oder eben sehr liberal – der Zugang ist jederzeit möglich – geregelt. Auch die Zugänglichkeit zu Services wie Bibliothek oder Technik- beziehungsweise Materialausleihe sind teilweise auch an einzelnen Hochschulen nicht einheitlich geregelt. Die Zugänge zu digitalen Services erfordern nicht selten unterschiedliche *Anmeldeprozeduren* (Becker/Stang 2020b). Die Entwicklung eines konsistenten Zugangskonzepts, das für alle Hochschulakteurinnen und -akteure transparent ist, kann hier eine Option sein. Dabei ist es hilfreich, wenn auch im Kontext digitaler Strukturen, ein Zugang zu allen Services über eine Kennung erfolgt und nicht unterschiedliche Anmeldeprozeduren erfordert.

Hochschule als multidimensionale Organisation koordinieren

Hochschule ist eine multidimensionale Organisation, die im Hinblick auf die Stellenstrukturen und Kompetenzen eine extrem hohe Komplexität aufweist. Diese Komplexität, die sich in den Logiken und Kulturen von *Verwaltung, Forschung, Lehre, IT-Abteilungen, Infrastrukturabteilungen* usw. findet, gilt es zu moderieren. Die *Lernwelt Hochschule* zeichnet sich zum Beispiel im Bereich der *Lehre* auch durch unterschiedliche Beschäftigungsmodi aus. So wird sie von verbeamteten oder nicht verbeamteten Professorinnen und Professoren, fest oder befristet angestellten Mitarbeitenden und externen Lehrbeauftragten realisiert. Um *Hochschulorganisation* in Bezug auf die *Lernwelt Hochschule* ganzheitlich zu gestalten, bedarf es hier einer verbesserten Koordination auch bezogen auf ein *Leitbild Lehre*, dem eine Studierendenorientierung zugrunde liegt. Die Lehrenden sollten hier eine grundlegende Orientierung erhalten, welche Überlegungen handlungsleitend sein könnten. Ähnliche Orientierungsstrukturen könnten für andere Hochschulbereiche geschaffen werden.

Ganzheitliche und integrierte Lernwelt entwickeln

Studierende nehmen die Hochschule oft als segmentiert und additiv wahr (Gläser/Kobsch 2020). Dies liegt unter anderem darin begründet, dass die Hochschule nicht ganzheitlich gesteuert und nicht studierendenorientiert gedacht wird. Die Beteiligung von Studierenden ist nur sehr gering ausgeprägt – hier werden zurzeit vereinzelt neue Wege erprobt (Becker/Stang 2020b, 89–90). Den Studierenden fehlt das Wissen über die Organisation Hochschule. Letztlich trägt die Studienstruktur mit der Ausrichtung auf Workload und ECTS dazu bei, dass den Studierenden der Anreiz fehlt, sich aktiv in die Entwicklung der Lehre oder grundsätzlich in die Organisation einzubringen. Hier könnten Maßnahmen wie die Verrechnung des Engagements mit einem Äquivalent zu den „social points" Ansätze sein, die Studierendenperspektive mit in die Entscheidungsbildungsprozesse einzubringen. Entwicklungen im Ausland zeigen, dass ein studierendenorientierter Zugang dazu führt, dass alle Beteiligten von Innovationen profitieren (Weichert/Stang 2020).

„Atmende" Hochschule denken

Insgesamt zeichnet sich ein Wandel der Strategien, Strukturen, Prozesse und Organisationskulturen mit dem Perspektivwechsel zur studierendenorientierten Hochschule ab. Die in dieser Hinwendung inkludierte Flexibilität der Organisation erfordert eine *atmende Hochschule*, die sich agil an die schnell wechselnden Herausforderungen aus ihren Umwelten anpassen kann. Diese Flexibilität kann durch flachere Hierarchien, die Strategieentwicklung mit allen Hochschulakteurinnen und -akteuren und eine breit angelegte Kommunikations- und Beteiligungskultur etabliert werden. Dabei sollte der *Student-Life-Cycle* in der Lernwelt Hochschule im Fokus der Überlegungen stehen.

Good Practice[15]

- Code University Berlin: „Lernen auf Augenhöhe", projektorientiertes Lernen usw. werden im Rahmen einer veränderten Organisationskultur umgesetzt[16].
- Fachhochschule Potsdam: Studierende werden mit dem Amt einer/s Studentische/n Vizepräsidenten/in in die Hochschulleitung integriert[17].
- Hochschule der Medien Stuttgart: In der Fakultät „Information und Kommunikation" wird eine Transdisziplinarität auch organisatorisch umgesetzt (Mildenberger/Vonhof 2020); mit LAPS (Learning Analytics für Prüfungsleistungen und Studienerfolge) sollen Studierende, insbesondere in der Studieneingangsphase, individuell unterstützt werden[18].

---

15 Die Hinweise im Bereich Good Practice sind Ergebnisse der Recherchen im Rahmen des Projektes Lernwelt Hochschule. Dabei konnten sicher nicht alle Good Practice-Beispiele berücksichtigt werden. Es geht hier um Hinweise, die sicher noch ergänzt werden können.
16 https://code.berlin/de/.
17 https://www.fh-potsdam.de/informieren/organisation/hochschulleitung/.
18 https://www.hdm-stuttgart.de/laps.

- Hochschule Osnabrück: Im LearningCenter werden Lehr-Lern-relevante Aspekte gebündelt[19] und es besteht grundsätzlich die Möglichkeit, Abschlüsse in Teilzeit oder berufsbegleitend zu erlangen[20].
- SRH Hochschule Heidelberg: Mit dem Studienmodell CORE (Competence Oriented Research and Education) wurden alle Studiengänge kompetenzorientiert ausgerichtet und lehrstrategische Gesamtausrichtung für die Hochschule zugrunde gelegt (Ninnemann et al. 2020)[21].
- Universität Hamburg: Der Projektbereich *Hochschullehre und studentische Partizipation* versteht sich als Unterstützungsangebot zur Verbesserung von Studium und Lehre unter der Perspektive von Studierendenpartizipation[22].
- Universität Hildesheim: Die Vizepräsidentin für Lehre und Studium pflegt das Prinzip der offenen Bürotür. Damit werden hierarchische und formelle Hürden abgebaut[23].
- Universität Konstanz: Bietet ein Unterstützungsangebot für Lehrende und unterstützt alle digitalen Prozesse rund um die Lehre[24].
- Universität Lüneburg: Studierende werden in Qualitätszirkeln einbezogen[25] und das *Studium Individuale* schafft einen flexiblen Zugang für die Studierenden[26].
- Universität Trier: Digitalisierung wird aus Ausgangspunkt für eine weitergehende Hochschulentwicklung genommen (Höfler-Hoang et al. 2020).
- Universität Twente: Das TOM-Modell basiert nicht nur auf didaktischen sondern auch organisatorischen Faktoren (University of Twente 2017) und stärkt damit die Lehre[27].
- Technische Universität Hamburg: Im Projekt *mytrack – individuelles Lernen in der Studieneingangsphase* besteht für Studierende die Möglichkeit, sich besser im Studium zu orientieren, Ziele zu verfolgen, Zeit zum Lernen zu finden und einen eigenen Weg durch das Studium zu gehen (in Kooperation mit der Technischen Hochschule Mittelhessen und der Hochschule Fulda)[28].

---

[19] https://www.hs-osnabrueck.de/de/learningcenter/.
[20] https://www.hs-osnabrueck.de/de/studium/studienangebot/berufsbegleitend-oder-berufsintegrierend-studieren/.
[21] https://www.hochschule-heidelberg.de/de/core-prinzip/.
[22] https://studpart.check.uni-hamburg.de/.
[23] https://www.uni-hildesheim.de/organe-und-gremien/praesidium/.
[24] https://www.uni-konstanz.de/lehren/beratung-hilfsmittel-service/digital-unterstuetzte-lehre/.
[25] https://www.leuphana.de/lehre/feedback-zu-lehre-und-studium/qualitaetszirkel.html.
[26] https://www.leuphana.de/college/bachelor/studium-individuale.html.
[27] https://www.utwente.nl/en/tom/.
[28] https://mytrack-tuhh.de.

Hochschuldidaktik

Shift from Teaching to Learning in den Fokus rücken

Didaktische Ansätze, die problembasiertes, projektorientiertes und forschungsorientiertes Lernen in den Fokus rücken, spielen an Hochschulen eine zunehmend wichtigere Rolle. Dabei wird kollaboratives Arbeiten immer wichtiger. Die Rolle der Lehrenden verändert sich in Richtung *Lernbegleitung*. Ziel dabei ist es, Problemlösekompetenz zu vermitteln und die Aneignung von Wissen durch selbstgesteuertes Lernen zu etablieren. Um einen solchen Zugang zu realisieren, bedarf es veränderter *Lehr-Lernszenarien*, in denen auch die Lehrenden-Lernenden-Hierarchie aufgehoben wird. Dabei müssen sich auch Studierende von der Konsumhaltung verabschieden. Um die Rahmenbedingungen für solche didaktischen Konzeptionen zu schaffen, sind auch veränderte *digitale Strukturen* und *Lehr-Lernraumarrangements* notwendig. Auch die Struktur von Stundenplänen muss überdacht und Wissenserwerb stärker in kontextualisierten Blockangeboten verankert werden.

Verändertes Rollenverständnis der Lehrenden etablieren

Lehrende haben die Aufgabe, den Prozess des Lernens zu organisieren, zu initiieren und zu begleiten. Dabei geht es um die Gestaltung des didaktischen Rahmens, der Lernenden die Möglichkeit bietet, ihr Lernen gestalten zu können. Dies erfordert allerdings auch eine große Verantwortung der Lernenden für ihr Lernen. Lehre wird so zur Gestaltung eines Ermöglichungsraums. Dies erfordert von den Lehrenden eine hohe Flexibilität und pädagogische Expertise, die an Hochschulen bislang nur rudimentär vorhanden ist. *Lehr-Lernprozesse* werden zu *Kommunikationsprozessen*. Dabei wird der Vielfalt der Zugänge, Lernwege und Ergebniskonstruktionen Rechnung getragen. Dies erfordert einen grundlegenden Perspektivwechsel auf Seiten der Lehrenden. Dazu müssen *Fortbildungsaktivitäten* verstärkt und *Experimentierräume* für innovative Lehre etabliert werden.

Wissensproduktion und Kompetenzentwicklung neu gestalten

Lernen findet durch gemeinsame Generierung von Wissen statt. Wissensgenerierung durch den Konsum von Information ist nur begrenzt möglich. Wissen und Kompetenzen werden in Kommunikation mit anderen generiert beziehungsweise entwickelt. Die Entwicklung geht vom Konsumieren zum Generieren. Durch die digitalen, mobilen Medien wird diese Entwicklung beschleunigt. Um die Lernoptionen an Hochschulen weiterzuentwickeln, bedarf es einer strategischen Gestaltung von *Methodenvielfalt*. Die Entwicklung eines *Methodenportfolios*, aus dem sich die Lehrenden bedienen können, könnte hier eine Grundlage bilden. Bislang entstehen methodische Innovationen eher punktuell und es gibt selten einen Überblick, wer mit welchen Methoden arbeitet. Eine solche hochschulspezifische Methodenübersicht könnte dazu dienen, Innovationen in der Lehrenden-Community zu verbreiten. Die Offenheit der Lehrenden, aber auch der Studierenden, ist allerdings erforderlich, um solche *Methodeninnovationen* erfolgreich umzusetzen.

Didaktikzentren als Schlüsseleinrichtungen anerkennen

Die *Didaktikzentren* haben die Aufgabe, Lernende und Lehrende unter anderem methodisch aus- und weiterzubilden. Weitere Aufgaben können die Gestaltung von Lehr- und Lernmedien, Supervision der Einzelstudierenden und Kleingruppen, Lern- und Lehrcoaching, Beratungskompetenzen der Lehrenden entwickeln und die Vermittlung didaktischer Kompetenzen sein. Unter der Perspektive veränderter Lehr-Lernszenarien wird ihre Bedeutung noch wachsen. Es wird nicht ausreichen, die Didaktikzentren nur als Projekte in den Hochschulen zu verorten. Die Hochschulen werden nicht umhinkommen, diese als zentrale Schlüsseleinrichtung zu etablieren. Sie können auf konzeptioneller Ebene als fachübergreifende Verteilerinnen für Innovation in der Lehre, als Unterstützerinnen der Curriculum-Entwicklung und des Qualitätsmanagements Lehre fungieren. Deshalb sollten sie verstetigt und in der Hochschulorganisation verankert werden, um ihre Schnittstellenfunktion zu den relevanten Abteilungen (IT-Abteilung, Infrastruktur-Abteilung etc.) wahrnehmen zu können.

Leitbild Lehre als Qualitäts- und Kulturmerkmal positionieren

Auch wenn der Blick auf die *Lehre* vor dem Hintergrund von Aktivitäten wie der Exzellenzinitiative des Bundes teilweise in den Hintergrund geraten ist, wird bei der Betrachtung der Bedeutung der *Lernwelt Hochschule* für die zukünftige Entwicklung der Gesellschaft deutlich, dass der Bereich der Lehre wieder stärker in den Fokus gerückt werden muss. Auch wenn vielfältige Projektinitiativen unter anderem durch das Bundesministerium für Bildung und Forschung

(BMBF) hier in den letzten Jahren wichtige Impulse gesetzt haben, bleibt in den Hochschulen noch viel zu tun. Ein explizites *Leitbild für die Lehre* kann hier für den hochschulinternen Diskurs von besonderer Bedeutung sein. Dabei müssen allerdings alle Hochschulakteurinnen und -akteure einbezogen werden. Mit einem solchen Leitbild kann ein Bewusstsein für gute Lehrqualität entwickelt werden, nicht nur bei den Lehrenden, sondern auch bei den Studierenden, die oft nicht wissen, was sie von der Lehre erwarten dürfen. Ein solches Leitbild kann auch für die Außendarstellung verwendet werden. Studieninteressierte können sich ein Bild davon machen, welches Lehr-Lernkonzept an der jeweiligen Hochschule zugrunde liegt. Idealerweise wird dieses Lehr-Lernkonzept von allen Lehrenden mitgetragen.

Good Practice[29]

- Brandenburgische Technische Universität Cottbus-Senftenberg (BTU): Genius Loci-Preis für Lehrexzellenz 2019[30].
- Bundesministerium für Bildung und Forschung (BMBF): Projektdatenbank zum Qualitätspakt Lehre[31].
- Code-University Berlin: Bietet „Lernen auf Augenhöhe" und erfahrungsbasiertes Studium[32].
- Deutsche Gesellschaft für Hochschuldidaktik: Wissenschaftliche Fachgesellschaft aller an den Themen „Hochschuldidaktik" und „Studienreform" interessierten Personen im deutschsprachigen Raum[33].
- Duale Hochschule Baden-Württemberg: Hat lehrintegrierte Forschung als strategisches didaktisches Handlungsfeld verankert (Kuhn et al. 2020).
- Fachhochschule Potsdam: Mit #DiLehre soll eine bedarfsorientierte Entwicklung einer nachhaltigen organisatorischen Struktur für die Digitalisierung in der Lehre geschaffen werden[34].

---

[29] Die Hinweise im Bereich Good Practice sind Ergebnisse der Recherchen im Rahmen des Projektes Lernwelt Hochschule. Dabei konnten sicher nicht alle Good Practice-Beispiele berücksichtigt werden. Es geht hier um Hinweise, die sicher noch ergänzt werden können.
[30] https://www.b-tu.de/.
[31] https://www.qualitaetspakt-lehre.de/de/massnahmen-und-themenfelder-der-geforderten-projekte-suchen-und-finden-1745.php.
[32] https://code.berlin/de/concept/.
[33] https://www.dghd.de/.
[34] https://www.fh-potsdam.de/informieren/service/e-learning/projekte/projekt-detailansicht/project-action/digitalisierung-der-lehre/.

- Hochschule der Medien Stuttgart: Schlüsselkompetenzen erhalten einen zentralen Status in der Lehre (Burmester/Seidl 2020).
- Hochschule für angewandte Wissenschaften Coburg: Genius Loci-Preis für Lehrexzellenz 2019[35].
- Leibniz-Institut für Wissensmedien: Das Informationsportal e-teaching.org bietet wissenschaftlich fundierte Informationen zu didaktischen, technischen und organisatorischen Aspekten von E-Learning[36].
- RWTH Aachen: Genius Loci-Preis für Lehrexzellenz 2017[37].
- SRH Hochschule Heidelberg: Genius Loci-Preis für Lehrexzellenz 2018[38].
- Technische Hochschule Köln: Mit dem Zentrum für Lehrentwicklung werden vielfältige Angebote zur Verbesserung von Lehren und Lernen zur Verfügung gestellt[39] und Genius Loci-Preis für Lehrexzellenz 2017[40].
- Technische Hochschule Nürnberg Georg Simon Ohm: Mit dem *Learning Lab* wird für Lehrende und Studierende ein Experimentierraum bereitgestellt[41].
- Technische Universität München: *ProLehre / Medien und Didaktik* bündelt vielfältige hochschul- und mediendidaktische Kompetenzen und verknüpft dabei wissenschaftliche Erkenntnisse der Lehr- und Lernforschung mit dem Erfahrungswissen der Hochschullehrenden[42].
- Universität Düsseldorf: Bietet studentische Online-Partizipation zur Mitgestaltung von Seminarinhalten[43].
- Universität Erlangen-Nürnberg: Das Institut für Lern-Innovation bietet als E-Learning-Zentrum und Forschungsinstitut Dienstleistungen, Beratung und Know-How-Transfer an[44].
- Universität Halle-Wittenberg: Das Zentrum für multimediales Lehren und Lernen (@LLZ) soll digitale Hochschulbildung durch Beratung und Unterstützung, Evaluation und Forschung gestalten[45].

---

35 https://www.hs-coburg.de/.
36 https://www.e-teaching.org/.
37 https://www.rwth-aachen.de/.
38 https://www.hochschule-heidelberg.de/.
39 https://www.th-koeln.de/hochschule/zentrum-fuer-lehrentwicklung_47876.php.
40 https://www.th-koeln.de/.
41 https://www.th-nuernberg.de/einrichtungen-gesamt/abteilungen/service-lehren-und-lernen/learning-lab/.
42 https://www.prolehre.tum.de/home/.
43 https://diid.hhu.de/projekte/youniversity/.
44 https://www.ili.fau.de/.
45 https://www.llz.uni-halle.de/.

- Universität Leipzig: Die LaborUniversität bietet eine hochschuldidaktische Begleitung und Vernetzung Lehrender bei der Erprobung innovativer Lehr-Lern-Projekte sowie Transfer der Erfahrungen[46].
- Universität Mainz / Hochschule Mainz: Mit der Plattform *Lehrideen vernetzen* soll der Transfer von guten und innovativen Lehrideen an den Mainzer Hochschulen gefördert und eine Community of Practice aufgebaut werden[47] und Genius Loci-Preis für Lehrexzellenz 2018 für die Johannes Gutenberg-Universität Mainz.
- Universität Utrecht: Das *Teaching and Learning Lab* ist eine Experimentierfläche für Lehrende, Studierende und Forschende[48].

Digitale Strukturen

Digitale Perspektive in Entwicklungs- und Strukturplänen präzisieren

Zentrale Handlungsfelder der Hochschullandschaft werden heute durch digitale Entwicklungen bereichert. Es existiert eine Reihe technischer Plattformen, es wurden Kompetenzen aufgebaut, Prozesse wurden „digitalisiert" und in einigen Hochschulen wurden Digitalisierungsstrategien entwickelt. Die Digitalisierung unterstützt nicht nur, sondern sie ermöglicht auch effizientere, komplett neue Abläufe und damit eine verbesserte Organisation des Studiums und eine Optimierung von Verwaltungsprozessen etc. Dieser Befund legt nahe, die strategischen Ziele, insbesondere auch aus der digitalen Perspektive, jeweils hochschulweit in den Blick zu nehmen. Die digitale Perspektive dieser strategischen Ziele sollte präzise, konkret und mit geeigneten Rahmenbedingungen, wie Unterfütterung mit Ressourcen und Maßnahmen, in den relevanten Papieren wie Leitbildern, Digitalisierungsstrategien oder in Entwicklungs- und Strukturplänen dargestellt werden. Aus einer eng mit den Zielen und der Profilbildung der Hochschule verbundenen Digitalisierungsstrategie lassen sich weitere Digitalkonzepte, die konkretere Ziele detaillierter beschreiben, ableiten. Die Handlungsbereiche innerhalb der Hochschule können ihre Bereichsziele, ihre eigene digitale Perspektive sowie die konkreten Maßnahmen an diesen Strategien ausrichten und einen Beitrag leisten, eine kohärenten Digitalstruktur zu entwickeln.

---

46 https://www.stil.uni-leipzig.de/teilprojekte/laboruniversitat/.
47 https://lehrideen-vernetzen.de/.
48 https://www.uu.nl/en/education/centre-for-academic-teaching/contact/about-the-centre/partners/teaching-learning-lab.

Profilbildung und Kooperationen entwickeln

Die Hochschulen befinden sich bereits in einem Prozess, Strategien zu entwickeln, mit digitalen Angeboten in der Lehre zu experimentieren oder Lernprozesse digital zu unterstützen und auch zu erforschen (HFD 2016). Die durch diese Digitalisierungsprozesse einhergehenden Veränderungen innerhalb der Hochschulen bringen veränderte Rollen und Anforderungsprofile mit sich (HFD 2015). Die Digitalisierung bietet auf der einen Seite Potentiale und Möglichkeiten zur Profilierung von Hochschulen, andererseits ist der Veränderungsprozess eine große und zum Teil unübersichtliche Herausforderung.

Hochschulinterne Kooperationen bei *Digitalisierungsprojekten* oder *Digitalisierungsprozessen* befördern die Profilbildung und schaffen Transparenz. Auch die Zusammenarbeit in Kooperationen mit anderen Hochschulen bietet Möglichkeiten der Profilbildung durch Arbeitsteilung und unterstützt den Veränderungsprozess beispielsweise durch Erfahrungsaustausch und gemeinsame Konzeptentwicklungen. Diese Form der Kooperation eröffnet eine weitere Möglichkeit, gemeinsam digitale Strukturen effektiv und effizient aufzubauen. Dennoch gilt es, die Herausforderungen der digitalen Transformation zu bewältigen. Anreizsysteme für profilbildende Kooperationen oder die Anrechnung digital angereicherter Lehre können eine positive Veränderungskultur schaffen.

Veränderungsprozesse mit Blick auf Digitalisierung gestalten

Veränderungsprozesse sollten als Chance und Herausforderung betrachtet werden. Strategie- und Veränderungsprozesse sind insbesondere im Lehr-Lernkontext anzustoßen. Ziel ist die Ausschöpfung von Potentialen digitaler Bildung. Dazu bedarf es entsprechender strategischer Entscheidungen, wie beispielsweise die Anrechnung digitaler Lehre auf das Lehrdeputat. Veränderungsprozesse setzen aber auch bei der Reflektion eines neuen Rollenverständnisses von Lehrenden und Lernenden an und ermöglichen eine neue Debatte über die *Kompetenzorientierung* und *-förderung*. Ziel sollte es sein, *Bottom-up-* und *Top-down Prozesse* zu verzahnen (Liebscher et al. 2015). Dabei ist eine Verschränkung der Digitalisierungsstrategie mit veränderten Strategien in anderen Handlungsfeldern (Lehre, Verwaltung, Infrastruktur etc.) von zentraler Bedeutung.

Verbesserung der Schnittstellen gewährleisten

Der digitale Wandel hat insbesondere an Hochschulen auf die Kernbereiche Lehre und Forschung sowie Administration starke Auswirkungen. Hochschulen sollten die Gestaltung und Entwicklung von Schnittstellen der relevanten Systeme, wie beispielsweise *Learning-Management-Systeme* und *Campus-Management-Systeme* in den Blick nehmen. Schon heute sind neben diesen klassischen Plattformen viele weitere Werkzeuge im Einsatz (Votingsysteme, Medienplattformen, Hörsaaltechnik etc.), die bereits in einer sinnvollen Umgebung eingebunden wurden. Diese Entwicklung wird sich fortsetzen und lässt sich technisch nur über Schnittstellen sinnvoll und nachhaltig abbilden. Hochschulen im 21. Jahrhundert benötigen eine Durchdringung digitaler Strukturen auf allen Ebenen – Studium, Forschung, Lehre und Verwaltung. Damit einher geht der Abbau struktureller Barrieren. Als zentrale Handlungsperspektive für die Verbesserung der Hochschulverwaltung und für die Umsetzung von Service- und Dienstleistungskonzepten dürfte sich in den nächsten Jahren insbesondere die Integration digitaler Technologien in der Lehre ergeben.

IT-Infrastruktur als zentrale Stellschraube in den Blick nehmen

IT-Infrastruktur und damit Informationstechnologie ist für Hochschulen ein unverzichtbarer Bestandteil nahezu aller Arbeitsabläufe. Der überwiegende Anteil der IT-Basisinfrastruktur wird durch zentrale Einrichtungen an Hochschulen erbracht und je nach Ausprägung der Zentralisierung der IT-Systeme stellen diese Einrichtungen fast die gesamte IT-Infrastruktur an den Hochschulen bereit. Der Betrieb heutiger und insbesondere zukünftiger IT-Systeme stellt die damit befassten zentralen Einrichtungen vor stetig wachsende Anforderungen bezogen auf Qualität, Sicherheit, Nutzbarkeit, Support und Leistungsfähigkeit moderner IT-Systeme (Linkens 2019; Goltsche 2006, 35). Diese wachsenden Anforderungen und die Nachfrage weiterer IT-Services sind geprägt von zunehmend immer kürzeren Innovationszyklen in der IT.

Die zentralen Einrichtungen sind daher in ihren *Modernisierungsprozessen* zu unterstützen. Veränderungs- und Modernisierungsprozesse müssen aus der Service-Perspektive gedacht und als Projekte – mit entsprechenden Ressourcen ausgestattet – umgesetzt werden. Solche Projekte hängen von vielen Parametern sowie Akteurinnen und Akteuren ab und machen eine breite Zusammenarbeit und Kommunikation erforderlich. Die Rolle des Projektmanagements sollte gestärkt werden, ihr kommt eine wesentliche Bedeutung für die Durchführung und die spätere Überführung in nachhaltige Services zu. Zukunftssichere IT-

Einrichtungen können neben der Serviceorganisation auf eine funktionierende Projektorganisation zurückgreifen, die grundlegende Projektmanagementprozesse für Kosten, Zeitpläne, Funktionalitäten und Risiken sicher und wiederkehrend auf Projekte anwenden kann (Goltsche 2006, 18). Hochschulinterne Kooperationen, beispielsweise von Bibliotheken, Rechenzentren, Medienzentren, Didaktikzentren und Verwaltungseinheiten, können Bausteine einer zukunftsweisenden IT-Infrastruktur sein: durch die gegenseitige Unterstützung in Modernisierungsprojekten, im Qualitätsmanagement von Projekten, durch die abgestimmte Arbeitsteilung im Bereich der Services und bei gemeinsamen breiter aufgestellten Services für Lehre und Forschung.

Strategische Abstimmungsprozesse mit den Fakultäten sind ein wesentlicher Faktor, um effektiv Ziele durch solche Modernisierungen und Kooperationen zu erreichen. Neben der strategischen Ausrichtung der Ziele sollten generell die Themen Strategie, Governance, Portfolio und Budget für die IT-Infrastruktur zusammenhängend betrachtet werden.

IT-Strukturen zwischen Zentralisierung und Dezentralisierung austarieren

IT-Strategie und *IT-Governance* sind, neben transparenter Kommunikation zwischen den beteiligten Akteurinnen und Akteuren sowie Bereichen, hilfreiche Werkzeuge, um IT-Strukturen effektiv zu organisieren und auszutarieren. Die Aufteilung der Services und Aufgaben innerhalb des hochschulweiten *IT-Portfolios* und die Umsetzung von *IT-Projekten* haben oft einen sehr hochschulspezifischen Charakter. Die Arbeits- und Kooperationskultur dieser jeweils hochschulweiten Verteilung der Verortung entsprechender Aufgaben und Verantwortlichkeiten sollte durch strategische Steuerung und geeignete Governance-Modelle organisiert werden. Eine derart abgestimmte und strukturierte Vorgehensweise stellt langfristig sicher, dass die notwendigen Kompetenzen und die institutionellen Identitäten der Akteurinnen und Akteure möglichst optimal mit den Anforderungen der Lehrenden und Lernenden verzahnt sind und das strategische Profil der Hochschule stärken (HFD 2016, 106). Die Zusammenstellung und Entwicklung des IT-Portfolios sollte fester Bestandteil strategischer Planungen sein. Die Entwicklung und Förderung einer effektiven lokalen Kommunikations- und Organisationsstruktur kann solche Prozesse unterstützen. Die Etablierung eines *Chief Information Officer* (CIO), der die Abstimmung zwischen den verschiedenen Akteurinnen und Akteuren und Bereichen innerhalb der Hochschule organisiert und die strategische IT-Portfolio-Ausrichtung verantwortet, könnte ein entsprechendes Konzept sein.

Campus-Management-Systeme als zentrale Instrumente integrieren

Die digitale Organisation des Studiums durch Prozesse entlang des sogenannten *Student-Life-Cycle* wird heute durch *Campus-Management-Systeme* in unterschiedlichen Reifegraden digital abgebildet. Diese Systeme und die damit verbundenen etablierten Prozesse sind vielerorts bereits länger im Einsatz und stellen mit der zunehmenden Digitalisierung und den zunehmenden Anforderungen an die Organisation und die Informationstechnologie die beteiligten Akteurinnen und Akteure vor große Herausforderungen. Auf der anderen Seite bietet die Modernisierung solcher Systeme der Organisationsunterstützung großes Potential zur Verbesserung von hochschulweiten Abläufen. Die Systeme werden als Kooperation der Akteurinnen und Akteure aus Fakultäten, Verwaltung und IT-Einrichtungen betrieben, damit sind Veränderungsprozesse sowohl vertikal in Richtung von Innovationen durch neue Funktionen (z. B. Schnittstellen zu weiteren IT-Systemen wie *Learning-Management-Systemen* und Mobilitätsanforderungen der Nutzenden) und Prozesse wie auch horizontal in Richtung von Kommunikation und Integration aller Fakultäten und deren Anforderungen an die digitale Organisation des Studiums möglich.

Diese Veränderungsprozesse können nur erfolgreich bearbeitet werden, wenn diese durch zeitaufwändige und umfangreiche Projekte, mit erheblichen Anforderungen an das Projektmanagement, an die Kommunikation mit allen relevanten Beteiligten und an die effektive Umsetzung der neuen (digitalen) Prozesse begleitet werden. Dabei kann es hilfreich sein, die Bereitstellung von Ressourcen (Personal, Zeit, Schulungen etc.) für Projektmanagement und *IT-Projektmanagement* als langfristige Aufgabe zu erkennen. Da solche Veränderungsprojekte stark mit der Linienorganisation verbunden sind, wird eine fortlaufende Modernisierung der Einrichtungen zu einer wiederkehrenden Anforderung werden.

E-Learning in den Fokus rücken

An Hochschulen hat schon längst eine flächendeckende Erprobung und Weiterentwicklung von modernen *Lehr- und Lernformaten* eingesetzt. Es muss jedoch eine Klärung finanzieller und personeller Kapazitäten auf Hochschulleitungsebene diskutiert werden, um eine nachhaltige Auseinandersetzung bei der Gestaltung innovativer *Lehr-Lernszenarien* unter Einbezug digitaler Medien zu unterstützen. „Gute Lehre" sollte sichtbar gemacht werden, indem sie durch Öffentlichkeitsmaßnahmen beworben und in nachhaltigen Strukturen angeboten wird. Für Hochschulen stellt sich darüber hinaus die Herausforderung, zukünftig noch stärker die Bedarfe der Studierenden bezogen auf die *E-Learning-Infrastruktur* in den Blick zu nehmen.

Good Practice[49]

- Bundesministerium für Bildung und Forschung (BMBF): Unterstützt mit dem Programm „Digitale Hochschullehre" die Entwicklung digitaler Lehr- und Lernformate sowie die hochschulinterne Infrastruktur[50].
- Deutsche Initiative für Netzwerkinformation e. V. (DINI): Setzt sich mit den Informationsinfrastrukturen an den deutschen Hochschulen auseinander, unter anderem auch bezogen auf die Gestaltung von Lernräumen[51].
- Fachhochschule Bielefeld: Hat das Programm „Digitalisierung" im Hochschulentwicklungsplan verankert[52] und im Rahmen von MIND (Medien- und Informationsdienste) den Serviceverbund der zentralen Einrichtungen Datenverarbeitungszentrale und Hochschulbibliothek integriert [53].
- Hamburg Open Online University: Versteht sich als „Netzwerk"[54] von fünf der sechs staatlichen Hamburger Hochschulen und ist an Forschungsprojekten wie BRIDGING[55] beteiligt.
- HIS-Institut für Hochschulentwicklung (HIS-HE): Beschäftigt sich mit Hochschulbau und Hochschulinfrastruktur und stellt Studien zur Verfügung[56].
- Hochschule Ruhr West: Das Dezernat „Innovative und nachhaltige Medien-, IT- und Informationsdienstleistungen" ist eine zentrale Serviceeinrichtung für alle Mitglieder der Hochschule[57].

---

49 Die Hinweise im Bereich Good Practice sind Ergebnisse der Recherchen im Rahmen des Projektes Lernwelt Hochschule. Dabei konnten sicher nicht alle Good Practice-Beispiele berücksichtigt werden. Es geht hier um Hinweise, die sicher noch ergänzt werden können.
50 https://www.bmbf.de/de/digitale-hochschullehre-2417.html.
51 https://dini.de/.
52 https://www.fh-bielefeld.de/hochschule/organisation/hochschulverwaltung/dezernat-qm/programm-digitalisierung.
53 https://www.fh-bielefeld.de/mind.
54 www.hoou.de. Die folgende Darstellung basiert auf den Informationen, die auf der Webseite der HOOU zur Verfügung gestellt werden.
55 https://bridging.rz.tuhh.de/.
56 https://his-he.de.
57 https://www.hochschule-ruhr-west.de/die-hrw/servicebereich/dezernat-iii/.

- Hochschulforum Digitalisierung (HFD): Stellt Studien und Arbeitspapiere für die Hochschulpraxis zur Verfügung[58] und integriert die studentische Perspektive mit den *#DigitalChangemaker*[59].
- Leibniz-Institut für Wissensmedien: Die *Digital Learning Map* zeigt Lehr-Lern-Szenarien, die digitale Medien verwenden und an deutschen Hochschulen eingesetzt werden[60].
- openMINTlabs: Die Hochschulen Kaiserslautern, Koblenz und Trier entwickeln virtuelle Labore zur Vor- und Nachbereitung von Laborpraktika, indem sie Laborversuche in den Disziplinen Physik, Chemie, Biologie und den Ingenieurwissenschaften um zeitgemäße Elemente der digitalen Lehre ergänzen[61].
- Technische Hochschule Wildau: Das *Digital Competence Center* setzt die digitale Agenda der Hochschule als strategisches Instrument zur Steigerung des Digitalisierungsgrades um[62].
- Universität Bochum: Unterstützt unter anderem mit Projekten wie *5*5000* innovative und lernförderliche eLearning-Projekte[63].
- Universität Duisburg-Essen: Hat eine Strategie zur Digitalisierung in Studium und Lehre entwickelt[64].
- Universität Paderborn: Versteht sich als *Universität der Informationsgesellschaft*[65].
- Universität Trier: Hat die *Koordinationsstelle E-Learning* institutionalisiert[66], mit vielfältigen Aktivitäten: eLITE (eLearning Infrastructure and Teaching Environment)[67] und im Kontext von Studium und Lehre Projekte angestoßen[68] (Höfler-Hoang et al. 2020).

---

58 https://hochschulforumdigitalisierung.de/de.
59 https://hochschulforumdigitalisierung.de/de/themen/digitale-changemaker-studentische-zukunfts-ag-zu-hochschulbildung-im-digitalen-zeitalter.
60 https://www.e-teaching.org/community/digital-learning-map/.
61 https://www.openmintlabs.de/#top.
62 https://www.th-wildau.de/hochschule/zentrale-einrichtungen/digital-competence-center/.
63 https://www.rubel.rub.de/5x5000.
64 https://www.uni-due.de/e-learning/digitalisierungsstrategie.php.
65 https://www.uni-paderborn.de/universitaet/.
66 https://www.uni-trier.de/index.php?id=33362.
67 https://www.uni-trier.de/index.php?id=56778.
68 https://www.uni-trier.de/index.php?id=68290.

Physische Lehr- und Lernräume

Raumgestaltung als strategischen Fokus erkennen

Hochschulen sollten in ihrer Hochschulstrategie auch eine Lernraumentwicklung berücksichtigen, um den Anforderungen durch die stetig steigenden Studierendenzahlen und den Anforderungen aus den neuen hochschuldidaktischen Veränderungen und Methoden Rechnung zu tragen. Insbesondere vor dem Hintergrund der Digitalisierung ist diese Überlegung ganzheitlich in den Blick zu nehmen (Günther et al. 2019). Insbesondere der physische Lernraum gewinnt – trotz Digitalisierung – an Bedeutung. Diesem Bedarf auf Seiten der Studierenden sollte auch unter der Perspektive der Studierendenorientierung bei allen strategischen Überlegungen Rechnung getragen werden.

Lehr- und Lernumgebungen an Lernbedürfnissen und Lernprozessen orientieren

Die Lehr- und Lernumgebungen auf die Bedürfnisse der Lernenden auszurichten, ist im Hinblick auf digitale und physische Lehr- und Lernräume von zentraler Bedeutung. Nach wie vor müssen die Studierenden – trotz der zunehmenden Digitalisierung – mit ihren *analogen* Bedürfnissen ernst genommen werden (Stang 2017). Dabei spielen insbesondere auch die Aufenthaltsqualitäten eine große Rolle, denn atmosphärische Qualitäten befriedigen die sozialen und emotionalen Bedürfnisse der Lernenden (Gläser/Kobsch 2020). Besonders die Veränderung von didaktischen Konzepten in Richtung *Projekt- und Problembasierung* erfordern für die dabei notwendigen unterschiedlichen Lernanforderungen (Gruppenarbeit, kurzfristige Recherche etc.) besondere physische Raumsettings. Deshalb sollten vielfältige Lehr- und Lernraumangebote zur Verfügung gestellt werden, um Kooperation, Kreativität und Identifikation im Studium zu befördern – einseitige Lösungen wären daher kontraproduktiv.

Lehr- und Lernräume differenzieren, zonieren und flexibilisieren

Die Differenzierung, Zonierung und Flexibilisierung von Lernräumen ist an den meisten Hochschulen bereits ansatzweise etabliert, beispielsweise in Form von Einzel- und Gruppenarbeitsplätzen oder Gruppenräumen mit Präsentationsmöglichkeiten (Aschinger 2020). Im nächsten Schritt sind innovative und explorative Konzeptelemente zu erproben. Dazu zählen beispielsweise flexible Lernräume, *Makerspaces* oder *Learning Labs*. Der innovative Ansatz muss ständig neu durchdacht werden und an die sich verändernden Bedürfnisse der Nutzerinnen und Nutzer angepasst werden. Dies erfordert neue Raum- und Möblierungskonzepte, die sich den Erkenntnissen der Lernforschung und an didaktischen Erfordernissen orientieren.

Zugang zu Lehr- und Lernräumen verbessern

Die Verbesserung der Zugänglichkeit von Lehr- und Lernräumen sollte auf zwei Ebenen optimiert werden. Zum einen sollten 24/7-Lernräume bereitgestellt werden, die mit dem Studierendenausweis zugänglich sind. Zum anderen sind Hochschulen aufgefordert, neben dem Ausbau von studentischen Arbeitsplätzen und einer vielfältigen Ausstattung auch entsprechende Informationssysteme und Lernraumübersichten zu erstellen, um eine bessere Sichtbarkeit zu erzeugen. Raumbuchungssysteme, die die Reservierung von Einzel- oder Gruppenarbeitsräumen ermöglichen, steigern Transparenz und Komfort und müssen zum Standard werden. So können sich Studierende bereits online vergewissern, ob und wo es freie Arbeitsplätze gibt.

Hybride Raumstrukturen entwickeln

Da das Zusammenspiel von digitalen und physischen Lehr- und Lernräumen bislang nur wenig entwickelt wurde, ist die Entwicklung von hybriden Raumkonzepten als eine Zukunftsaufgabe zu verstehen. Dabei sollen nicht nur elektronische Dienstleistungen in den physischen Raum integriert werden, sondern auch im virtuellen Raum auf den physischen Raum verwiesen werden. Es geht um Interaktionskonzepte an der Schnittstelle von digitaler und physischer Lernwelt. In Experimentierräumen könnten Schnittstellen identifiziert und für neue Lehr- und Lernkonzepte nutzbar gemacht werden.

Hochschulweite Entwicklung von Raumkonzepten implementieren

Auf Leitungsebene sollte eine hochschulweite Konzeptentwicklung zu physischen und digitalen Lehr- und Lernräumen mehr Berücksichtigung finden. Die strategische Bedeutung von *Lehr- und Lernraumkonzepten* für den *Studienerfolg* wird oftmals unterschätzt, die Verbindung von Lehre zum *selbstbestimmten Ler-*

nen nicht offensiv gestaltet (Aschinger 2020). Insbesondere die qualitative Weiterentwicklung von Lernangeboten und Lernräumen sollte stärker in den Fokus genommen werden. Einzelinitiativen oder bilaterale Kooperationen (z. B. Rechenzentrum und Bibliothek) sollten stärker unterstützt werden. Die Koordinierung ist eine multidimensionale komplexe Aufgabe, die verschiedene an der Lernraumentwicklung beteiligte Akteurinnen und Akteure mit einbeziehen sollte.

Good Practice[69]

- Deutsche Initiative für Netzwerkinformation e. V. (DINI): Die Arbeitsgruppe Lernräume beschäftigt sich mit allen Fragen der Planung und Gestaltung von Lernräumen[70].
- Hochschule der Medien Stuttgart: Lernwelten werden gestaltet und erforscht (Prill 2019, 10–13).
- Hochschule München: Das transdisziplinäre Projekt „Lehrraum der Zukunft" befasst sich mit der Wirkung des physischen Raums auf die Qualität der Lehre und den Lernerfolg der Studierenden[71].
- KIT-Karlsruhe: Mit dem Projekt *Learning Libraries Karlsruhe – kreativ arbeiten und lernen* sollen die Karlsruher Bibliotheken als überinstitutionelle Lernlandschaft gestärkt werden[72].
- SLUB Dresden: Der Makerspace ist ein offener Kreativraum für Menschen, die ihre Ideen und Do-It-Yourself-Projekte realisieren möchten[73].
- SRH Heidelberg: Projekt Lernraum Campus gibt einen Überblick über Lernräume.[74]
- Technische Universität Eindhoven: Innovation Spaces generieren neue Formen der Zusammenarbeit zwischen Lehrenden, Studierenden und Mitarbeitenden[75].
- Technische Universität München: Richtete für ihre Studierenden auf jedem Campus ein eigenes Gebäude ein. Die „StudiTUM"-Häuser sollen Platz für

---

69 Die Hinweise im Bereich Good Practice sind Ergebnisse der Recherchen im Rahmen des Projektes Lernwelt Hochschule. Dabei konnten sicher nicht alle Good Practice-Beispiele berücksichtigt werden. Es geht hier um Hinweise, die sicher noch ergänzt werden können.
70 https://dini.de/ag/lernraeume/.
71 https://www.hm.edu/allgemein/lehren/lehrraum_der_zukunft/index.de.html.
72 https://www.bibliothek.kit.edu/cms/laufende-projekte.php#Anker1.
73 https://www.slub-dresden.de/service/arbeitsplaetze-arbeitsraeume/makerspace/.
74 https://www.hochschule-heidelberg.de/de/core-prinzip/lernraum-campus/.
75 https://www.tue.nl/en/tue-campus/tue-innovation-space/.

fakultätsübergreifende Projekte, für spontanen Austausch und für kulturelle Aktivitäten bieten[76].
- Universität Bamberg: Es werden 24/7-Lernräume angeboten[77].
- Universität Basel: In der Arbeitsgruppe *Lernräume* arbeiten verschiedene Abteilungen zusammen an der Verbesserung der Raumsituation[78].
- Universität Bielefeld: Angebote von Lernorten werden präsentiert[79].
- Universität Göttingen Der *Digital Creative Space* ist als offen zugänglicher Co-Workingspace konzipiert[80].
- Universität Hannover: Schafft eine Lernraumkarte und die Möglichkeiten der Lernraumbuchung für die gesamte Universität[81].
- Universität Kassel: Mit dem LEO wird ein multifunktionaler Lernraum zur Verfügung gestellt[82].
- Universität Lüneburg: Angebote von Lernorten werden präsentiert[83].

Fazit und Ausblick

Ein wichtiger Aspekt im Projekt *Lernwelt Hochschule* war die Entwicklung eines Konzeptes für die nachhaltige Verankerung der Forschungsergebnisse sowie die Erarbeitung von Vorschlägen für ihre Umsetzung in Form von Empfehlungen und Handreichungen. Die Forschungsergebnisse wurden in einen Baukasten überführt. Vier tragende Handlungsfelder wurden identifiziert: Hochschulorganisation, Hochschuldidaktik, digitale Strukturen und physische Lehr- und Lernräume. Auf einer Metaebene wurde auch die Hochschulpolitik betrachtet und sich daraus ableitende hochschulstrategische Maßnahmen in den Blick genommen. Der hier ausgearbeitete Baukasten ist für Hochschulleitungen und an der *Lernwelt Hochschule* interessierte Hochschulakteurinnen und -akteure als Anregung gedacht. Die Hinweise müssen an die jeweiligen Rahmenbedingungen angepasst werden. Es geht also weniger um ein Rezeptbuch, sondern um

---

76 https://www.sv.tum.de/themen-projekte/studitum-haeuser-der-studierenden/.
77 https://www.uni-bamberg.de/teilbibliothek4/.
78 https://www.unibas.ch/de/Universitaet/Administration-Services/Vizerektorat-Lehre/Learning-and-Teaching/Bildungstechnologien/Lernraeume.html.
79 https://www.uni-bielefeld.de/studium/studierende/start-ins-studium/lernorte/.
80 https://www.uni-goettingen.de/de/digital+creative+space/603458.html.
81 https://www.zqs.uni-hannover.de/de/qs/lernraum/.
82 https://www.uni-kassel.de/einrichtungen/servicecenter-lehre/angebote-fuer-studierende/leo-lernort.html.
83 https://www.leuphana.de/services/miz/lernen-arbeiten.html.

ein Anregungsportfolio, das die Erfahrungen und wissenschaftlichen Ableitungen aus dem Forschungsprojekt *Lernwelt Hochschule* für eigene Vorhaben im Lernweltkontext Hochschule nutzbar macht.

Darüber hinaus wurde ein Atlas über die 2018/19 erfassten Lernwelten an deutschen Hochschulen auf der Basis der Forschungsarbeit des Projektes *Lernwelt Hochschule* aufgebaut und mit Daten aus weiterführenden Recherchen ergänzt. Die verschiedenen Good Practice-Beispiele stellen eine Informationsbasis dar, die idealerweise in den nächsten Jahren noch erweitert wird.

Als Provider für die dazu notwendige Internet-Plattform dient die Deutsche Initiative für Netzwerkinformation e. V. (DINI)[84]. Die Informationen sind auf Wiki-Basis aufbereitet[85].

Zu einem Nachhaltigkeitskonzept gehört neben dem technischen auch ein organisatorischer Rahmen. Im Projekt *Lernwelt Hochschule* sind die dafür notwendigen Prozesse erarbeitet und beschrieben worden. Sie werden ab 2020 von der DINI-Arbeitsgruppe *Lernräume* fortgeführt.

Literatur

Aschinger, F. (2020): Konzeption und Management der Lernwelt Hochschule. Herausforderungen und Good Practice aus Sicht der Hochschulakteurinnen und -akteure. In: A. Becker; R. Stang (Hrsg.): *Lernwelt Hochschule. Dimensionen eines Bildungsbereichs im Umbruch.* Berlin; Boston: De Gruyter Saur, 123–149.

Babyesiza, A.; Berthold, C. (2018): *Tatsächliche Hochschulautonomie am Beispiel der finanziellen Steuerung der Hochschulen in Brandenburg und Nordrhein-Westfalen. Arbeitspapier Nr. 206.* Gütersloh: CHE. https://www.che.de/downloads/CHE_AP_206_Finanzautonomie.pdf.

Barr, R. B.; Tagg, J. (1995): From Teaching to Learning. A New Paradigm for Undergraduate Education. *Change: The Magazine of Higher Learning* 27/6, 12–26, DOI: 10.1080/00091383.1995.10544672.

Becker, A.; Stang, R. (Hrsg.) (2020a): *Lernwelt Hochschule. Dimensionen eines Bildungsbereichs im Umbruch.* Berlin; Boston: De Gruyter Saur

Becker, A.; Stang, R. (2020b): Lernwelt Hochschule im Aufbruch. Zentrale Ergebnisse einer Befragung. In: A. Becker; R. Stang (Hrsg.): *Lernwelt Hochschule. Dimensionen eines Bildungsbereichs im Umbruch.* Berlin; Boston: De Gruyter Saur, 71–122.

Brahm T.; Jenert T.; Euler D. (2016): Pädagogische Hochschulentwicklung als Motor für die Qualitätsentwicklung von Studium und Lehre. In: Brahm T.; Jenert T.; Euler D. (Hrsg.): *Pädagogische Hochschulentwicklung.* Wiesbaden: Springer, 19–36.

---

84 Deutsche Initiative für Netzwerkinformation e. V. (DINI). http://www.dini.de.
85 https://leho-dini.de.

Burmester, M.; Seidl; T. (2020): Lehr-Lernkontexte in einer transformativen Fakultät. Konzeptionelle Perspektiven. In: R. Stang; A. Becker (Hrsg.): *Zukunft Lernwelt Hochschule. Perspektiven und Optionen für eine Neuausrichtung.* Berlin; Boston: De Gruyter Saur, 86–95.

Gläser, C.; Kobsch, L. (2020): Student Experience in der Lernwelt Hochschule. Studierende im Fokus der Fallstudien. In: A. Becker; R. Stang (Hrsg.): *Lernwelt Hochschule. Dimensionen eines Bildungsbereichs im Umbruch.* Berlin; Boston: De Gruyter Saur, 150–169.

Goltsche, W. (2006): *COBIT kompakt und verständlich.* Wiesbaden: Springer Fachmedien.

Günther, D.; Kirschbaum, M.; Kruse, R.; Ladwig, T.; Prill, A.; Stang, R.; Wertz, I. (2019): *Zukunftsfähige Lernraumgestaltung im digitalen Zeitalter. Thesen und Empfehlungen der Ad-hoc Arbeitsgruppe Lernarchitekturen des Hochschulforum Digitalisierung.* Arbeitspapier Nr. 44. Berlin: Hochschulforum Digitalisierung. https://hochschulforumdigitalisierung.de/sites/default/files/dateien/HFD_AP_44-Zukunftsfaehige_Lernraumgestaltung_Web.pdf.

HFD – Hochschulforum Digitalisierung (2015): *Diskussionspapier. 20 Thesen zur Digitalisierung der Hochschulbildung.* Arbeitspapier Nr. 14. Berlin: Hochschulforum Digitalisierung. https://hochschulforumdigitalisierung.de/sites/default/files/dateien/HFD%20AP%20Nr%2014_Diskussionspapier.pdf.

HFD – Hochschulforum Digitalisierung (2016): *The Digital Turn. Hochschulbildung im digitalen Zeitalter.* Arbeitspapier Nr. 27. Berlin: Hochschulforum Digitalisierung. https://hochschulforumdigitalisierung.de/sites/default/files/dateien/Abschlussbericht.pdf.

Höfler-Hoang, B.; Röder; D.; Ertz, F. (2020): Digitalisierung als Teil der Universitätsentwicklung. Strukturen, Angebote und Ziele der Universität Trier. In: R. Stang; A. Becker (Hrsg.): *Zukunft Lernwelt Hochschule. Perspektiven und Optionen für eine Neuausrichtung.* Berlin; Boston: De Gruyter Saur, 35–43.

Kuhn, M.; Nitsche-Ruhland, D.; Klein, J. (2020): Neue Lernwelten etablieren. Forschungsintegrierte Lehre an der DHBW. In: R. Stang; A. Becker (Hrsg.): *Zukunft Lernwelt Hochschule. Perspektiven und Optionen für eine Neuausrichtung.* Berlin; Boston: De Gruyter Saur, 77–85.

Liebscher, J.; Petschenka, A.; Gollan, H.; Heinrich, S.; van Ackeren, I.; Ganseuer, C. (2015): E-Learning-Strategie an der Universität Duisburg-Essen. Mehr als ein Artefakt? *Zeitschrift für Hochschulentwicklung (ZFHE)* 10/2, 96–109.

Linkens, H.-J. (2019): Qualitätsanforderungen für Data Science in Deutschland. In: Gesellschaft für Informatik (Hrsg.) (2019): *Data Literacy und Data Science Education. Digitale Kompetenzen in der Hochschulausbildung.* Berlin: Gesellschaft für Informatik, 19–21. https://gi.de/fileadmin/GI/Hauptseite/Aktuelles/Aktionen/Data_Literacy/GI_DataScience_2018-04-20_FINAL.pdf.

Mildenberger, U.; Vonhof, C. (2020): Neues Studienmodell und organisatorische Herausforderungen. Wege zu einer transformativen Fakultät. In: R. Stang; A. Becker (Hrsg.): *Zukunft Lernwelt Hochschule. Perspektiven und Optionen für eine Neuausrichtung.* Berlin; Boston: De Gruyter Saur, 26–34.

Ninnemann, K. Rózsa, J.; Sutter, C. (2020): Zur Relevanz der Verknüpfung von Lernen, Raum und Organisation. Paradigmenwechsel vom Lehren zum Lernen an der SRH Hochschule Heidelberg. In: R. Stang; A. Becker (Hrsg.): *Zukunft Lernwelt Hochschule. Perspektiven und Optionen für eine Neuausrichtung.* Berlin; Boston: De Gruyter Saur, 179–190.

Prill, A. (2019). *Lernräume der Zukunft. Vier Praxisbeispiele zu Lernraumgestaltung im digitalen Wandel.* Arbeitspapier Nr. 45. Berlin: Hochschulforum Digitalisierung. https://hochschulforumdigitalisierung.de/sites/default/files/dateien/HFD_AP_45-Lernraeume_der_-Zukunft_Praxisbeispiele_Web.pdf

Radcliffe, D.; Wilson, H.; Powell, D.; Tibbetts, B. (Hrsg.) (2009): *Learning Spaces in Higher Education. Positive Outcomes by Design. Proceedings of the Next Generation Learning Spaces 2008 Colloquium.* Queensland, Australia: The University of Queensland.

Stang, R. (2017): Analoger Körper im digitalen Raum: Lernen im Zeichen einer ambivalenten Kontextualisierung. In: F. Thissen (Hrsg.): *Lernen in virtuellen Räumen. Perspektiven des Mobilen Lernens.* Berlin; Boston: De Gruyter Saur, 28–38.

Stang, R.; Becker, A. (Hrsg.) (2020): *Zukunft Lernwelt Hochschule. Perspektiven und Optionen für eine Neuausrichtung.* Berlin; Boston: De Gruyter Saur.

Stang, R., Becker, A. Franke, F. Gläser, C., Petschenka, A., Weckmann, H.-D., Zulauf, B. (2020): Herausforderungen Lernwelt Hochschule. Perspektiven für eine zukünftige Gestaltung. In: A. Becker; R. Stang, R. (Hrsg.): *Lernwelt Hochschule. Dimensionen eines Bildungsbereiches im Umbruch.* Berlin; Boston: De Gruyter Saur, 182–210.

Weichert, H. (2020): Strukturentwicklungspläne und Leitbilder. Orientierungen für strategische Planungen. In: A. Becker; R. Stang (Hrsg.): *Lernwelt Hochschule. Dimensionen eines Bildungsbereichs im Umbruch.* Berlin; Boston: De Gruyter Saur, 59–70.

Weichert, H.; Stang, R. (2020): Der Blick von außen. Einschätzungen internationaler Expertinnen und Experten. In: A. Becker; R. Stang (Hrsg.): *Lernwelt Hochschule. Dimensionen eines Bildungsbereichs im Umbruch.* Berlin; Boston: De Gruyter Saur, 170–181.

Autorinnen, Autoren, Herausgeberin und Herausgeber

Christiane Arndt hat Anglistik, Russistik und Psychologie im In- und Ausland studiert. Nach ihrem Magister schloss sie zudem einen Master in Interkultureller Kommunikation ab. Sie ist wissenschaftliche Mitarbeiterin im Forschungsprojekt BRIDGING am Institut für Technische Bildung und Hochschuldidaktik an der Technischen Universität Hamburg (https://bridging.rz.tuhh.de). In ihrer Forschung beschäftigt sie sich mit Hochschulkooperationen im Themenfeld Digitalisierung, (Un)Möglichkeiten von Transfer sowie strategischen Entwicklungsprozessen an Hochschulen.

Alexandra Becker, M.A., ist an der Hochschule der Medien in Stuttgart (HdM) im Learning-Research Center tätig. Seit 2012 befasst sie sich mit den Themen physische Lernräume, Selbstlernzentren und Hochschulorganisation. So leitet sie die Forschungen zum Selbstlernzentrum *Lernwelt* der Hochschule der Medien. Aktuell liegt der Schwerpunkt im Forschungsprojekt *Lernwelt Hochschule*, welches das Zusammenspiel von Hochschulorganisation, physische Lernwelt, digitale Strukturen und Hochschuldidaktik im Hinblick auf die Entwicklung zur studierendenorientierten Hochschule untersucht. Sie leitet das Projekt *Lernwelt Hochschule*. Kontakt: beckera@hdm-stuttgart.de.

Thomas Bieker ist CIO der Hochschule Ruhr West und dort auch Dezernent für die Bereiche E-Learning, Bibliothek und IT-Service. Zuvor war er unter anderem als Bereichsleiter IT und Bibliothek an der Privaten Universität Witten/Herdecke und als Projektleiter eines Anbieters von Campusmanagement Systemen tätig. Er ist unter anderem Mitglied des Programmausschusses der Digitalen Hochschule NRW und im Vorstand der Deutschen Initiative für Netzwerkinformation. Kontakt: Thomas.Bieker@hs-ruhrwest.de.

Alexa Böckel beschäftigte sich nach Abschluss ihrer Bachelorstudiengänge Betriebswirtschaftslehre und Umweltwissenschaften im Rahmen von Summerschools und Hackathons mit Digitalisierungsthemen in der Hochschulbildung. Im Herbst 2018 trat sie der Arbeitsgruppe #DigitalChangeMaker bei und begann mit ihrem Masterstudium Nachhaltigkeitswissenschaft an der Leuphana Universität Lüneburg. Während ihres Auslandssemesters an der Utrecht University widmet sie sich der internationalen Perspektive auf digitale Innovationen.

Michael Burmester, Prof. Dr., Professor für Ergonomie und Usability an der Hochschule der Medien (HdM) in Stuttgart. Seit 2002 lehrt er im Studiengang Informationsdesign. Zuvor arbeitete er für das Fraunhofer-Institut Arbeitswirtschaft und Organisation (IAO) in Stuttgart, Siemens Corporate Technology in München und die User Interface Design GmbH. An der HdM leitet er das User Experience Research Lab (UXL) und ist Sprecher der Information Experience Design Research Group (IXD). Von 2010 bis 2019 war er Prodekan für Forschung an der Fakultät für Information und Kommunikation. Aktuelle Forschungsarbeiten beschäftigen sich mit der Entwicklung von Gestaltungsprozessen und Methoden zur systematischen erlebniszentrierten Gestaltung interaktiver Produkte, Systeme und Dienstleistungen. Kontakt: burmester@hdm-stuttgart.de

Kerstin Dingfeld ist studentische Mitarbeiterin im Projektbereich Hochschullehre und studentische Partizipation des Universitätskollegs der Universität Hamburg. Sie studiert Erziehungs- und Bildungswissenschaft im dritten Mastersemester.

Silke Dutz, M. A. Allgemeine Sprachwissenschaft, Psychologie und Informatik, war von 2018 bis Mitte 2019 im Projekt *Lernwelt Hochschule* an der Hochschule der Medien Stuttgart angestellt und für die Organisation der Konferenz *Zukunft Lernwelt Hochschule* zuständig.

Florian Ertz, Dr., ist Akademischer Rat an der Professur für Wirtschafts- und Sozialstatistik der Universität Trier und der Geschäftsführer des Research Institute for Official and Survey Statistics (RIFOSS)). Kontakt: ertz@uni-trier.de.

Fabian Franke, Dr., war nach dem Studium der Physik und dem Bibliotheksreferendariat von 1998 bis 2006 als Fachreferent und Leiter des Informationszentrums an der Universitätsbibliothek Würzburg tätig. Seit 2006 leitet er die Universitätsbibliothek Bamberg. Er ist Mitglied des Standing Committee Information Literacy des internationalen Bibliotheksverbands IFLA und der Arbeitsgruppe Informationskompetenz des Bibliotheksverbunds Bayern. Von 2012 bis 2018 war er Vorsitzender der Gemeinsamen Kommission Informationskompetenz des Deutschen Bibliotheksverbands und des Vereins Deutscher Bibliothekarinnen und Bibliothekare. Er koordinierte das Forschungsprojekt *Lernwelt Hochschule* an der Otto-Friedrich-Universität Bamberg. Kontakt: fabian.franke@uni-bamberg.de.

Lara Fricke studiert Berufsschullehramt im ersten Mastersemester und ist studentische Mitarbeiterin im Projektbereich Hochschullehre und studentische Partizipation des Universitätskollegs der Universität Hamburg.

Christine Gläser ist seit 2008 Professorin für Informationsdienstleistungen, elektronisches Publizieren, Metadaten und Datenstrukturierung an der Hochschule für Angewandte Wissenschaften (HAW) Hamburg. Aktuelle Lehr- und Forschungsschwerpunkte: Lernraum Hochschule, Teaching/Learning Library, Bibliotheksethnografie, Forschungsdatenmanagement, Data Literacy. Lernraumentwicklungen beschäftigen sie seit Anfang der 2000er Jahre. Sie bearbeitet die Thematik im Rahmen ihrer Professur in Forschung und Lehre der HAW. In der Arbeitsgruppe *Lernräume* der Deutschen Initiative für Netzwerkinformation e. V. (DINI) ist sie seit 2009 aktiv. Für das Projekt *Lernwelt Hochschule* hatte sie an der Hochschule für Angewandte Wissenschaften (HAW) Hamburg die koordinierende und konzeptionelle Verantwortung. Kontakt: Christine.Glaeser@haw-hamburg.de.

Bianca Höfler-Hoang leitete die Koordinationsstelle E-Learning der Universität Trier. Als zentrale Einrichtung fungiert die Koordinationsstelle E-Learning als Anlaufstelle für alle Mitglieder der Universität Trier in Fragen der Konzeption, Umsetzung sowie des Einsatzes von digital unterstützter Methoden und Werkzeuge in Lehre, Studium und Weiterbildung und verantwortet die Aufgaben einer zentralen Support-Einrichtung für digitales Lehren und Lernen. In ihrer Arbeit verbindet sie pädagogische und technische Kompetenzen und beschäftigt sich mit Fragen des sozialwissenschaftlich reflektierten Einsatzes digitaler Medien zur Unterstützung von Bildungsprozessen. Sie ist seit mehr als 10 Jahren im Bereich Hochschulbildung tätig.

Karin Ilg, Dr., leitet die Hochschulbibliothek der FH Bielefeld und ist Teil des Leitungsteams MIND – Medien- und Informationsdienste der FH. Seit 2018 ist sie Mitglied im Programmausschuss der Digitalen Hochschule NRW. Zu ihren aktuellen Tätigkeitsschwerpunkten gehören die Digitalisierung an Hochschulen sowie Servicekonzepte für physische und digitale Lernräume. Kontakt: karin.ilg@fh-bielefeld.de.

Judit Klein-Wiele, M.Ed., ist seit Mai 2018 wissenschaftliche Mitarbeiterin an der DHBW Stuttgart und in der Fakultät Technik für innovative Lehr- und Lernkonzepte verantwortlich. Sie ist Projektmitarbeiterin des fakultätsübergreifenden Projekts „INT US – interdisciplinary united study". Ihre Aufgaben- und Forschungsschwerpunkte sind u. a. interdisziplinäre Studienprojekte, Didaktik der Technik, Ingenieurpädagogik sowie die Digitalisierung der Hochschullehre. Kontakt: judit.klein-wiele@dhbw-stuttgart.de

Annamaria Köster, M. A. Erziehungswissenschaft/Psychologie, war nach dem Studium innerhalb eines Rektoratsprojektes zur E-Learning Strategie der Universität Duisburg-Essen am Learning Lab, Lehrstuhl für Mediendidaktik und Wissensmanagement tätig. Seit 2016 begleitet sie als Hochschuldidaktikerin E-Learning-Vorhaben und strategische Entwicklungen an der Hochschule Ruhr West. Sie leitet hier seit 2017 den Bereich E-Learning, ein interdisziplinäres Team aus Mediendidaktiker/innen und Techniker/innen. Kontakt: Annamaria.Koester@hs-ruhrwest.de.

Marc Kuhn, Prof. Dr., ist seit 2006 an der DHBW Stuttgart. Er leitet den Studiengang BWL-Industrie und ist wissenschaftlicher Leiter des Zentrums für empirische Forschung (ZEF). Zuvor war Marc Kuhn mehrere Jahre in Marketing- und Vertriebsfunktionen der Automobilindustrie tätig. Seine Arbeits- und Forschungsschwerpunkte sind u. a. Industriegütermarketing und nachhaltige Mobilität. Kontakt: marc.kuhn@dhbw-stuttgart.de

Tina Ladwig, Dr., ist Referentin für die strategische Weiterentwicklung von Lehre und Lernen in digitalen Zeiten und leitet das Team der Hamburg Open Online University HOOU@TUHH am Institut für Technische Bildung und Hochschuldidaktik an der TU Hamburg. Darüber hinaus ist sie Leiterin des vom BMBF geförderten Forschungs- und Entwicklungsprojektes BRIDGING. Sie hat Betriebswirtschaftslehre und Interkulturelles Management studiert, in der Organisationsentwicklung und zu strategischen Prozessen promoviert und beschäftigt sich heute in ihrer Forschung mit Transformationsprozessen von Hochschulen in digitalen Zeiten. Kontakt: tina.ladwig@tuhh.de.

Marcus Lamprecht studierte an der Universität Duisburg-Essen Politikwissenschaft im Bachelor und aktuell im Master Politikmanagement, Public Policy und öffentliche Verwaltung. Als Vorsitzender der Kommission für Lehre, Studium und Weiterbildung seiner Universität sucht er nicht nur im eigenen Studium nach guter Lehre. Überregional ist er Teil des *#DigitalChangemaker* des Hochschulforums Digitalisierung. Im Amtsjahr 2018/19 war er Teil des Vorstandes der Bundesstudierendenvertretung fzs.

Udo Mildenberger, Prof. Dr., ist seit 2008 Professor für Betriebswirtschaftslehre im Studiengang „Wirtschaftsinformatik und digitale Medien" und seit 2010

Dekan der Fakultät „Information und Kommunikation" der Hochschule der Medien Stuttgart (HdM). Kontakt: mildenberger@hdm-stuttgart.de.

Katja Ninnemann, Dr. techn., hat an der Technischen Universität Darmstadt Architektur und Städtebau studiert und an der Technischen Universität Wien über Innovationsprozesse bei der Gestaltung des Lernraums Hochschule promoviert. Seit 2018 ist sie an der SRH Higher Education für den Bereich Corporate Learning Architecture verantwortlich, bei welchem sie sich mit der Konzeption, Realisierung und Evaluierung der Entwicklung von innovativen Lern- und Arbeitsumgebungen in Forschung und Praxis beschäftigt. Mit der Gastprofessur Corporate Learning Architecture an der Technischen Universität Berlin lehrte und forschte sie von 2019 bis 2020 zu Gestaltungspraktiken und Gestaltungsprozessen bei der Zusammenführung physischer und virtueller Handlungsräume. Kontakt: Katja.Ninnemann@srh.de.

Doris Nitsche-Ruhland, Prof. Dr., ist seit dem Jahr 2000 an der DHBW Stuttgart. Sie ist die Leiterin des Studiengangs Informatik und seit 2016 Mitglied des Präsidiums der DHBW, verantwortlich für Qualitätsmanagement und Akkreditierung (kommissarisch für Lehre und Hochschulrecht). Ihre Arbeits- und Forschungsschwerpunkte sind u. a. Software Engineering, Agile Prozesse, Usability Engineering und Mensch-Computer-Systeme. Kontakt: nitsche-ruhland@dhbw.de.

Anke Petschenka, Dr., ist seit 2006 wissenschaftliche Mitarbeiterin in der Universitätsbibliothek Duisburg-Essen. Sie ist bibliotheksfachliche Ansprechpartnerin für diverse Fachdisziplinen und für den Bereich E-Learning in der UB zuständig. Sie ist zudem Mitglied in der E-Learning-Allianz der Universität Duisburg-Essen, sowie im Moodle-Kompetenzzentrum. Seit März 2018 ist sie Sprecherin der Arbeitsgruppe *Lernräume* der Deutschen Initiative für Netzwerkinformation e. V. (DINI). In ihrer Masterarbeit des berufsbegleitenden MALIS-Studiengangs an der Technischen Hochschule Köln hat sie sich 2013 mit der Gestaltung virtueller Lernräume beschäftigt. Ihre Promotion hat sie 2005 zum Thema Kommunikationsprozesse in netzbasierten Lernszenarien an der Universität Duisburg-Essen eingereicht. Sie koordinierte von 2018 bis 2020 das Forschungsprojekt *Lernwelt Hochschule* auf Seiten der Deutschen Initiative für Netzwerkinformation e. V. (DINI). Kontakt: anke.petschenka@uni-due.de.

Florian Rampelt ist stellvertretender Leiter der Geschäftsstelle des Hochschulforums Digitalisierung und Projektleiter des KI-Campus beim Stifterverband. Im Hochschulforum Digitalisierung arbeitet er u. a. im Bereich der Peer-to-Peer-

Strategieberatung und der europäischen Aktivitäten des Hochschulforums. Mit dem KI-Campus baut er gemeinsam mit dem Deutschen Forschungszentrum für Künstliche Intelligenz, NECOSMO, dem mmb Institut und dem Hasso-Plattner-Institut eine Lernplattform für Künstliche Intelligenz auf. Zuvor war er Director of Education bei dem gemeinnützigen Start-up Kiron Open Higher Education und wissenschaftlicher Mitarbeiter an der Universität Passau in einem Projekt der Qualitätsoffensive Lehrerbildung. Er hat an der Universität Passau Staatswissenschaften, European Studies, Lehramt an Mittelschulen sowie Bildungs- und Erziehungswissenschaften studiert. Kontakt: Florian.Rampelt@stifterverband.de.

Sybille Reichert ist internationale Beraterin für Hochschulentwicklung. Seit ihrer Promotion an der Yale Universität beriet sie mehr als 100 europäische Organisationen, Ministerien, Universitäten und Wissenschaftsorganisationen in 20 Ländern im Hinblick auf Internationalisierung, Strategie- und Organisationsentwicklung. 2001–2004 war sie an der ETH Zürich für die Koordination der strategischen Entwicklung verantwortlich. 2005 gründete sie ihre eigene Beratungsfirma *Reichert Higher Education Consulting*, welche systemische Analysen internationaler Entwicklungen im Hochschulsektor mit institutioneller Strategie- und Organisationsberatung und Change-Management verbindet. In ihrer Zeit als Kanzlerin an der Universität Erlangen-Nürnberg (2014–16) sowie in diversen Beratungsprojekten zur Rolle der Universitäten in regionalen Innovationssystemen war sie mit den Chancen und Grenzen kooperativer Infrastruktur- und Innovationsentwicklung befasst. Seit 2016 ist sie Mitglied des Österreichischen Wissenschaftsrats und Vorsitzende des Scientific Advisory Boards der Université de Lyon. Kontakt: sybille@reichert-consulting.de.

Henning Rickelt studierte in Deutschland und den USA Volkswirtschaftslehre. Er arbeitete im höheren Auswärtigen Dienst, in der Wirtschaftsverwaltung (Handwerkskammer) sowie in einer Unternehmensberatung, wo er als Projektleiter bereits zahlreiche Veränderungen in Hochschulen und Wissenschaftseinrichtungen begleitete. Er kam 2010 zur Hochschule Heilbronn und leitet dort seit 2013 die Abteilung für Hochschulentwicklung. Als Projektleiter war er u. a. für den Aufbau der Gemeinsamen Bibliothek „LIV" aller am Bildungscampus Heilbronn vertretenen Hochschulen verantwortlich. Kontakt: henning.rickelt@hs-heilbronn.de.

Sophie Rink hat ihren Bachelor in Philosophie und Altgriechisch an der Eberhard-Karls-Universität Tübingen absolviert. Seit März 2019 arbeitet sie als studentische Hilfskraft im Hochschulforum Digitalisierung und studiert währenddessen im Master Philosophie.

Daniel Röder ist wissenschaftlicher Mitarbeiter und Projektverantwortlicher im Bereich E-Assessment in der Koordinationsstelle E-Learning (KEL) an der Universität Trier. Kontakt: roederd@uni-trier.de.

Julia Rózsa, Prof. Dr. phil., hat an der J. W. Goethe-Universität in Frankfurt am Main Diplom-Psychologie studiert und in Pädagogischer Psychologie zum Thema Lernen promoviert. Darüber hinaus ist sie ausgebildete Körpersprache- und Kommunikationstrainerin. Seit 2005 ist sie Professorin an der SRH Hochschule Heidelberg und hat 2009 dort die SRH Akademie für Hochschullehre gegründet, die sie seitdem mit den Schwerpunkten Personalauswahl und Personalentwicklung leitet. Sie ist maßgeblich an der Entwicklung des CORE-Prinzips, dessen Roll-out und seiner Weiterentwicklung beteiligt. Kontakt: Julia.Rozsa@srh.de.

Tobias Seidl, Prof. Dr., ist seit 2015 Professor für Schlüssel- und Selbstkompetenzen Studierender an der Fakultät „Information und Kommunikation" der Hochschule der Medien Stuttgart (HdM). Er lehrt und forscht im Bereich Schlüsselkompetenzen, Curriculumsentwicklung, Kreativität, wissenschaftliches Arbeiten und innovative Methoden in der Lehre. Er ist Fellow des Lehre N Netzwerks und war 2018 Mitglied der Arbeitsgruppe Curriculum 4.0 des Hochschulforum Digitalisierung. Kontakt: seidl@hdm-stuttgart.de.

Richard Stang, Prof. Dr. phil., Diplom-Pädagoge und Diplom-Soziologe, ist Professor für Medienwissenschaft im Studiengang „Informationswissenschaften" in der Fakultät „Information und Kommunikation" der Hochschule der Medien Stuttgart (HdM). Er leitet das Learning Research Center der Hochschule der Medien Stuttgart gemeinsam mit Prof. Dr. Frank Thissen (www.learning-research.center). Arbeitsschwerpunkte sind unter anderem Lernwelten, Bildungsforschung, Medienentwicklung und Innovationsforschung. Er berät Kommunen und Einrichtungen (Hochschulen, Bibliotheken usw.) bei der Gestaltung von Lernwelten. Im Forschungsprojekt *Lernwelt Hochschule* hatte er die wissenschaftliche Gesamtleitung inne. Kontakt: stang@hdm-stuttgart.de.

Susanne Staude, Prof. Dr.-Ing., studierte Umweltingenieurwesen in London. Nach einigen Jahren als Entwicklungsingenieurin in der Automobilindustrie in England und Deutschland promovierte sie 2010 an der Universität Duisburg-Essen in der Verbrennungstechnik. Seit 2011 lehrt und forscht sie als Professorin für Thermodynamik an der Hochschule Ruhr West, wo sie von 2015 bis 2018 Vizepräsidentin für Studium und Lehre war. Aktuell leitet sie die Hochschule als kommissarische Präsidentin. Kontakt: Susanne.Staude@hs-ruhrwest.de.

Carolin Sutter, Prof. Dr. iur., ist seit 2016 Prorektorin für Studium- und Weiterbeildung der SRH Hochschule Heidelberg. Zuvor führte sie sechs Jahre als Dekanin die Fakultät für Sozial- und Rechtswissenschaften und verantwortete von 2004 bis 2016 als Studienganleiterin der Bachelor- und Master-Programme im Wirtschaftsrecht deren fachliche, methodische und didaktische Weiterentwicklung. Als Volljuristin liegen ihre Lehrschwerpunkte auf dem Internationalen Wirtschaftsprivatrecht, dem Kapitalgesellschaftsrecht, der Corporate Governance und Compliance. Einer ihrer Forschungs- und Interessenschwerpunkte liegt darüber hinaus auf dem Gebiet der Juristischen Hochschuldidaktik. Im Jahr 2013 wurde sie mit einem Fellowship für Innovationen in der Hochschullehre durch die Baden-Württemberg Stiftung ausgezeichnet. Kontakt: Carolin.Sutter@srh.de.

Franz Vergöhl ist wissenschaftlicher Mitarbeiter im Projektbereich Hochschullehre und studentische Partizipation des Universitätskollegs der Universität Hamburg. Er hat Berufsschullehramt studiert und sich schon während seines Studiums mit Diversitätssensibilität und Partizipation in der Lehre beschäftigt.

Bernd Vogel, Dr., studierte Soziologie, Städtebau, Volkswirtschaft an der TU Darmstadt. Dort arbeitete er als Wissenschaftlicher Mitarbeiter und promovierte 1993. Seit 1993 ist er als wissenschaftlicher Mitarbeiter und Projektleiter bei der HIS-GmbH, seit 2016 HIS-Institut für Hochschulentwicklung, beschäftigt. Kontakt: Vogel@his-he.de.

Cornelia Vonhof, Prof., ist Professorin für Public Management im Studiengang „Informationswissenschaften" der Fakultät „Information und Kommunikation" an der Hochschule der Medien Stuttgart (HdM); Studiengangleiterin des weiterbildenden Masterstudiengangs „Bibliotheks- und Informationsmanagement". Sie leitet das Institut für Qualitätsmanagement und Organisationsentwicklung (IQO). Arbeitsschwerpunkte: Qualitätsmanagement, Organisationsentwicklung, Prozessmanagement, strategische Steuerung. Kontakt: vonhof@hdm-stuttgart.de.

Barbara Wagner ist Programmmanagerin beim Stifterverband für die Deutsche Wissenschaft. Im Hochschulforum Digitalisierung ist sie unter anderem für das Thema Peer-to-Peer-Strategieberatung zuständig. Zuvor war sie wissenschaftliche Mitarbeiterin am Institut für digitale Lehrformen an der Hochschule Kempten. Sie studierte Tourismus-Management an der Hochschule Kempten und absolvierte ein MBA-Programm an der Julius-Maximilians-Universität Würzburg. Kontakt: Barbara.Wagner@stifterverband.de.

Hans-Dieter Weckmann studierte Mathematik und Informatik in Bonn. Seit 1977 arbeitete er als wissenschaftlicher Mitarbeiter im Rechenzentrum der Universität Duisburg, das er seit 1992 leitete. Nach der Fusion mit der Universität Essen war er seit 2006 im Zentrum für Informations- und Mediendienste verantwortlich für den Geschäftsbereich IT-Infrastruktur. Seit 2011 leitete er das Zentrum für Informations- und Medientechnologie der Heinrich-Heine-Universität Düsseldorf. In EUNIS (European University Information Systems Organisation) arbeitete er von 2006 bis 2015 im Board of Directors. Im ZKI (Zentren für Kommunikationsverarbeitung in Forschung und Lehre) war er von 2005 bis 2017 Sprecher des Arbeitskreises Universitätsrechenzentren. In der Deutschen Initiative für Netzwerkinformation e. V. (DINI) vertrat er bis 2018 die Arbeitsgruppe *Lernräume* und war von 2017 bis 2018 Mitglied des Vorstands. Seit 2018 ist er im Ruhestand. Er koordinierte bis 2018 das Forschungsprojekt *Lernwelt Hochschule* auf Seiten der Deutschen Initiative für Netzwerkinformation e. V. (DINI).

Bert Zulauf studierte Elektrotechnik mit dem Schwerpunkt Prozessinformatik an der Bergischen Universität Wuppertal und Management (MBA) an der Düsseldorf Business School der Heinrich-Heine-Universität Düsseldorf. Ab 2005 verantwortete es als Abteilungsleiter des Zentrums für Informations- und Medienverarbeitung die Einrichtung des damals neuen Bereichs E-Learning an der Bergischen Universität Wuppertal. Seit Februar 2015 leitet er die Abteilung „Multimedia und Anwendungssysteme" im Zentrum für Informations- und Medientechnologie der Heinrich-Heine-Universität Düsseldorf zu der auch der Bereich E-Learning und das Multimediazentrum der Universität gehört. Er leitet aktuell das BMBF Projekt „Forschungsdatenmanagement in Kooperation" (FoDaKo) der Universitäten Düsseldorf, Siegen und Wuppertal, mit einem Schwerpunkt im Bereich Schulungen in Düsseldorf. Den studentischen DINI-Wettbewerb „Lehren und Lernen mitgestalten – Studieren im digitalen Zeitalter" begleitete er als Gutachter und war beteiligt an dem BMBF Projekt „OERinForm". Er arbeitet in nationalen und europäischen Gremien mit und ist Sprecher der Arbeitsgruppe *E-Learning* der Deutschen Initiative für Netzwerkinformation e. V. (DINI). Er koordiniert das Forschungsprojekt *Lernwelt Hochschule* an Heinrich-Heine-Universität Düsseldorf. Kontakt: zulauf@hhu.de.

#DigitalChangeMaker. Die studentische Arbeitsgruppe #DigitalChangeMaker wurde im September 2018 vom Hochschulforum Digitalisierung gegründet, welches eine gemeinsame Initiative des Stifterverbandes für die Deutsche Wissenschaft, des CHE Centrum für Hochschulentwicklung und der Hochschulrektorenkonferenz (HRK) ist und vom Bundesministerium für Bildung und Forschung gefördert wird. Die erste Kohorte arbeitete von 2018–2019 an verschiedenen Projekten: u. a. der Durchführung einer Studie zu den Studierendenbedürfnissen in Bezug auf Digitalisierung der Hochschulen, einem Thesenpapier über studentische Perspektiven in Digitalisierungsdiskussionen und einem Arbeitspapier zu Digitalisierung und Nachhaltigkeit. Weiterhin wurden Artikel geschrieben, Vorträge gehalten und Konferenzen besucht, um studentische Stimmen hörbarer zu machen. So auch auf der Konferenz Zukunft Lernwelt Hochschule. Die Gruppe bestand aus 13 Studierenden aus verschiedenen Studiengängen aus ganz Deutschland, die sich an verschiedenen Punkten ihres Studiums befanden (Bachelor, Master, Promotion). Weitere Informationen befinden sich auf der Website des Hochschulforums Digitalisierung.

Register

21st Century Skills 32, 73–74, 86, 134, 176
Ambiguitätstoleranz 68
Anmeldeprozedur 236
Anpassungsvermögen 68
Anreizstrukturen 18, 23, 116, 216, 219, 229
Assessment 36, 74
atmende Hochschule 219, 237
atmende Organisation 72
Aufenthaltsqualität 167, 226, 250
Augmented Reality 5, 94
Baukasten 6, 39, 211, 213–215, 253
Beratungsangebot 23, 42, 49, 109, 114, 139, 167, 173
Beratungsstrukturen 16
Berufsbiographien 69
Beschäftigungsfähigkeit 4–5
Best Paper Award 88
Betreuungsverhältnis 19, 228
Bewertung 78, 91, 180, 182, 216–217, 219, 229, 233
Bibliothek 7, 20, 37, 44, 46–51, 127, 129, 136, 141, 145, 157–162, 166–170, 172, 188, 215, 229, 236, 252
Big Data 4, 21
Bildungsauftrag 69
Bildungscampus 7, 44–46, 48, 51
Blended Learning 38, 78, 133
Bologna-Prozess 176, 216
Bottum-up 185
Bring Your Own Device 136
Budget 142, 224, 246
Bundesministerium für Bildung und Forschung 109, 232, 240–241, 248
Bürokonzept 32
Campus-Management-System 36, 136, 138, 223, 245, 247
Centrum für Hochschulentwicklung (CHE) 232
Certificates of Advanced Studies 69
Chance-Prozess 185
Chief Information Officer 224, 246
Co-Working-Space 2
Commitment 34, 48, 50, 113, 184
Constructive Alignment 178

CORE-Prinzip 9, 22, 176–180, 183–185
Creative Commons 173
Critical Friends 110
Crowd Sourcing 4
Curricula 20, 26, 34, 70, 72, 78–80, 86, 94, 108, 115
Curriculum 4.0 86
Curriculumsentwicklung 70, 89, 115
Data Science 72
Datenmanagement 4
Datenschutz 20–21, 49, 90, 115, 224
Datenschutzvereinbarung 52
Dezentralisierung 16–17, 24, 224
Didaktikzentrum 229
didaktische Gestaltung 20
Dienstleistungsstrukturen 20
Dies Academicus 88
Digital Creatives 4
Digital Literacy 4
Digital Natives 1
DigitalChangeMaker 57, 99, 106, 140, 249
digitale Bildungskonzepte 41
digitale Infrastruktur 141, 143, 225
digitale Kompetenzen 107, 134
digitale Lehre 3, 8, 37, 40–41, 62, 107
digitale Lernumgebung 36
digitale Medien 26, 87, 249
digitale Reputation 4
digitale Strukturen 6, 8, 125, 136, 214–215, 239, 244, 253
digitale Transformation 8, 41, 105–107, 140–141, 145, 202
Digitalisierung 1, 3–8, 22, 41, 43, 57, 60, 62, 68, 86, 94, 99, 105–112, 115–117, 121–123, 129, 132–134, 136, 139–140, 142, 144–145, 167, 173, 175, 185, 189, 192, 197, 202, 223, 238, 241, 243–244, 247–248, 250
Digitalisierungsprojekt 244
Digitalisierungsprozess 225, 244
Digitalisierungsstrategie 38–39, 41, 136, 243–244
Diversität 4, 6, 124, 130, 132, 134–135, 188
Duale Hochschule Baden-Württemberg (DHBW) 44–45, 77

ə Open Access. © 2020 Richard Stang, published by De Gruyter. This work is licensed under the Creative Commons Attribution-NonCommercial-NoDerivatives 4.0 License.
https://doi.org/10.1515/9783110653663-022

E-Assessment 38
E-Book 162
E-Kompetenzen 40
E-Learning 36–37, 49, 78, 81, 122, 133–135, 137, 139, 162, 166, 173, 224, 242, 249
E-Learning-Strategie 134–135
E-Learning-Support 79
E-Medienlabor 47, 51
E-Portfolio 90–92
E-Science 49, 56
E-Tutorien 38–39
Education Data Mining 20
Eduroam 141
Edutainment 5
Einzelbewertung 29
Employability 41
entrepreneurial culture 206
Entscheidungsbildungsprozesse 1, 21, 219–220, 235, 237
Ermöglichungskultur 208
European University Association 199, 232
Evaluation 22, 33, 36, 60, 133, 137–138, 175, 213, 242
Experimentierfeld 8, 121, 125, 127–131
Experimentierraum 242
Expertenorganisation 71
Exzellenzinitiative 18, 121, 240
Fachbeirat 54–55
Fachbereich 6, 21, 38, 41, 112–114, 132–133, 135–136, 166, 168, 173
Fachbereichsstruktur 132
Fachdisziplinen 28, 93, 125–126, 180
Fachhochschule Bielefeld 9, 165, 167–168, 173, 175, 248
Fachkompetenz 93, 115
Fachstudium 30, 86
Fakultät 7, 17, 26–28, 30–34, 45, 59–60, 84, 86–88, 92, 95, 112–114, 182–183, 224, 227, 235, 237, 246–247
Fakultätsrat 59–60
Familienfreundliche Hochschule 35
Fehlerkultur 72, 74, 92
Finanzierung 17, 46–47, 52, 55–56, 114, 134, 173, 208, 215, 225
Finanzressourcen 227
Finanzvereinbarung 52

Flexibilisierung 1, 22–23, 134–137, 228, 250
Flipped Classroom 189
forschendes Lernen 100
forschungsintegrierte Lehre 7
Forschungsschwerpunkte 198
Forschungsservices 200
Forschungswelt Hochschule 72
Fortbildungsaktivitäten 220–221, 239
Freiheit von Forschung und Lehre 71, 231
Future Skills 118
Geschäftsordnung 53
Globalisierung 3, 6, 197, 202
Governance 202, 224, 246
Gremien 21, 48, 53, 58, 60, 98–99, 135, 172, 217, 228, 230, 233, 235
Grüner Campus 35
Gruppenarbeit 170, 178, 180, 228, 250
Gruppenbewertung 29
Hackerspace 128
Hamburg Open Online University 8, 121–122, 248
Handlungskompetenz 77, 90, 178
Handlungskoordination 17, 24, 216, 230
Handlungsstrategien 90
Haushaltsplan 58–60
Heterogenität 3, 17, 19, 47, 122
HFDcert 62, 67, 116
Hochschulalltag 34, 37, 74, 132
Hochschulautonomie 228–230
Hochschuldidaktik 6, 62, 78, 122, 135, 139, 214–215, 241, 253
Hochschule der Medien Stuttgart 7, 26, 67, 86, 95, 237, 242, 252
Hochschule Heilbronn 44–45
Hochschule Ruhr West 8, 132, 248
Hochschulentwicklung 15, 23, 40, 43, 57, 63, 105–106, 108, 110, 149, 218, 231, 234, 238, 248
Hochschulforum Digitalisierung 109, 113, 117, 174, 232, 249
Hochschulgesetz 19
Hochschulinfrastruktur 188, 248
Hochschullandschaft 71, 176, 230–232, 243
Hochschullehre 3, 5–6, 19, 28, 36, 68, 74, 100, 116, 122, 183, 185, 188, 202, 206, 238, 248

Hochschulleitung 21, 46, 48, 50, 60, 105, 113–114, 117, 133, 135, 141, 166, 169, 171, 173, 200, 213, 215, 223, 229, 237, 253
Hochschulmanagement 114, 185
Hochschulorganisation 6–7, 72, 214–215, 221, 235–236, 240, 253
Hochschulpakt 18, 232
Hochschulpolitik 214–215, 217, 228–232, 253
Hochschulrat 49, 58–59, 61
Hochschulrektorenkonferenz 177, 217, 233
Hochschulstrategie 15, 106, 109–110, 215, 218–219, 226, 234, 250
Hochschulsystem 57, 61–62, 68, 232–233
Homeoffice 150
hybride Organisation 24
Identitätsmanagement 4, 20
Individualisierung 3, 16–17, 23, 134–136
Informationsinfrastruktur 35, 232, 248
informelles Lernen 6
Infrastrukturabteilung 20, 22–23, 213, 215, 229, 236
Infrastrukturentwicklung 207, 228
Innovation 9, 32, 36, 73–74, 106, 109–110, 117, 125, 129, 132, 140, 142, 145, 176, 184–185, 197, 201–206, 216, 223, 230, 237, 240, 242, 247, 252
Innovation Districts 204
Innovation Hubs 197, 204
Innovationsdynamik 198–199, 202
Innovationsklima 217, 232
Innovationskultur 24, 199, 206
Innovationsprozesse 145, 185, 198, 200–201, 203–206
Innovationsraum 197, 205, 208
Innovationsrolle 199–202
Innovationssystem 198, 207–208
innovative Lehre 40, 106–107, 116, 124, 220–221, 223, 227, 239
Intellectual Property 201–202
Interdisziplinarität 8, 26, 94, 206
Interkulturalität 3
Internationale Perspektiven 6
Internet of Things 4
Inverted Classroom 136
IT-Abteilung 20, 236, 240

IT-Governance 246
IT-Infrastruktur 132, 136, 224, 245–246
IT-Portfolio 224, 246
IT-Projekte 246
IT-Projektmanagement 224, 247
Kapazitätsverordnung 115, 228
Kleingruppenprinzip 79
Klimawandel 99, 130, 202
Knowledge Economy 197
Ko-Kreationsmodelle 204
Kollaboration 5, 118, 123–125, 129, 144, 183, 204
Kommunikationsprozess 133, 139, 239
Kompetenz 2–6, 17, 20, 23, 29, 40–41, 59–60, 67, 70, 73, 86, 88, 92, 105, 107–108, 115–116, 118, 167, 172–173, 175–177, 179, 207, 220, 222, 225, 230, 236, 240, 242–243, 246
Kompetenzentwicklung 67, 74, 86, 91, 178, 220
Kompetenzfelder 72
Kompetenzförderung 81
Kompetenzmessung 179
kompetenzorientierte Prüfungsformen 178
Kompetenzorientierung 80, 124, 216, 223, 230, 244
Konnektivität 3, 208
Kooperation 2, 37–38, 41, 43, 52, 112, 117, 128, 131, 133, 139, 149, 183, 197–198, 200–201, 203–204, 222, 226–227, 233, 238, 244, 246–247, 250, 252
Kooperationsausschuss 53
Kooperationsmodell 217–219, 233, 235
Kooperationspartnerinnen und -partner 131, 203
Kooperationsvereinbarung 52–53
Kulturwandel 118, 127
Kumulative mehrdimensionale Prüfung 29
Labore 31, 79, 158, 249
Landeshochschulgesetz 52, 57–59, 62
Learning Analytics 4, 20, 237
Learning Lab 226, 242, 251
Learning Services 166, 170, 172–173
Learning-Analytics-System 20, 23
Learning-Management-System 36, 60, 143–144, 223, 245, 247

Lebenslanges Lernen 69, 78
Legitimationsprobleme 23
Lehr- und Lernangebote 4, 124–126, 129, 131
Lehr- und Lerneffizienz 78
Lehr- und Lerninnovationen 78
Lehr- und Lernmethoden 78, 115, 178, 183, 225
Lehr- und Lernraum 188–189, 191–192, 214–215, 217–219, 226–227, 231, 235, 250–251, 253
Lehr- und Lernraumkonzept 227, 251
Lehr- und Lernstrategie 77
Lehr- und Lernszenarien 223–224
Lehr-Lernarrangement 26, 56, 86
Lehr-Lernformate 37, 40, 96, 190
Lehr-Lernformen 26, 86
Lehr-Lernforschung 94
Lehr-Lernkonzepte 84, 241
Lehr-Lernkultur 36
Lehr-Lernprinzipien 179
Lehr-Lernprozess 20, 73, 108, 125, 189, 192, 239
Lehr-Lernraumarrangement 239
Lehr-Lernreformen 206
Lehr-Lernsetting 22, 73, 126
Lehr-Lernszenarien 75, 134, 220, 222, 239–240, 247
Lehr-Lernverständnis 75, 185
Lehrdeputat 115, 223, 225, 244
Lehre 3, 7–9, 15–16, 18–19, 21–24, 26–27, 31–32, 35–37, 40–42, 52, 57, 59, 61–62, 68, 71–75, 78–81, 84, 92, 95–101, 105–117, 121–122, 127, 129, 132–136, 138–139, 141–142, 144, 149, 164–167, 170–171, 173, 175–180, 182–183, 185, 188–192, 198, 202, 206, 216–217, 219–222, 225–227, 229, 231, 233–236, 238–241, 244–248, 250–252
Lehrexzellenz 176, 217, 234, 241
Lehrformen 75, 198, 206
Lehrforschungsprojekt 63
Lehrinnovation 78–79
lehrintegrierte Forschung 241
Lehrleitlinien 98
Lehrmanagement 16, 23

Lehrpreis 40, 62
Lehrqualität 23, 62, 183, 221–222, 241
Lehrstrategieprozess 98
Lehrveranstaltung 5, 36, 38, 40, 57, 60–61, 63, 73, 79, 81, 91, 96, 117, 138, 149, 152–153, 172, 184, 188, 190, 236
Lehrveranstaltungsevaluation 137–138
Leistungsbewertung 74
Leitbild 133–134, 218, 221, 241
Leitbild Lehre 218–219, 221, 234, 236
Leitbild Lernen 218–219, 234
Lern- und Forschungsprozess 81
Lern- und Prüfungskultur 39
Lernangebote 123–126, 128, 130, 252
Lernarbeitsbedingungen 180
Lernarbeitsplätzen 180, 182
Lernarrangement 86, 126
Lernbetreuung 17
Lerncoach 176
Lernen 4–6, 8–9, 15, 17, 19, 32–33, 35, 41, 44, 46, 51, 68–70, 72–75, 77, 81, 87, 90–92, 96, 98–99, 105–106, 108, 115–116, 118, 122, 124–126, 133–134, 136–137, 139, 141, 149–151, 155–159, 161, 164, 167–168, 170–171, 173, 175–181, 183–185, 188–190, 192, 204, 217, 220, 222, 226–227, 231, 234, 237, 239–241, 249, 251–252
Lernendenorientierung 123, 176
Lernflächen 9, 132, 136, 167–169, 173, 213
Lernformate 41, 79, 81, 127, 224, 247–248
Lernfortschrittskontrolle 38
Lerngruppen 78, 80–81, 96
Lernort 36, 77, 97, 150, 157–158, 161, 164, 168, 253
Lernpfade 115, 118
Lernplattform 117, 138, 166
Lernprozess 20, 70, 91, 126, 175–178, 183, 185, 206, 225–226, 244
Lernraum 176, 180, 182–185, 250, 252
Lernraumgestaltung 9, 182–183, 185, 214
Lernraumkonzepte 182–183, 227
Lernraumsettings 180, 182–183
Lernressourcen 117
Lernspiele 4–5
Lernstrategien 5, 134
Lerntechniken 79

Lerntempi 17
Lernumgebung 117, 140–141, 178, 180, 188, 226, 250
Lernvideos 38, 42
Lernvoraussetzungen 134
Lernwege 5, 16–17, 90, 106, 239
Lernzentrum 166–171, 173
Lernziel 22, 90, 176, 178
Lesebereiche 170
Lizensierungsmodell 6
Loungezonen 170
Makerspace 226, 251–252
Markenkern 123–127, 129
Marketingkonzept 227
Mass-Customization 5
Medienbestand 47, 51–52, 55
Medienkompetenz 36, 40
Mediennutzung 126
Medienproduktionskompetenz 91
Methodeninnovation 240
Methodenkompetenz 26, 77, 189
Methodenportfolios 240
Methodenvielfalt 220, 222, 240
Mikrozertifikate 16
Mindset 6, 72, 144
Möblierung 169
Modernisierungsprozess 245
MOOCs 62
Moodle 136–138, 142
nachhaltige Entscheidungsstrukturen 113
Nano-Degrees 69
Nearshoring 3
Neo-Ökologie 3
New Public Management 16, 121
New Work 1
Online-Foren 62
Online-Lehre 62
Online-Self-Assessment 192
Online-Werkzeuge 126
OPAC 162
Open Access 129, 173
Open Educational Resources (OER) 124
Open Knowledge 5–6
Open Source Tools 127–129
Open Space 171
Organisationsentwicklung 110

Organisationskultur 3, 6, 17, 57, 237
Organisationsstrategie 184
Organisationsstrukturen 7, 16–17, 19, 21–23, 71, 185, 198, 246
Ort 8, 38, 58, 77, 100, 105, 129, 134, 136–137, 144–145, 149–152, 155, 157, 159, 163, 167, 188
Output-Orientierung 15
Participation Ladder 145
Partizipation 8–9, 15, 22, 98, 101, 110, 125, 144–145, 188, 190, 192, 206, 218, 235, 238, 242
Partizipationsmodell 218–219, 235
Partizipationsmöglichkeiten 21–23, 101, 113
Peer-to-Peer-Strategieberatung 109–110
Personal 22–23, 39, 49, 52, 56, 59, 70, 72, 77, 116, 173, 224, 247
Personalentwicklung 58, 116
Personalressourcen 30, 69, 227
physische Lehr- und Lernräume 6, 147, 214–215, 217, 250, 253
Planspiele 79
Playfullness 5
Praxisorientierung 134–135
problembasierte Lehre 2
Problemlösekompetenz 78, 239
problemorientiertes Lernen 142
Profilbildung 112, 222, 243–244
Projektarbeit 2, 31, 44, 207
Projektleitung 48–49
Projektorganisation 48, 50, 224, 246
Projektplanung 49–50
Prüfungsformate 116
Public Private Partnership 3, 234
Qualifizierungsangebote 39
Qualitätsmanagement 15, 20, 80, 240, 246
Qualitätsmanagementsystem 79
Qualitätspakt Lehre 18, 97, 232, 241
Qualitätssicherung 37, 133, 234
Qualitätsziele 79–80
Raum 6, 9, 17, 22, 31, 35, 42, 67, 123–125, 134, 137, 142, 168, 180–181, 184–185, 190–192, 205, 223, 226, 241, 251–252
Raumbuchung 171
Raumkonzept 1, 166–168, 226, 251
Raumplanung 132

Raumressourcen 31
Reallabor 26, 93, 110, 113, 117
Reflexion 68, 74, 78, 81, 91–92, 99, 101, 107, 110
Reflexionsprozesse 90, 92
Ressourcen 2–3, 30–31, 36, 41, 52, 114, 125, 137–138, 141, 144, 188, 205, 224, 243, 245, 247
Ressourcenbedarf 48
Ressourcenengpässe 31, 50
Ressourcenmanagement 52, 55
Sachmittelausstattung 52, 55
Schlüsselkompetenz 8, 26, 30–31, 73, 86, 90, 92, 107, 242
Schulungen 15, 22–23, 78, 224, 247
Selbstorganisation 206, 216
Selbststudium 8, 149–160, 163–164, 188, 190–191
Selbstverwaltung 71, 98
Selbstwirksamkeit 91
Senat 49, 58–60, 135
Service 42, 69, 72, 134, 136, 139, 166–167, 175, 199, 218–219, 224, 236, 245–246
Servicebereich 132–133, 135–137, 139
Servicekonzepte 9, 166, 168
Shift from Teaching to Learning 7, 15, 71, 73, 106, 176, 180, 220, 230
Signatursystem 55
soziale Kompetenz 20, 77
soziales Netzwerk 141
Spin-Off 204
SRH Hochschule Heidelberg 9, 22, 176, 178, 180, 183–185, 238, 242
Stakeholder 27, 34, 58, 72, 126, 133, 135, 184, 218–219, 234–235
Start-Up 2, 67, 204, 206
Steuerungsmechanismen 47
Steuerungsstrukturen 56
Stifterverband für die Deutsche Wissenschaft 43, 233
Strategie 8–9, 41, 90, 106, 109–110, 112, 116, 123, 133–135, 167, 175, 199, 208, 218–219, 222, 234, 237, 243–244, 246, 249
Strategieprozess 26, 61, 135
Struktur- und Entwicklungsplan 59–60
Stud-IP 142

Student-Life-Cycle 108, 219, 225, 247
Studien- und Prüfungsordnung 30, 94, 115
Studienanforderungen 149
Studienangebot 16
Studieneingangsphase 17, 20, 237
Studienerfolgsmanagement 20
Studiengang 59, 78–79, 84, 89, 175, 178
Studienkonzept 28–33, 78, 86, 92
Studienmodell 7, 26, 28, 86, 95, 176, 178–179, 183, 238
Studienorganisation 79
Studienstrukturen 17, 236
Studienverlauf 86, 107, 134, 225
Studienverlaufsmuster 20
studierendenorientierte Lehre 206
Studierendenorientierung 7, 16–17, 73, 75, 80, 216, 218–219, 229–231, 234, 236, 250
Studierendenperspektive 7, 57, 62, 237
Studierfähigkeit 86, 90
Studium Individuale 16, 238
Support 37, 79, 114, 139, 173, 225, 245
Talentismus 5
Teamentwicklungsprozesses 51
Teamteaching 100, 178
Technologieentwicklung 198, 202
Theorie-Praxis-Transfer 78
Third Mission 15, 94, 198
Top-down 113, 118, 135, 185, 223, 244
Trägervereinbarung 52
Trägerversammlung 53–56
transdisziplinäres Projekt 93
Transdiziplinarität 8
Transformationsprozesse 107, 118, 129, 198
Tutorensysteme 4
Unified Communication-Prozesse 136
Universität Trier 7, 35–37, 39, 41–43, 238, 249
Unterstützungsstrukturen 20, 24
User Story Mapping 126
Vereinbarungen 18, 52, 222, 228, 232
Vernetzungsraum 46
vertikale und horizontale Öffnung 16
Videomanagementsystem 137
Virtuelle Campus Rheinland-Pfalz 41
Vorlesungsaufzeichnungen 137–138
Weiterbildung 5, 22–23, 37, 52, 62, 166

Wissensaustausch 129, 198–199
Wissenschaftliche Grundlagen 8, 86–88
Wissensgesellschaft 5, 197
Wissensökonomie 197–198
Wissensressourcen 197
Wissenstransfer 41, 198
WLAN 114, 141, 192
Work-Life-Balance 1

Workload 149, 236
Zertifizierung 116
Zielvereinbarung 216, 229, 231, 235
Zivilgesellschaft 129, 189
Zugänglichkeit 2, 22, 218–219, 235, 251
Zukunftskompetenz 201
Zusatzqualifikation 40